流れゆく者たちのコミュニティ

新宿・大久保と「集合的な出来事」の都市モノグラフ

阪口 毅
Takeshi Sakaguchi

ナカニシヤ出版

序文

それはまさに、西部まで牛を移動させていく人々の、草原でのキャンプを維持するときの習慣が、こうした食器類やその他のキャンプ道具を残し、維持させていくやり方となっている。こうしたキャンプは、通常、開放的であり、誰もがそこに迎え入れられ、一夜を過ごすことができ、出発までの場所を提供されるのである。

——ネルス・アンダーソン『ホーボー』（Anderson 1923=1999: 上 47）

本書は、二〇〇〇年代後半から二〇一〇年代の初頭にかけて、インナーエリア新宿・大久保を舞台に、移動する人々が出会い形づくった小さな「祭」を事例として、「場所」と結びついたコミュニティの在り方を考察するものである。

西武新宿線やＪＲ中央線快速の上り電車から車窓を眺めていると、高層ビルが立ち並ぶ「新都心」新宿に到着する直前、一瞬視界が開けて、一直線に商店街が並ぶ大久保通りの上を通過する。子どもの頃、週末に新宿駅周辺での買い物や歌舞伎町の映画館に連れられて行く際に、繰り返し見た風景だ。自分が乗っている車両が止まることのない総武線の大久保駅や山手線の新大久保駅は単なる通過駅に過ぎず、いったいどうやってあのホームに降りるのか、不思議に思っていたことを覚えている。

初めて大久保に足を踏み入れたのは十代の頃だった。総武線の高架脇にある教科書販売会社を訪ねたのだが、夕暮れの薄闇のなか路地を抜けると、エスニック・ビジネスの看板が連なり、雑踏からは耳慣れない言語が響いてきた。街の風景に戸惑い、緊張と怖れの感情を抱いて足早に駆け抜けたことを覚えている。「私は自分とは異なる者の存在を恐れている」。その薄っすらとした恥の感覚は、心の中に小さな〝ささくれ〟を残した。

二〇〇一年、筆者が高校生の頃、本書を貫く問題関心を形作った二つの出来事があった。一つは九月一一日のアメリカ同時多発テロ事件と、それをきっかけとした移民排斥の動きであった。翌年からは各国で極右政党が台頭し始め、欧州でも移民出身者の多いサッカー自国代表への侮蔑の言葉が政治家によって公然と述べられるような状況となっていた。もう一つの出来事は、一月二六日に新大久保駅で起こった乗客転落事故であった。プラットホームから転落した男性を助けるため、日本人カメラマンと韓国人留学生が線路に飛び込み、亡くなった。見知らぬ者のために、まず身体が動くという、その姿に畏怖の念を抱いた。後から語られる「日韓交流」の物語とは異なり、その一瞬には、言葉によって形作られたナショナリティやエスニシティの意識は存在しえなかった。二つの出来事は、人間と社会の在り方の二つの極点であるように感じられた。人間集団（コミュニティ）の境界をめぐる問題に関心を持って大学に進学し、研究のフィールドとして新宿・大久保を選んだのは、こうした体験と、対照的な二つの出来事の記憶に導かれてのことだった。

二〇〇七年に実施したインタビュー調査を機縁として、新宿・大久保で活動する市民グループ「共住懇《きょうじゅうこん》」と出合い、その一員として地域調査やシンポジウムなどに関わるようになって、さらに一〇年以上の月日が経過した。わずか一〇数年の観察ではあるが、大久保の風景は目まぐるしく変化を続けている。筆者が研究者として初めて大久保を訪れた二〇〇〇年代後半は、日韓ワールドカップや「冬のソナタ」を端緒とする「（第一次）韓流ブーム」の勢いが落ち着き、さらなる「コリアンタウン」化が進むのか、他のエスニック・ビジネスが再流入するのか、あるいはインナーエリアとしての「空洞化」が進行するのか不明な、「凪」のような時期であった。東日本大震災直後は地域経済を支える「労働者」「消費者」としての留学生が帰国し、人流も一時停滞するかに見えたが、実際には二〇一〇年代前半にかけて街中心部への新来韓国系ビジネスの流入が顕著に増加し、現在のような「観光地＝コリアンタウン」化が進んだ。二〇一二年末から二〇一三年にかけての「ヘイトデモ」によりこの動きは鈍化したと言われることもあるが、実際には新大久保駅の乗降客数は増加し続け、今日に至っている。その一方で、中華系、イスラム系、ネパール系をはじめとする多様なエスニック・ビジネスも入れ替わりつつ集中する地区となっている。

こうした地域状況の変化に呼応する形で、「外国人との共住」を最初期の理念とした「共住懇」もまたその活動の形態を繰り返し作り変えてきた。本書が着目する「ＯＫＵＢＯアジアの祭」という企画もその一つである。これまで筆者は、「共住懇」や「アジアの祭」運営の参加者であると同時に、観察者としていくつかのモノグラフを発表してきた（阪口 2010; 2013b; 2014; 2016）。当初から「仮説検証」ではなく「探索的な調査」を志向して行われたフィールドワークであったので、フィールドで出会った現象に即して、繰り返し理論的な問いや分析枠組を立て直してきた（阪口 2013a; 2015; 2017; 2020）。本書はその集大成として編まれた都市モノグラフである。

理論的な課題

フィールドワークの到達点として本書が取り組む社会学的な主題は、コミュニティの移動性（mobility）[1]と領域性（territoriality）のジレンマにある。「われわれ」と「それ以外」の人間を区別することは、人類の歴史において繰り返し見られる普遍的な現象であるが、このコミュニティの境界（boundary）は、いついかなる時も不変不動の実体として存在し続けてきたわけではない。境界は幾度もつくり上げられ、つくり直されてきた。近代に発明された国民国家は、地理空間を領土（territory）によって分節化し、多様な歴史的地域を「国土」とその下位区分としての行政単位に、身分やエスニシティを「国民」に包摂する、強力な領域性を伴っていた。これは多種多様な差異を包摂し一つの社会を誕生させるという構想・願望であると同時に、そこに包摂されない「他者」との間に鋭い境界を生む反作用を伴っており、グローバルな規模での移動性の増大によって、両者の緊張はより高まっている。人々の間にある差異が包摂されるためには何らかの領域性が求められるが、その領域性そのものによって分断と排除が生じる。このジレンマを解く鍵は一体どこにあるのだろうか。

Z・バウマン（Z. Bauman）は、近代化の過程で喪失したと考えられている確固たる実体としてのコミュニティとは、そもそも実現不可能な「夢想のコミュニティ」であると主張する（Bauman 2001=2008）。それを実現しようとする試みは徒労に終わるばかりか、むしろその境界を維持するための排除や分離へと帰結することになるという。その一方でバウマンは、「流動化する近代」において創造される新たな形態のコミュニティについても検討し、それを「ペグ・コミュニティ」や「祭りのコミュニティ」として捉えている。それは構造的な安定性ではなく流動性によって、帰属の強制性ではなく選択可能性によって特徴づけられる再帰的な集団であるが、あくまで一時的な弱い絆に過ぎないと喝破する。

G・デランティ（G. Delanty）もまた、こうした新たな形態のコミュニティを「ポストモダン・コミュニティ」

として構想する（Delanty 2003=2006）。それは伝統的な形態（「夢想のコミュニティ」）でもなければ国民国家や階級への統合という近代的な形態でもない、対話的なプロセスによって構築される「帰属の経験」に基づく、新たな形態の集団形成である。そしてデランティの議論は、次の問題提起で締めくくられる。

> 今日におけるコミュニティの復活は、明らかに、場所と関係する帰属が危機に陥っていることと結びついている。グローバル化されたコミュニケーションや、コスモポリタンな政治プロジェクト、国家の枠を超えた移動性は、資本主義が伝統的な形態の帰属を掘り崩すのとまさしく同時に、コミュニティに新たな可能性を付与してきた。しかし、これらの新たなコミュニティ――それは実際には、個性化された成員から構成されるものであり、再帰的に組織された社会的ネットワークである――は帰属に対する希求以上のものではなく、これまでのところ、場所に代わるものとなってはいない。コミュニティが場所との結びつきを確立できるか、それとも想像された条件にとどまるかが、将来のコミュニティ研究にとって重要なテーマとなるであろう。
> （Delanty 2003=2006: 272）（傍点引用者）

コミュニティの古典的な定義は「地域性」と「共同性」を要件とする部分社会であるが、国民国家の形成と資本主義の進展と共にこうした伝統的な形態が切り崩され、その代替として希求された「国民国家」や「階級」への帰属もまた「流動化する近代」「ポストモダン」（あるいは「後期近代」）の状況にあって足場を失いつつある。本書が探究したいのは、バウマンが悲観しデランティが積み残した課題、すなわち「個性化された成員」による「再帰的な社会的ネットワーク」が具体的な地理空間上の「場所」とどのように結びつきうるのか、それは「時的な弱い絆」以上の存在となり得るのか、ということである。そのための方法論上の課題について、社会学者の山之内靖は次のように述べる。

> ハーバマスのコミュニケーション論をベースとしながら、さらにそれをポストモダン以後のニューエイジ・トラベラーやヴァーチャル・コミュニティへとつなげてゆくデランティの方法は、ポストモダニズムの潮流にやや過剰に依拠しているところがあると思われる。対話的コミュニケーションやヴァーチャル・コミュニケーションは、それだけでは、現代社会全体を特徴付けている「脱身体的」傾向に対して、明確な対抗の原理をもち得ないのではなかろうか。身体的接触を通して初めて成り立つような濃密な相互理解を、ポストモダンの潮流は見えなくさせてきた嫌いがある。「言語論的転回」を中心軸として構築されたポストモダニズムの諸潮流は、言語とそれに依拠したコミュニケーションに過剰なウェイトを置くことによって、身体のモーメントを脱落させてしまったのである。[2]（傍点引用者）

新たな形態のコミュニティと「場所」との結びつきが見えなくなるのは、生身の身体を介したコミュニケーションの過程を捉えるための方法論が欠落しているからだと、山之内は指摘する。それゆえ本書は叙述の方法として、新宿・大久保という具体的な「場所」で観察された複数の出来事の過程を相互行為の水準から描く、都市モノグラフの手法を採用したい。その方法論上の限界から、扱える事例は極めて限定されたものとならざるを得ないが、事例研究においては新宿・大久保という「場所」の特性を都市・東京の歴史的形成過程に位置づけることによって、理論的にはコミュニティの移動性と領域性に関する新たな分析枠組みを提起することによって、他の事例との比較可能性を拓きたい。

本書の構成

本書ではコミュニティを、既存の研究がそれぞれ重心は異なりつつも共有してきた三つのイメージ——社会関係としてのコミュニティ、組織・集団としてのコミュニティ、象徴的コミュニティ——が相互連関する複合的な社会過程と見なし、それに相応しい新たな分析枠組と方法論を提起する。その具体的な内容と含意については序章にて詳述するが、理論的な議論が中心となるため社会学的な基礎知識なしではやや難解なものになっている。都市モノグラフとして描かれる「小さな物語」に関心のある読者は読み飛ばしてもらっても構わない。後から読み直してもらえれば、その方法論的な狙いが分かるはずだ。

第一章では新宿・大久保における人の移動の歴史的な蓄積と「場所」の重層性を、第二章ではある市民グループに焦点を絞り「場所」を取り巻く状況の変化に応答する人々の活動の軌跡を記述する。新宿・大久保は「観光地＝コリアンタウン」と語られることも多いが、本当はもっと多様な要素が複雑に絡み合った多義的な「場所」である。都市・東京の形成史に位置づけることで、都市化・グローバリゼーションにおける人流の「受け皿」としての大久保の特性を明らかにし、「場所とコミュニティ」という本書の理論的な課題に取り組む上での妥当性を示す。そしてモノグラフの手法によって、こうした「場所」に蓄積した歴史社会的な過程を丁寧に読み解いていきたい。そのことによって初めて私たちは、大久保という「場所」に関わる人々の多様な眼差しと、日々の活動の意味を理解することができるだろう。

第三章および第四章では、大久保を主要な舞台として開催された二つの「祭」の過程を記述する。この「祭」は市民グループや個人事業主、近隣地区の住民や、周辺地区から通う人々によって運営され、都市祝祭研究が主に着目するような伝統的行事ではない。長年に渡って継続してきた運営組織や、建造物や祭具といった物象化された象徴に支えられているわけではなく、そのつど、様々な社会関係や、諸組織・集団との協力関係、活動の理念を形づくっていく必要がある。移動する人々が「場所」との関わりのなかで、どのようなコミュニティを創出していくのか、どこに困難を感じ、それをどのように乗り越えていくのかを読み解いていきたい。それゆえ本書で描かれるのは、定住者と住民組織を基盤とする整合的な実体としての「地域コミュニティ（the local community）」ではなく、移動する人々を主体として一時的ないし周期的に現象する「流れゆく者たちのコミュニティ（communities）」である。

終章では、都市モノグラフとして編まれた「小さな物語」と、序章で考察したコミュニティの理論との接合を行う。移動する人々と「場所」との関わりのなかで、コミュニティの領域性はいかなる条件で構築されるのかを理論的に考察していく。移動性と領域性は各々のコミュニティの構造的形態の特徴そのものでも、一方から他方へと向かう単線的な過程の終着点でもなく、多様な時間幅で重層的に循環する社会過程の二つの局面であることを示したい。

モノグラフの生命力は、その豊かで厚みのある記述によって、継続的な再解釈の流れの起点／基点となることにある。微細な出来事やことば、行為の記録をモノグラフのなかに書き残しておくことで、後から振り返る書き手にとっても読み手にとっても、固着した社会学的な説明図式を解きほぐし新たな説明や別様の解釈が可能なテクストとして、本書を開いておきたい。

目次

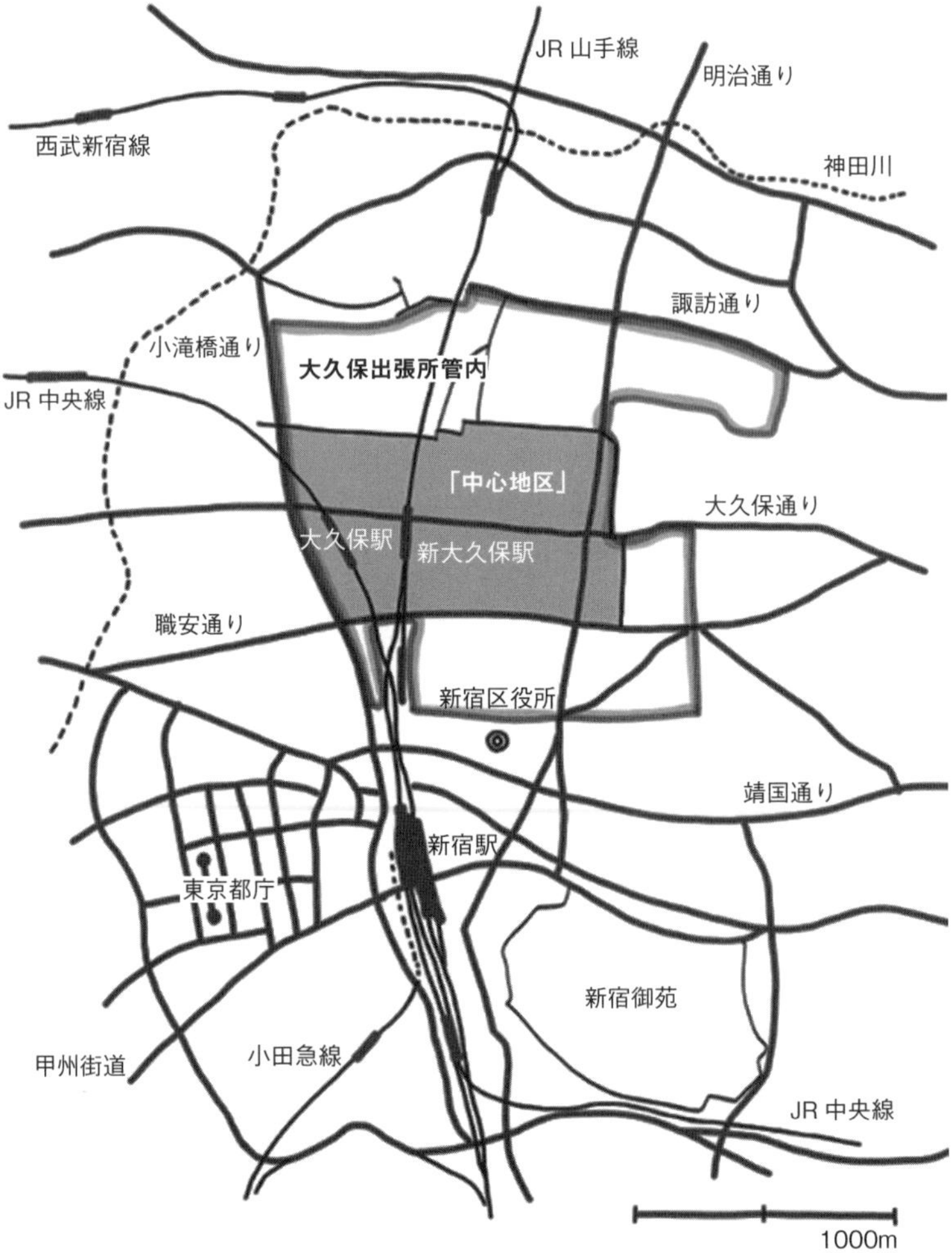

地図1　新宿・大久保の広域図

出所：筆者作成。

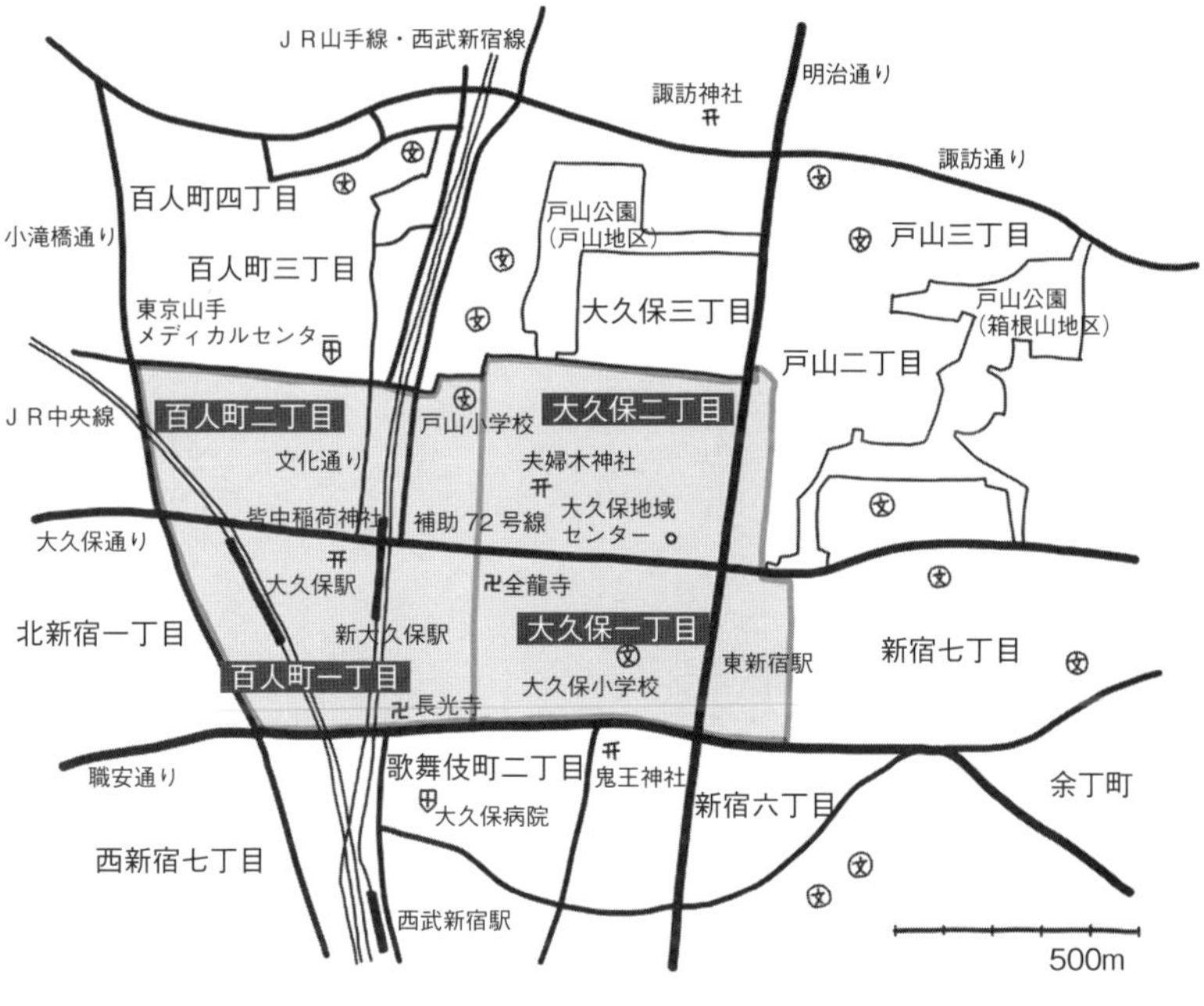

地図２　大久保と「中心地区」

注：2015年時点での地図のため一部施設が現在の名称と異なることがある。

出所：筆者作成。

	東京圏を中心とする国内外	新宿・大久保地域		共住懇
低成長期	「**世界都市**」**化**	「**新都心**」**の周辺部へ**		Yさん、西新宿再開発を経験
	• リストラクチュアリング政策	• 居住空間と消費空間のせめぎ合い		Sさん、大久保地域に移住
	• 産業構造の転換	• 路上生活者		
	• 外国人労働者の流入	外国人住民の急増		
	• 1983. 留学生受け入れ 10万人計画	• 「売買春問題」	町内会の「**環境浄化運動**」	**1992.**「**共住懇**」**発足**、Fさんが代表に
		• 「入居差別」	「**まち居住研究会**」の調査	• 「勉強会」中心
		1990’～　エスニック・ビジネス集積	**奥田道大グループ**の調査	1994. エスニック・レストラン調査
		• 中華系	1994. 白岩による参与観察	
		• 韓国系（ニューカマー）	1998. 泉による参与観察	1995. 「共住懇」代表がYさんに交代
		2001. 「韓人会」発足	2001. 中西による参与観察	
	1995. 阪神淡路大震災			Sさん、Aさんの神戸での活動
				1997. Sさん、「共住懇」に加入
	2002. 日韓ワールドカップ	韓国系ビジネスの集中	**“コリアンタウン”**	1999. 地域情報紙「おおくぼ」創刊
	• 「韓流ブーム」	• 職安通りと路地を中心とする		• **“多民族・多文化の街”**に焦点
				2000. Aさん、「共住懇」に加入
				• 「映像祭」「寄席」「芝居」など
				2003. 「おおくぼ学校」
				• 当初の「勉強会」の形態
				2003. 「新宿盆ダンス」を「韓人会」と共催
				2004.「**OKUBOアジアの祭**」**はじまる**
	小売規制緩和の進行	個人商店のテナント経営化		
	• 1998. 新大店法	→韓国系ビジネス、大久保通りへ進出		
	• 2001. 酒税法改定	2009. 新大久保駅の乗降客数が急増	**“観光地”**	2006. 情報誌「OKUBO」再刊
	2011. 東日本大震災	留学生の帰国による空洞の顕在化		
		→すぐに回帰		
	2012. 李明博大統領、竹島上陸	2011. 新大久保駅の乗降客数が過去最大		2012. 「OKUBOの寄り合い」
	2012. 第2次安倍内閣	2013. ヘイトデモ vs カウンターデモ		2013. 老舗調査

出所：筆者作成。

表　場所と水脈の歴史

	東京圏を中心とする国内外	新宿・大久保		共住懇
江戸期	「封建都市」江戸	**都市の外部**		
		• 鉄砲百人組の屋敷地	**“百人町” と “大久保”**	
		• 食料供給地		
明治期 〜昭和初期	「帝都」東京 • 政治都市／産業都市	**都市の周辺部** • 浄水場や避病院 • 陸軍演習場 1905. 東京基督教矯風会、慈愛館の設置		
	都市化の進行 •「山の手の膨張」	**「郊外生活」の地** • 宅地化（借家）の進行 • 新中間層（サラリーマン）		
		• 軍人 • 知識人や文化人 • 欧米人	**“軍人の街”** **“階層の高いお屋敷町”**	
	1923. 関東大震災	大久保は被害軽微		
	「帝国」の膨張	1935. 国際学友会の設置 • 植民地からの留学生		
	1945. 東京大空襲	住宅の大半が焼失 • 住民の大幅な入れ替わり		
戦後復興期 〜高度成長期	都市化の進行 →やがて郊外化へ	**大都市インナーエリア** • 木造アパート密集地帯		
		• 公営住宅の建設		前代表、Fさんが公営住宅に入居
		• 地方出身者の受け皿		
		• 商店街の形成と発展	**“買い回りのできる商店街”**	
	1947. 職業安定法	新宿職業安定所の設置 • ドヤ街の形成		
	1957. 売春防止法	連れ込み宿の建設	**“故郷の喪失”**	
		1958. 歌舞伎町の完成 • 在日コリアン、台湾人事業家		1960’〜　留学生支援団体A
	1964. 東京オリンピック 1965. 淀橋浄水場の移転	バラック群の撤去		

序章

場所と出来事のコミュニティ研究

――移動性と領域性のジレンマを越えて

したがって、絶えず自己を再定義していくプロセスと、自分の境界を定める必要との間には、絶えざる緊張がある。概念的には、アイデンティティを考慮する上で、あれかこれかという見方から、あれもこれもの可能性を含み込むような、直線的ではない見方へと移行することが重要になる。

――アルベルト・メルッチ『プレイング・セルフ』（Melucci 1996=2008: 73）

第一節　構造か象徴か――既存のアプローチ

都市化とコミュニティ

近代化の過程で、人々の社会関係のあり方がどのように変化していくのかという問いは、社会学の黎明期から一貫して重要な問題であり続けてきた。産業化の進展は都市への人口集中をもたらし、技術と交通網の発達によって居住域は拡大し、高い移動性によって特徴づけられる都市空間が誕生した。人々がその生涯を通じて結ぶ社会関係は、一定の地理的範域に収まることはない。彼女／彼ら自身もまた出生地から移動し、日常的に居住地から就業・就学地へと移動し、また余暇活動のために一時的移動・滞在を繰り返し、多様な社会関係を結び直していく。あるいは移動性の増大は、社会関係の分断や断片化をもたらすかもしれない。

都市空間における社会関係の変化は、生まれたばかりの社会学にとって大きな関心事となり、シカゴ学派以来の「都市化とコミュニティ」をめぐる一連の研究の系譜が生まれた。シカゴ学派第二世代のE・バージェス（E. Burgess）はその記念碑的作品『都市』のなかで、都市社会における移動性の増大が第一次集団の一貫性を失わせ規範（モーレス）を弱めると主張した（Burgess 1984=2011）[1]。第三世代のL・ワース（L. Wirth）は、この命題をアーバニズム論として定式化し、人口規模・密度・異質性の増大によって村落社会に特徴的な構造的形態としてのコミュニティは衰退すると主張した（Wirth 1938=2011）。すなわち、第一次的接触に対する第二次的接触の優勢、親族結合の弱体化、家族の衰退、近隣社会の消滅、社会的連帯の伝統的基礎の崩壊である。

アーバニズム論の検証はその後の都市社会学の大きなテーマを形づくっていった。B・ウェルマン（B. Wellman）らはそれを「コミュニティ喪失（lost）」「存続（saved）」「解放（liberated）」論の三つに分類している

（Wellman and Leighton 1979=2012）。存続論の代表格であるとされるW・F・ホワイト（W.F. Whyte）は「スラム」地帯にも「街角の社会」が存在することを（Whyte 1993=2000）、H・J・ガンズ（H.J. Gans）はエスニック・グループが再生産する強固な社会関係を「都市のなかの村」として「発見」した（Gans 1962=2012）。都市空間においても村落社会的な第一次的接触や、強固で親密な親族・家族関係、近隣地区の社会秩序が存続していることを、経験的方法によって示したのである。

　これに対し自らを解放論に位置づけるウェルマンらは、コミュニティを「近隣（neighborhood）」概念から切り離し、人々の社会的紐帯が織りなすネットワークとして定義し直すことで、都市空間における移動性の増大がもたらす効果を、社会関係の解体ではなく社会関係の脱領域化として捉え直すことを可能にした（Wellman and Leighton 1979=2012）。コミュニティの喪失／存続は、その共通の焦点であった「近隣」におけるネットワークの粗密の程度問題として再規定されることになる。そして仮に「近隣」にネットワークが凝集していなくとも、親密な紐帯は枝分かれし脱領域的に拡がっている可能性が想定される。

　ネットワーク論の展開によって、伝統的なコミュニティ概念は「近隣」という重石を下ろし、地理的範域から自由になった。しかし喪失／存続論にせよ解放論にせよ、彼らは一貫して、コミュニティを社会関係の構造的形態を指す実体概念と見なしてきたのである。こうした立ち位置からすれば、コミュニティの領域性——境界と帰属——は、地理的近接性から自然発生的に導かれるものであるか、あるいは捨象され二義的な分析対象に置かれることになるだろう。

コミュニティの象徴的構築

　これに対して、コミュニティの象徴性に着目する理論的系譜が存在する。その源流の一つであるE・デュルケム（E. Durkheim）は前近代社会における宗教的儀礼に着目し、その過程で「沸騰」する集合的感情をコミュニティの基礎として描き出した（Durkheim 1912=1975）。デュルケムにおいて、宗教的儀礼の焦点となる「神」とは、人間個体の生命を越えて存続する実在、すなわち「社会」を表象する記号であり、コミュニティの象徴である。そしてこの象徴を活性化させ、周期的に集合的感情を呼び覚ます制度が、宗教的儀礼である。儀礼の過程における「共通の行為」によって、人々は周期的に集団を再創造し、集団は自己を再確認するのである。

Ｖ・Ｗ・ターナー（V. W. Turner）もまた儀礼の過程で生じる同質性や平等性に基づく社会関係のあり方に着目し、「社会（societas）」を「構造（structure）／コムニタス（communitas）」の循環過程として捉えようとした（Turner 1969=1996）。構造／コムニタスは「聖／俗」概念とは異なり、社会空間上に配置されるものではない。儀礼の過程を通じて交互に生起する社会関係の様式であり、時間軸上に配置されるべき概念である。ターナーにおいて社会は不変的な実体ではなく、成員の階層的な差異と不平等に特徴づけられた構造としての局面と、成員の同質性と平等に特徴づけられたコムニタスとしての局面とが、対立しつつ交替する循環過程であった。そして前者は日常的な社会関係であり、後者は儀礼の過程の一局面、「分離」と「再統合」との狭間の時間においてのみ生起する社会関係である。ターナーはファン・ヘネップ（A. V. Gennep）を参照しつつ、この狭間の時間を「境界性（liminality）」と呼んだ。日常における分断は、境界性（リミナリティ）の時空間のなかで一時的に乗り越えられ、一つの集団への統合が再認識されるのである。

こうした理論的立場は、構築主義アプローチにおいてさらに徹底して推し進められた。Ａ・Ｐ・コーエン（A. P. Cohen）はこれら象徴主義の伝統を継承し、コミュニティを社会関係の構造的形態ではなく、「境界の象徴的な構築」として捉えようとした（Cohen 1985=2005）。つまりコミュニティの領域性を、個々人が集まり相互行為を行う体験のなかで、間主観的に表出されるものとして捉えたのである。ターナーが境界性の時空間における同質性や平等性の体験をコムニタスの特徴として位置づけたのとは対照的に、コーエンは次のように述べる。

> コミュニティに見られる共通性は、統一性である必要は無い。〔…〕共通性は形態の共有（行動様式）であって、その内容（意味）は成員によってさまざまなものとなる。コミュニティの勝利は、この多様性を包み込み、内部の不協和音が境界によって表現される見かけの統合力を覆されないようにすることである。（Cohen 1985=2005: 17）

コーエンが主張するのは、人々は共通の行動様式に基づいた相互行為を行うことによって、社会空間を分節化しコミュニティの境界を象徴的に構築するのであって、その行為の意味は必ずしも共有されている必要はない、ということである。境界の構築に用いられる文化的資源となる象徴は共有されているが、その象徴から引き出す意味は多義的であり、多義性を均質化せず包摂する点にコミュニティの統合力があると、コーエンは述べる。すなわち「諸々のシンボルは、不正確であるがゆえに、効果的なのである」（Cohen 1985=2005: 18）。

解放論においてコミュニティの領域性は、ネットワークの粗密の程度から二義的に見出され得るものであるが、コーエンにおいてはコミュニティの実在の賭け金そのものである。それゆえ社会関係が脱領域化し構造的な基礎が失われるほど、かえってコミュニティの象徴性に焦点を置く方法論の重要性が高まると、コーエンは主張する。こうしてシカゴ以来の社会学が前近代／近代ないし村落／都市の差異を強調するのに対して、コーエンはその普遍性を強調するのである。

表序-1　コミュニティの諸位相

位相	研究の焦点	典型的な理論
関係的 (relational)	社会関係	居住者の共棲関係（Park） ネットワーク（Wellman & Leighton）
制度的 (institutional)	社会集団	共棲関係から生まれる社会秩序（Park） 枠組みの構造としてのアソシエーション（MacIver）
象徴的 (symbolic)	象徴	シンボリズム（Durkheim, Turner） 境界の象徴的構築（Cohen） 対話的な帰属の経験（Delanty）

出所：筆者作成

第二節　コミュニティの三つの位相

関係的位相

コミュニティとは、社会関係なのか、社会集団なのか、それとも象徴的構築物なのか。本書では、こうした還元主義的な見方を回避したい。コミュニティを単なる社会関係と見なせば、コミュニティの領域性は後景に退き、その空間的なリアリティは見失われることになる。整合的な実体としての社会集団と見なせば、その間に広がる無数の社会関係の網の目を見落とすことになる。象徴性に着目する場合においても、周期的な相互行為のパターンを可能とする社会的条件や、ある象徴が選びとられたり共有されたりする社会過程を見落とすことはできない。

重要なのは、方法論的な分化がもたらした還元主義的な見方に陥ることなく、分析的に捉えたコミュニティの諸要素を再び編み合わせられるような、黎明期の社会学が持っていた「総体的なものの見方」を取り戻すことだ。そのため本書では、コミュニティを次の三つの位相が絡み合う複合的な社会過程と見なしたい（表序-1）。

第一の位相は、R・E・パーク（R.E. Park）が「居住者の共棲的関係」（Park 1936=1986）と捉え、その後ウェルマンらが脱領域的なネットワークとして捉え直した、社会関係としてのコミュニティである。初期シカゴの「人間生態学」の焦点であったこの位相を、「関係的位相（relational aspect）」と呼ぶことにしよう。

パークは都市空間における社会関係の様式を「共生／社会」概念によって分析し、人々の移動と棲み分けによる生態学的な共生（競争）関係と、その上部構造として形成される社会秩序（制度）との総体として「人間コミュニティ」を捉えようとした。パークの問題設定に従うならば、コミュニティ研究とは、人の移動と集住が織りなす社会関係——すなわち関係的位相——と、それを基礎として形成される制度的組織体という二つの位相を対象とするものである[2]。ここでは後者を「制度的位相（institutional aspect）」と呼ぶことにしよう。パークは両者の相互連関に着目し、「一度達成された生物バランスや社会的均衡が維持される過程」、あるいは「生物バランスや社会的均衡がくずされたばあいに、相対的に安定した秩序から他の秩序へと移行する過程」（Park 1936=1986: 180）を捉えようとした。すなわち、パークの人間生態学には、移動と集住が織りなす関係的位相の変動を規定要因として、制度的位相における組織化／解体（organize/disorganize）双方の契機が含み込まれていたのである。

本書が着目する関係的位相もまた、静態的なネットワーク構造というよりも、凝集と拡散、接合と分離の絶えざる過程としてのネットワーク形成（networking）を想定するものである。

制度的位相

第二の位相である制度的位相に関するもう一つの重要な理論的源流が、R・M・マッキーヴァー（R. M. MacIver）のアソシエーション論である（MacIver 1924=1975）。マッキーヴァーはコミュニティを、成員のパーソナリティの類似性と共同関心に基づく社会的統一体として規定し、個々人の個性化（individualization）によって発達しまたそれを推進するものであると考えた。マッキーヴァーにおいて近代化の過程は、コミュニティの喪失や単純な存続を意味するものではなく、個々人のパーソナリティが発達しそれに伴ってコミュニティの発達と拡大をもたらすものである。その最大のものは、国民国家の範域を越えて広がる「人類コミュニティ」であり、この大きなコミュニティのなかに、いくつもの小さなコミュニティが重層的に存在するとされる。コミュニティの具体的な存在様式としては「村」「町」「地方」「国」といった地理空間上の領域が例示されている。

本書において着目したいのは、マッキーヴァーが「コミュニティ」と「アソシエーション」と分析的に切り分けたことである。マッキーヴァーにおいてコミュニティがいかなる組織・集団の範域からも越え出て広がる社会関係の「織物」だとするならば、アソシエーションはより限定された諸関心を追求するために形成された組織体である。コミュニティは人類が存続する限り変動しても消滅することはないが、アソシエーションはその目的が達成されれば解体し、その存続期間も様々である。またコミュニティ内部には、諸関心の数だけ分化したアソシエーションが存在し得るが、コミュニティの範域はいずれのアソシエーションにも包摂されない。アソシエーションは「コミュニティの〈構成単位〉（unit）ではない」（MacIver 1924=1975: 155）のである。

本書にとって重要なのは、諸アソシエーションの連関をコミュニティの「枠組の構造」とみなすというマッキーヴァーの認識論である。[3] そしてパークの人間生態学が指摘した通り、移動性の観点からは「枠組の構造」もまた組織化／解体の契機を持つことになる。「枠組の構造」としての諸アソシエーションの動的連関が、本書の規定するコミュニティの第二の位相、制度的位相である。

象徴的位相

第三の位相は、デュルケムが「集合的沸騰」の焦点として捉え、ターナーが境界性の時空間に繰り返し生起する「コムニタス」と捉え、コーエンが「境界の象徴的な構築」と捉えた、象徴的位相である。

序文で取り上げたＧ・デランティの「ポストモダン・コミュニティ」論もまた、この象徴的位相を重視するものである（Delanty 2003=2006）。デランティはコミュニティを「想像される集団形成」と見なし、コミュニティの境界よりも対話的なプロセスによって構築される「帰属の経験」を重視した。デランティはＡ・メルッチ（A. Melucci）の『プレイング・セルフ』（Melucci 1996=2008）を参照しつつ、新たな集団形成の条件として、伝統を再生産するのではなく、帰属のあり方について語り合い新たな集団形成の想像を生み出す主体の能力を強調する。デランティが対話的な再帰性を強調するのは、移動性と社会関係の断片化によって特徴づけられた現代社会において、成員の入れ替わり、再帰的なネットワーク形成、帰属に関する言説の複数性など、「帰属の経験」を支える社会的条件が絶えず変化し続けており、いかなるコミュニティの「想像」も「永続的な帰属の形態を提供することはできない」（Delanty 2003=2006: 267）からである。それゆえ「帰属の経験」は個別の時間と空間において、一時的な形態として繰り返し構築されるものとなる。

コミュニティとは、社会関係にも、社会集団にも還元されないが、これらを不可欠の要素として象徴的な「境界」と「帰属の経験」を構築する複合的な社会過程である。デランティが「想像される集団形成」の境界よりも帰属を重視するのは、移動性の増大によって境界構築の資源としての象徴もまた所与の実体ではなくなり、複数の可能性の中から対話的に選びとられていくべきものとなったからである。本書ではこの境界と帰属の双方の要素を含めて「領域性（territoriality）」の概念によって捉えたい。「領域（territory）」としないのは、デランティが強調するようにその構築主義的な側面を重視したいからである。

吉原直樹もまた、こうした絶えざる社会過程としてのコミュニティを、「非線形で常に生成（becoming）途上にある創発性」（吉原 2011: 32）の概念によって捉えようとした。吉原は「ポストモダン・コミュニティ」論に依拠しながら、コミュニティを「ヒト、モノ、コトの複合的なつながりから生じる、「一方で開放性を、他方で異質性を」兼ね備えた動的な関係性の総体[4]」と捉え、その領域性を脱色しようとするが、本研究はこれを時間論的な視点を導入することによって乗り越えたい。この含意については結論部にて議論する。

本書の問い

デュルケムを一つの源流としコミュニティの象徴性を焦点とするアプローチは、近隣の領域性を与件とする古典的な都市社会学や、領域性を捨象する解放論への、有効な反論となる。しかし一方で、共有された象徴の背後には、その基礎となる社会過程が存在するのではないか。象徴が共有され、特定の時空間において領域性の構築をもたらす相互行為ないし「共通の行為」のパターンが維持され得るのは、相対的に安定した社会関係や社会集団が存在するからではないか。もちろん、デュルケムはすでに、トーテミズムとその基礎となる氏族集団を事例に、象徴と社会構造との相互連関について論じている（Durkheim 1912=1975）。しかしデュルケムやターナーの議論において、対象事例となった社会集団は定住性の高い安定した社会システムとも言うべきものであった。移動性に特徴づけられた都市空間において、脱領域的に広がる諸個人の社会関係や諸アソシエーションの動的連関といった構造的条件と、相互行為による領域性の象徴的な構築は、どのような関係にあるのだろうか。これが本書の第一の問いである。

　またコーエンの議論においても、コミュニティの象徴が複数存在する場合、あるいは象徴が分化する状況において、どのようにある象徴が選び取られ共有されるのか、という疑問が生じる。C・S・フィッシャー（C.S. Fischer）の命題、「場所が都市的になればなるほど、下位文化の多様性は増大する」（Fischer 1975=2012: 136）を引くまでもなく、移動性に特徴づけられる都市空間において、社会空間を分節化する際に参照される象徴もまた分化していることが想定される。そうであるならば、ある「場所」において構築されるコミュニティの領域性もまた分化する一方なのだろうか。複数性（plurality）に特徴づけられるコミュニティの領域性は、ある「場所」においてどのように分化・対立し、結合あるいは併存し、共有され得るのだろうか。これが本書の第二の問いである。

筆者はこれまで、コミュニティ研究における総体的な見方の重要性を強調してきた。しかしそれは容易いことではない。とりわけ移動性の問題を組み込む時、コミュニティ研究は方法論上の困難に直面することになる。デュルケムやターナーが分析対象とした伝統的な部族社会であれば、社会集団に注目することによって、人々のコミュニケーションにおいて社会関係と象徴が絡み合う複合的な社会過程を総体として捉えることが可能だったかもしれない。あるいは町内会・自治会への加入率が極めて高いような、歴史的には特殊な近代の一時期であれば同様の方法が有効性を持ったかもしれない。しかし現代社会において移動性の問題を組み込む時、新たな経験的研究の足場をどこに求めればよいのだろうか。(5)

第三節　場所と出来事のコミュニティ研究

制度アプローチと活動アプローチ

日本のコミュニティ研究において主導的であったのは、諸組織・集団の制度分析と、これらの「枠組の構造」を前提として設定された成員の意識調査に基づく「制度アプローチ」(6)であった。制度アプローチは定住者のアソシエーションを「枠組の構造」とするコミュニティの構造‐機能分析には力を発揮する一方で、その静態的な視点からは、制度的位相においては諸アソシエーションの動的な連関が、関係的位相においては脱領域的なネットワーク形成が、象徴的位相においては領域性――境界と帰属の経験――の構築の具体的実践に関わるデータが抜け落ちてしまう。(7)佐藤健二もまた、日本のコミュニティ研究の蓄積を、戦前から戦後にかけて行われた町内会調査、戦後のコミュニティ政策に関連した調査、住民運動の調査の三つに分類した上で、前二者において「集団をささえている制度の分析と、質問紙での意識調査にたよるあまり、そこに住むという経験がもつ身体や感覚への注目や、それをふまえた新しいコミュニケーション分析の視点の組織化は弱かったのではないか」（佐藤 2011: 119）と指摘する。佐藤はあくまで「住むという経験」を核とするコミュニティにこだわるが、本書が引き継ぎたいのは身体的な経験や具体的なコミュニケーション過程からコミュニティを捉えようとする、その方法論である。

制度アプローチの第二の難点は、移動性の問題をうまく組み込むことができない点にある。西澤晃彦は、日本の都市社会学は「地域」という概念構成によって、実際には脱領域的に拡がる社会関係を外部から切断し、居住空間としての側面のみを抽象化し、流動層を周辺化してきたと批判する（西澤 1996）。予め「場所」と人々の別様の関わり方――通勤・通学や一時的滞在等――は捨象されているので、「地域」の内部は定住者を主体として「均質化」され、移動性はコミュニティの解体変数として扱われる。[8] さらにコミュニティの統合の焦点として「あらかじめ行政的に設定された「地域」」（佐藤 2011: 132）が無前提に用いられることで、本来コミュニティ研究が説明すべき重要な現象である「領域性の構築」は先取されることになる。

移動性を捨象せず、ある「場所」においてコミュニティの三つの位相が動的に絡み合う複合的な過程を、どのように捉えればよいのだろうか。制度アプローチに代わるもう一つの方法論の可能性を、佐藤が分類した第三のコミュニティ調査の系譜、住民運動論の中に見出すことができる。

一九七〇年代、大都市郊外の「混住地域」における「新住民」と「旧住民」との間でコミュニティ形成の可能性を模索した奥田道大は、その契機を住民運動・まちづくり運動のなかに見出した（奥田 1983）。このモチーフはその後のインナーシティ調査にも引き継がれ、「コミュニティとエスニシティ」としてテーマ化されるに至る。「コミュニティの生成過程における〝異質〟認識を契機とした新しい共同の企て」（奥田 2004: 8）への着目という姿勢からも、奥田が一貫してコミュニティ形成の契機を運動や活動などの「共同の企て」に見ていたことがわかる。

奥田の「住民運動を通じたコミュニティ形成」論を批判しつつ、運動そのものの過程を分析したのが、松原治郎・似田貝香門らの研究グループである（松原・似田貝 1976）。似田貝は一九七〇年代に行った自身の調査を振り返り、そのアプローチを「イシューを介した構造分析」と呼んでいるが、これは「イシューという出来事」を認識媒介として諸組織・集団の動的連関を記述し、主体と構造の交差を捉えようとするものであった（似田貝 2007）。さらに似田貝は、一九九五年の阪神・淡路大震災以降の継続的なボランティア団体調査において、相互行為や主体の内面の変動をも射程に含む「主体を介した構造分析」を構想していった（似田貝 2008）。ボランティアたちは移動性を不可避的に帯びた存在であり、その活動もまた状況的に再編されていくため、諸組織・集団の安定的な連関を前提として調査を行うことは困難であった。移動性を帯びた主体の相互行為のなかで新たな活動が生まれてくる過程を捉えるためには、「非常にミクロな記述の仕方をせざるを得ない」（似田貝 2007: 113）と似田貝は述べる。

似田貝の提起した「イシュー／主体を介した構造分析」は地域社会の構造的把握のための方法論であり、本書の問題設定とは異同がある。しかし「イシューという出来事」を焦点とし、諸組織・集団の動的連関を時間軸上の出来事の連鎖として記述していく方法と、移動性を帯びた主体が織りなす活動の「ミクロな記述」とが合わさった時、コミュニティ研究の新たな方法論が浮かび上がってくる。似田貝は運動の意味を「コミュニティ形成」に収斂させてしまうとして、奥田のコミュニティ形成論には批判的であったが、本書ではむしろ、似田貝の対象設定と方法を部分的に引き継ぎつつ、移動性を前提としてコミュニティの領域性が構築される過程を捉えたい。

コミュニティを三つの位相からなる複合的な社会過程と見なし、移動性を含んだ多様な主体が織りなす具体的

表序-2　制度アプローチと活動アプローチ

	制度アプローチ	活動アプローチ
認識論	整合的な実体	複合的な社会過程
研究の焦点	組織・集団	活動・出来事
主体の性格	成員（member）	担い手（actor）

出所：筆者作成

な活動と出来事を認識媒介とする方法論を、本書では「活動アプローチ」[9]と呼称したい（表序－2）。活動アプローチは諸組織・集団の連関や個々人のネットワーク、コミュニティの領域性を整合的な実体とは見なさない。三つの位相はある特定の時間と空間において、特定の配置を持つとしても、それは状況的に絶えず再編される途上にあるものと見なされる。活動に関与する主体もまた、制度上の成員資格（membership）によってではなく、各々の活動における「担い手（actor）」として把握されるべきものとなる。三つの位相の組み合わせや配置を時間軸上で比較する時、はじめてコミュニティの構造や変動のパターンが浮かび上がってくることになり、コミュニティの再生産や変動の要因を分析することが可能となるのである。

それでは活動アプローチは経験的研究において具体的にどのような方法を採るのか。制度アプローチの有力な方法は、諸組織・集団の制度分析と成員の意識調査であった。行政区分としての「地域」や定住者のアソシエーションを足掛かりにできないのだとすれば、経験的研究の足場をどこに求めればよいのだろうか。本書では活動アプローチの具体的な方法として、「都市エスニシティ」論における調査実践の蓄積を参照したい。

場所——結節点、舞台、闘技場

日本のコミュニティ研究において移動性の問題に正面から取り組んだのは、一九九〇年代以降に展開した「都市エスニシティ」論の系譜であった。一九八〇年代末の「団塊」としてのアジア系外国人の流入という現象は、世界システム論や世界都市論の視点からは構造的条件によって移動を促された「出稼ぎ型外国人労働者」として、地域研究の視点からは「外国人居住者」として「発見」された（奥田 1997）。奥田道大は後者の立ち位置から、「外国人」調査とは異なる方向から「コミュニティとエスニシティ」というテーマを設定した。そこには、コミュニティの断片化（fragmentation）として把握される現実を「都市エスニシティ」の観点から再構成していくという展望が込められていた。

やがて奥田グループの学生たちのなかには、個別具体的な施設や組織への参与観察を始める者たちが現れた。彼女／彼らは、食材店、レストラン、教会、保育所、親睦団体など、様々な施設や組織で交わされる人々の具体的なコミュニケーションの過程を観察し、記録していった。例えば修士課程の学生であった白岩砂紀は、一九九〇年代初頭に新宿・大久保の中国系エスニック食材店で参与観察を行い、食材店を結節点とするマルチエスニック・ネットワークの存在を捉えた（白岩 1995; 1997）。白岩が結果として実践した調査は、個人に焦点をおく聞き取り調査でもなく、組織・集団に包摂される成員への意識調査でもない、多様な移動性を持つ人々が取り結ぶ社会関係の動態を捉える方法論を提起していた。その対象は、移動の焦点、ネットワークの結節点、相互行為が凝集する社交空間としてのエスニック・ビジネスであり、その方法は、長期間にわたる参与観察による徹底的な記述であった。

この時期、奥田の弟子であった広田康生は、横浜鶴見をフィールドとして日系南米人調査を展開していた（広田 1997; 2003）。広田が捉えたのは、「越境者（エスニシティ）」が織りなすエスニック・ネットワークの広がりであった。ここで着目したいのは、こうした多様な移動性を持つ人々が織りなす社会過程を描き出した、広田の方法論である。広田は横浜市行政の研究会が行った地区センターへの聞き取りをきっかけとして、日本語教室などの支援者たちに仲介されつつ、日系人の親睦団体や旅行社、エスニック料理店へと調査を展開していった。広田は当時の調査を振り返り、「地区センター」を〝通路〟として通常の「都市コミュニティ調査」では「見えない領域」に接近できることにも気がついた」と述べる（広田 2003: 58）。こうした調査経路そのものが、既存の制度的世界と接点を持ちつつ展開するエスニック・ネットワークを辿る調査実践であった。

広田はまた、あるエスニック料理店を起点として、生成されつつあるエスニック・ネットワークの結節点を辿っていった。それはレストランであり、食材店であり、保育所、学校、日本語教室、教会、旅行社、電気工事会社、医院、ボランティア団体であった。こうした「結節装置」の地理的な凝集を、広田は「場所（place）」の概念によって捉える。「場所」は国民国家の制度的境界を越えて創出される「越境する社会的領域（transnational social field）」「越境する空間（transnational social space）」の存在論的基盤である。「場所」は存在様式としては施設などの構造物や組織（の活動領域）であり、特定の地理空間上にその位置を占める。したがって「結節装置」が形成されネットワークが展開してゆく過程を説明するためには、個別事例の背後にある歴史社会的条件が把握されなければならない。こうしてエスニック・ネットワーク調査は再び地域研究と交わることになる。すなわち行政区分としての所与の「地域」ではない、移動性を前提とした「場所としての地域」研究である[10]。

広田はさらに、群馬県大泉、東京都新宿、山口県沖家室、布哇ホノルルへとフィールドを広げていくなかで、「場所」が創り出されていく社会的・政治的・文化的過程を「場所形成（place-making）」の概念によって捉え直していった（広田・藤原 2016）。とりわけ注目したのは、「場所」の象徴的な次元である。「場所」はネットワークの結節点としての施設や組織を存在様式とするが、「場所」に集まり利用する人々によって意味付けられる空間、「記憶」を媒介としたアイデンティティの置き所としての側面を持つという[11]。

しかし一方で、「場所形成」には分離やコンフリクトの契機も内在している。「場所としての地域」には、複数の施設や組織が存在するが、ある個人や集団がその全てを把握し利用するわけではない。あるいは白岩が食材店で観察したように、ある特定の施設や組織の利用の仕方もまた単一ではない。人々がある「場所」と関わるとき、またある「場所」について言及するとき、そこには特定の社会空間に蓄積する歴史・文化的資源からの抽象と象徴化が生じる。それゆえある人々にとっての「場所」への意味付与と、別の人々にとっての意味付与との間には差異が存在し、「場所（の象徴的）形成」を巡る分離とコンフリクトが生じうる。広田はこれを複数の「象徴的秩序」「領域化／領域意識」の衝突と交渉として捉える。「場所形成」への着目は、構築主義的なコミュニティ研究と「場所としての地域」研究との接点となる。人々の「記憶」を媒介とした「場所」への意味付与の過程は、デランティが焦点を置く帰属の経験の構築として捉えられるだろう。また「場所形成」の複数性をめぐるコンフリクトの過程は、コーエンが強調する境界の構築と捉えられるだろう。

W・ファイアレイ（W. Firey）は、こうした、歴史・文化的資源を用いた空間への言及とそれを支える感情が近隣地区を象徴化し、近隣地区の象徴性が実際に生態学的な空間構成の変数となることを示した（Firey 1945=2012）。本研究では、空間への言及によって「場所としての地域」の構成要素が抽象化され、空間から切り出された「場所」の表象を、〈象徴的空間（symbolic space）〉と呼ぶこととする。[12]ファイアレイにおいて、空間への言及の際に参照されるのは植民地時代の文化的資源であったが、現代の都市空間はより多様であり、人々が参照する歴史・文化的資源は単一ではない。それゆえ〈象徴的空間〉もまた複数性を特徴とする。こうして本書の第二の問い——コミュニティの領域性はどのように分化・対立し、結合あるいは併存し、共有されうるのか——は、経験的研究の水準では、〈象徴的空間〉という表象の複数性とコンフリクト、その結合や併存、そして共有の過程を捉える、という課題となる。

ただし「場所」の象徴性への焦点化には、一方で注意が必要である。「場所」の存在様式である施設や組織が設立され存続すること、移動する人々が「場所」に集まりコミュニケーションが可能であることの背後には、明らかに歴史社会的条件が存在するからである。広田自身が述べているように、「場所形成」の過程は意味をめぐる側突と交渉であると同時に、「象徴的な秩序を創り出す集団的な実践同士の衝突と交渉」（広田・藤原 2016: 198）でもある。つまり「場所」についての人々の語り、言説の次元だけでなく、結節点やネットワーク形成の次元と、実際に人々が集まりコミュニケーションを交わす行為の次元を捉える必要があるのだ。白岩が一九九〇年代に取り組んできたような、施設や組織を対象に据える参与観察の方法論が、改めて重みを持つ。

出来事――「一時的な社会的凝集」

「都市エスニシティ」論がコミュニティ研究にもたらした重要な着眼点が、もう一つある。移動性を前提としつつ具体的な「場所」で生起する一時的な領域性と、その周期的なパターンである。広田はそれを「メンバーの非固定性、教会やモスクその他移動の施設を中心にした、時に居住の近接性に基づかない「社会的集合」や「社会的凝集」」（広田・藤原 2016: 166）として捉える。こうした「一時的な社会的凝集」は、次のような「集合的な出来事（collective events）」のエピソードとして記述される。

> 浜松町の海岸通りから少し入ったところに「レストランP」はあった。日系南米人だけのディスコ・パーティは土曜の夜から日曜の朝までここのフロアを借り切って開かれた。土曜の夜がふけだすころになると、ジーンズをはいた日系の若者たちがこのレストランの周囲に集まりだす。このディスコに通う若者たちの大半は一〇代から二〇代の若者たちである。多くは就労のために日本にきた人々であるが、ときに、人材派遣業の社長が従業員の慰安のためにグループをなしてくることもある。ディスコは彼らにとってはダンス・パーティの延長である。日本では大勢の人が集まれる場所を確保できないため、ディスコを開催せざるを得ないという事情もある。特にブラジル系の人々の集まるときはほとんどがガラナやほかの清涼飲料水で、アルコ

> ールはほとんど出ない。そのため一〇代の若者たちや、ときに家族連れも見ることがある。（広田 2003: 112）
>
> 境町の場合、太田市・大泉町と伊勢崎市にはさまれて日系人の数も次第に増えてきた町であるが、伊勢崎市のモスクとは異なるモスクの建設がおこなわれて以来、この町に数箇所のハラール・フードの店もでき、毎土曜日ごとにイスラム系住民が集う。明らかにここには、異質なライフスタイルのアンクレーブが一時的にしかし定期的に形成される。（広田 2003: 296）

> 例えば、モスク等の施設を中心に多くの人々が集まるが、その集まりは常態化しておらず、たしかにハラルフード店等を中心に日常的な集合はあるが、時に潮が引くように目に見える社会的集合は姿を消す。しかしその時点でも確かにそこには「イスラム・スポット」と呼びうるような、人々の「社会的凝集」を感じとることが出来る〔…〕。おそらくそれは、そこにそうした「領域」を象徴する何かが存在する〔…〕。（広田・藤原 2016: 166）

三つの事例は、それぞれ異なる「場所」と時期のものである。東京浜松町のレストランのディスコ・パーティは一九九〇年代に、群馬県境町のモスクは二〇〇〇年代に、東京新宿のモスクと「イスラム・スポット」は二〇一〇年代に記録された。しかしそこには、毎週末、ある施設に移動する人々が集まり、生身の身体を持つ人間として顔をあわせ、交流することのできる時間と空間が生まれていた。それは確かに「一時的な社会的凝集」に過ぎないのだが、特定の「場所」に蓄積されたネットワークや象徴が利用されることによって、繰り返し生起する。そこに集う人々は、必ずしも「近隣」の住民とは限らない。

「都市エスニシティ」論が提起した、一時的かつ周期的な社会的凝集——「集合的な出来事」——をコミュニティの指標として扱う認識論は、コミュニティ研究の時間論的（再）転回とも言うべきものではないだろうか。移動性によって特徴づけられた「越境する社会的領域／空間」という社会認識を前提としながら、それでもなお社会空間上に、ある特定の瞬間に起ち上がる領域性をどう捉えるのかという問題である。現代の都市社会において、コミュニティの領域性は確固たる実体としては存在しないが、具体的な「場所」を起点として時間論的に生起する。「場所」は開放性と閉鎖性の両義的な契機を持つ。開放性の契機は移動とネットワークの「繋留点（anchor point）」であり、閉鎖性の契機は社会空間を一時的に切断する「待避所（asylum）」である[13]。こうしてコミュニティの領域性は、開放性と閉鎖性の弁証法的な過程として時間論的に位置付けなおされることになる[14]。この認識論的な転回の可能性と意義については、本書の結論部で再び考察したい。

　コミュニティ研究における移動性の捨象を批判した西澤もまた、都市エスノグラフィと社会過程論にその方法論上の可能性を託し、経験的研究における課題を次のように整理する。すなわち、定住者のみならず流動層を含む多様な主体を記述すること。全体論的（holistic）なアプローチによって対象の範囲を与件とするのではなく、「事実の集積」から帰納的に対象の全体像を浮かび上がらせること。そして諸組織・集団あるいは複数の小コミュニティの「間」に「社交空間」を仮設し、多様な主体が「接触し合い、関係を持ち、影響を及ぼし合うこの社交空間に生起する社会過程」（西澤 1996: 59）を研究の焦点とすることである。「集合的な出来事」という対象構成は、個人であれ集団であれ、その「間」に「社交空間」を設定しそこで展開する複合的な社会過程を捉えようという、西澤の主張に応えるものである。

　白岩と広田それぞれの調査実践は、奥田の「コミュニティとエスニシティ」研究が切り開き、そして直面した方法論上問題に対する二つの回答である。「場所としての地域」研究による「場所形成」の歴史社会的分析と、

「集合的な出来事」の記述によるコミュニケーション過程の分析が合わさった時、移動性と領域性というコミュニティ研究の難問を乗り越えるための、活動アプローチによる経験的研究の回路が開かれるのである。

第四節　事例研究の概要

インナーエリア新宿・大久保

本書のフィールドである新宿・大久保は、都市社会学的には都心周辺部のインナーエリアに位置づけられる（図序－1）。城西インナーエリアに位置するこの地域は、江戸時代から明治初期にかけては都市の外部であり、明治後期から昭和初期にかけては都市域の拡大とともに軍人やホワイトカラーの郊外住宅地、戦後から高度成長期には都心周辺部の「木賃アパートベルト地帯」となり、低成長期からバブル期を経て「新都心」の周辺部として都心域の拡大に飲み込まれつつある。

都市・東京の人口動態は、一九六〇年代中頃までの人口急増期（都市化の時代）、一九九〇年代後半までの人口微増ないし停滞期（郊外化の時代）、それ以降の人口増加への再転換期（再都市化の時代）の三つの時期に分けられるが、インナーエリアに位置する新宿においても、同様の都市化・郊外化・再都市化のサイクルが見られる。新宿区の総人口は一九六三年の約四〇万人をピークに減少へ転じ、一九九七年には約二八万人となった（図序－2）。一九九八年以降、人口は再び増加へ転じ、二〇一五年には約三二万七二〇〇人と一九八〇年代後半の水準にまで回復していた。

これに対し、新宿区の外国人人口は二〇一一年の東日本大震災の時期を除いて、一貫して増加し続けてきた（図序－2）。一九八〇年頃までは緩やかな増加傾向であったが、八〇年に六〇三六人（総人口の一・七％）であった

図序-1　新宿区の位置

出所：Craft MAP を元に筆者作成。http://www.craftmap.box-i.net/ken.php

外国人人口は、九〇年には一万六七〇三人（五・三%）、二〇〇〇年には二万一七八〇人（七・六%）となり、二〇一〇年には三万五二一一人（一一・九%）に達した。二〇一五年時点での外国人人口は三万六〇一六人、総人口の一一・〇%であった。その内訳の国籍別上位を見ると、中国（三六・八%）と韓国・朝鮮（二九・三%）が半数以上を占め、次いでベトナム（六・七%）、ネパール（六・三%）、ミャンマー（三・五%）となる。[15]こうした八〇年代中頃からの外国人人口の急増は、都市・東京への人口流入の受け皿であり続けてきた、インナーエリアに共通する特徴であった。

　東京圏のインナーエリアの人口

図序-2　新宿区の人口動態（1950-2015）

注：「日本人人口」は、1961年までは食糧管理法に基づく登録数、1977年までは住民登録法に基づく登録数、1978年以降は住民基本台帳人口に基づく。「外国人人口」は、2012年までは外国人登録者数、2013年からは住民基本台帳人口に基づく。

出所：（新宿区　1998c）および新宿区地域文化部戸籍住民課「人口及び世帯数の推移」（平成27年）より作成。

動態は、戦後から高度成長期の初期に人量に流入した若年層が、高度成長期から低成長期にかけて郊外へ流出し、その空洞を埋める形で今度は外国人が流入するという歴史であった。エスニック・マイノリティの滞留現象は一般的に「インナーシティ問題」の構成要素として捉えられるが（大久保 2000）、これに対し、外国人の流入が人口減少と高齢化による既成市街地の空洞化を埋め、地域の活性化に繋がるとの見方が現われたのは、こうした事情からである（奥田・田嶋 1995: 15）。

都市の形成史の中で繰り返し移住者を受け容れ続けてきた新宿・大久保には、人の移動の歴史が地層のように折り重なり、その痕跡は風景や社会関係、人々の記憶のなかに刻み込まれている。その結果として、「場所」としての大久保には極めて多様な歴史文化的資源が蓄積することになり、人々の諸活動において為される空間への言及や関与の在り方も極めて多様な選択可能性を持っている。本書に登場するある人物は大久保を「コリアンタウン」であると語り、またある人は「多民族・多文化の街」であると語る。あるいは「観光地」であると語る人がいれば、静かな「居住空間」を守りたいと願う人もいる。研究者やジャーナリストはJR新大久保駅や大久保駅に近接する地区を「大久保」ないし「新大久保」として切り出すが、行政的な区分としての大久保出張所管内はもっと広大な範囲であるし、あるいは伝統的な祭礼の過程で参照される空間は旧村落や氏子圏というより狭い範囲である（xvi–xvii頁の地図を参照）。すなわち、「場所」としての大久保は複数の〈象徴的空間〉が分立しせめぎ合う意味の闘技場となっているのである。本書が当該地区を指示するにあたって一般的に流通している「新大久保」の呼称を用いず、「新宿・大久保」ないし「大久保」を用いるのは、〈象徴的空間〉の複数性に対して中立的な立ち位置をとるためである。

人の移動の歴史的な蓄積と〈象徴的空間〉の複数性については、第一章で詳細に記述と分析を行うこととし、ここでは新宿・大久保の空間的な概観と位置づけを行っておきたい。封建都市・江戸を土台として明治期に「帝都」として建設された東京は、政治都市としてだけでなく産業都市の側面も持つ近代都市として発展した。製造業の中心地となった城東インナーエリアとは異なり、新宿・大久保の位置する城西インナーエリアはホワイトカラーの居住空間として発展し、この東西の空間構成は高度成長期以降にも引き継がれた。倉沢進・浅川達人らの社会地区分析によれば、一九七五年の時点では「典型的繁華街」は主に丸の内の都心部に集中し、新宿においては駅周辺部にのみ点在する状況であったから、居住空間としての大久保の特徴は高度成長期以降にも持続してきたことがわかる（倉沢・浅川 2004）。

しかし一九八〇年代以降、脱工業化、すなわち製造業から金融・情報・サービス業への産業構造の転換によって、東京の空間構成は再編へと向かっていく。一九九〇年の社会地区分析では、「オフィス性の強い繁華街地

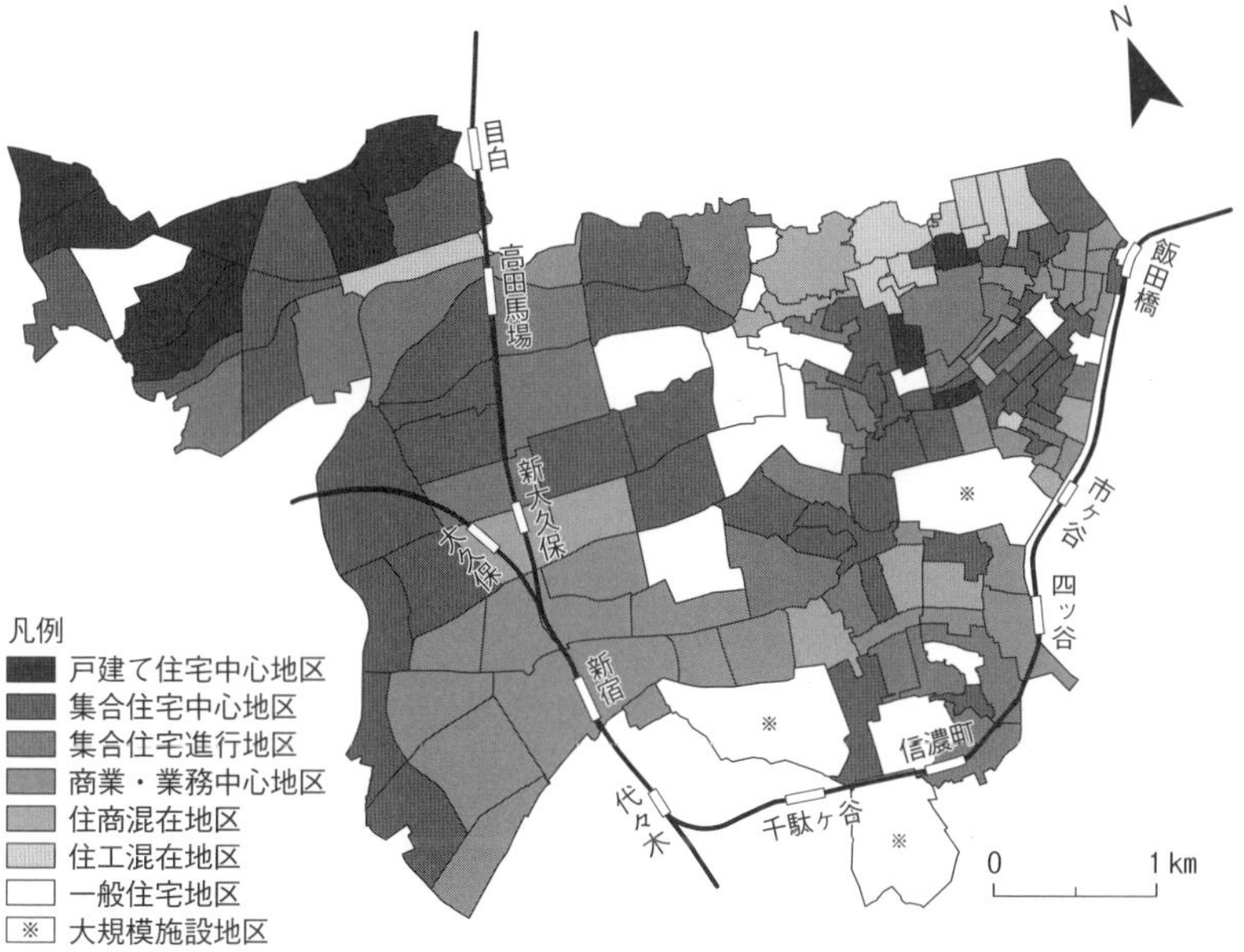

図序-3　新宿区の土地利用（2011 年）

注：新宿区の平成 23 年土地利用現況調査に基づく。
出所：（新宿区都市計画部都市計画課　2013: 33）より引用。

区」が城西インナーエリアへと拡大し、「副都心」新宿は都心域の拡大に飲み込まれる様相が描き出された。こうした空間構成の変化を、倉沢は「徹底的な経済合理性追求の結果、土地利用の機能的側面からは巨大な同心円構造を持つ東京圏を生み出すに至った」（倉沢 2004: 25）と総括する。現在のインナーエリアは、「複合市外地域」すなわち「若年単身世帯と高齢単身世帯を同時に含み、商業機能やオフィス機能も有するといった、都市的要素が複合的に含まれ市街地として成熟した地区」（浅川 2009: 34）と捉えられる。

　こうした空間構成の再編は、新宿・大久保においても同様に進行してきた。図序－3は、新宿区都市計画部都市計画課が作成した、平成二三年土地利用現況調査に基づく社会地図である。ここで用いられている土地利用類型を参照して大久保の空間構成を見ていくと、大久保の玄関口である二つの駅――JR大久保駅と新大久保駅が位置する百人町一丁目は「商業・業務中心地区」、隣接する北側の百人町二丁目と東側の大久保一丁目は「住商混在地区」となっている。そしてさらに北側の大久保二、三丁目と百人町三、四丁目はそれぞれ「集合住宅進行地区」「集合住宅中心地区」となっており、大久保という「場所」を俯瞰的に見れば、二つの駅を中心として商業空間から居住空間へと漸次的に推移する同心円状の空間構成となっていることがわかる。そして大久保から南へ約一キロメートルの距離には「新都心」新宿の中心、ＪＲ新宿駅が位置し、その周囲には「歓楽街」歌舞伎町や西新宿の高層ビル群をはじめとした分厚い「商業・業務中心地区」が広がっている。つまり大久保の同心円状の空間構成の真の中心は新宿駅であり、脱工業化と「徹底的な経済合理性追求の結果」として拡大する「新都心」新宿の商業空間によって、インナーエリアの居住空間としての大久保が蚕食されつつあるという状況が空間構成に表れているといえる。

第二章で述べるように、こうした空間構成の再編の背後にはインナーエリアの特性である人口の流出入の歴史的な蓄積があり、またその内容も居住を焦点とする転入／転出に留まらない。大久保は就業・就学地や遊興のための一時的滞在地でもあり、とりわけ二〇〇〇年代以降は韓国系ビジネスの集積によって「観光地」化が進んでいる。流入層の居住空間としてだけではない多様な移動性を含み込む「場所」となっており、言及される〈象徴的空間〉も極めて多様化している。移動性を前提とするコミュニティの領域性の在り方を探究する上で、新宿・大久保を「場所としての地域」のフィールドに据える意義は、ここにある[16]。

市民グループ「共住懇」と「アジアの祭」

本書は新宿・大久保という「場所」で生起した二つの「集合的な出来事」——「しんじゅくアジアの祭２００９」と「ＯＫＵＢＯアジアの祭２０１１」——を事例として、活動アプローチに基づくコミュニティ研究を行っていく。「アジアの祭」は、その前身と後継となる活動を含めて二〇〇三年から二〇一三年頃まで年一回開催されており、観客の規模は年によるが数百から千人規模の小さな「祭」である[17]。

「アジアの祭」の実行委員会は大久保を拠点とする市民グループ、近隣および周辺地区の住民たち、そして自営業者たちによって構成され、他の組織・集団との協力関係を築き資源を調達することによって運営が行われていた。「祭」の目的となる中心的な理念は、「多文化」「防災」「ご近所づきあい」などの複数の表象によって構成されており、開催年度によってもその重心の置き所には違いがあった。実行委員会の「担い手」たちは、都市・東京や大久保の状況、諸組織・集団との協力関係、「担い手」のネットワーク形成等の変化に呼応するかたちで、繰り返し対話し、その年の「祭」の理念を練り上げていった。

実行委員会に関わる中心的な組織が、第二章の研究対象である「共住懇（きょうじゅうこん）」である。「共住懇」は一九九二年に大久保を実質的な拠点として発足した「多文化共生」を志向する市民グループである。発足当初の名称は「外国人とともに住む新宿区まちづくり懇談会」であったが、二〇〇二年に略称「共住懇」が正式名称となった。地域状況の変化に応じて活動の理念や具体的な内容を組み替えつつ、またその会員を入れ替えつつ二〇二二年現在まで継続している。

「アジアの祭」はこの「共住懇」の「中心的な担い手」の一人が発起人となって他の組織・集団の「担い手」の協力を得て企画・運営が始まったものであり、必ずしも「共住懇」の「担い手」の全てが「アジアの祭」の運営に関わっていたわけではない。しかし実際の運営においては、「共住懇」を「入り口」とした新たな「担い手」が参入したり、二〇年に渡る活動によって形成されてきた諸組織・集団との協力関係等が資源として活用されたりしていた。その意味で、「共住懇」の活動史は「アジアの祭」という「集合的な出来事」の潜在的条件(potential)となっていたと言える。さらに「共住懇」そのものも、一九八〇年代末の外国人住民の急増という地

表序-3　分析枠組と経験的指標

位相	コミュニティの分析枠組	「集合的な出来事」における経験的指標
関係的	移動とネットワーク形成	「担い手」の交代と地位の変化
制度的	諸組織・集団の動的連関	諸組織・集団間の資源の流れ
象徴的	領域性の象徴的な構築	活動の理念が準拠する〈象徴的空間〉

出所：筆者作成

域状況のなかで、排除の動きへの対抗的要素を含みながら、先行する市民グループの活動の結節点として発足したものである。第二章では、第三章以降で分析する「アジアの祭」の先行条件として、大久保という「場所」との関わりのなかで展開してきた「共住懇」の活動史を記述することにしたい。

「集合的な出来事」の比較分析を行う第三章および第四章で着目するのは、二〇〇九年の「祭」の後、運営の「中核」であった「担い手」たちの半数以上が離脱したという現象である。しかし二〇一〇年から二〇一一年にかけて、新たな「担い手」たちが次々に参加し、新たな組織・集団との協力関係を築いて資源調達の回路を拓き、「祭」の理念や形態すらも変化させながら運営が続けられた。なぜ「祭」は中止されることなく、継続が可能となったのか。「祭」の理念はいかなる〈象徴的空間〉を参照していたのか。その背後にどのようなコミュニティの領域性の変化があり、その変化はどのような力学によってもたらされたのか。これが本書の経験的な水準における問いである。

活動アプローチに基づき二つの「集合的な出来事」におけるコミュニティの三つの位相を比較分析するにあたり、本研究では表序-3のように経験的研究における指標を設定した。関係的位相の焦点である主体の移動とネットワーク形成については、「祭」の展開過程における「担い手」の入れ替わりとその際に活用される社会関係、それに付随する運営体制内での地位の変化を指標とする。制度的位相の焦点である諸組織・集団の動的連関については、組織図や名目上の「共催」「協力」「後援」等を追うのではなく、運営に必要な資源が実際にどのような回路によって調達されたのかを指標とする。象徴的位相の焦点である領域性の象徴的な構築については、「祭」の企画・運営という一連の活動において繰り返し言及される「祭」の理念がどのような〈象徴的空間〉と関連しているのか、どのように特定の〈象徴的空間〉が選びとられるのかを指標とする。

　結論部である終章において、二つの時期の異なる「集合的な出来事」を比較分析することによって、コミュニティの領域性にどのような変化がもたらされたのか、その背後にどのような社会過程が存在していたのか、コミュニティの三つの位相がどのように相互連関していたのかを、明らかにする[18]。活動アプローチはコミュニティを三つの位相が絡み合う複合的な社会過程と見なすため、複数の位相での分析を組み合わせる必要があり、それゆえ分析対象は極めて限定せざるを得なかった。本研究が扱うのは二つの「集合的な出来事」の事例のみである。これらの「出来事」が大久保という「場所」において生起する様々な「出来事」の代表例や典型例というわけでもないし、大久保という「場所」に関わる人々を広く包摂しているというわけでもない。しかし事例研究を都市・東京の形成史における「場所としての地域」の歴史と、「集合的な出来事」の先行条件としての諸活動の歴史の中に位置づけることで、他の事例との比較可能性を確保し、コミュニティの移動性と領域性に関する新たな理論構築を試みたい。

調査の方法と過程

　本書の記述は、筆者が二〇〇七年一一月から継続してきた、新宿・大久保および市民グループ「共住懇」を主な対象とする参与観察に基づく。この場合の参与観察には、非構造化インタビューや内部記録文書の収集など、複数の方法が編み込まれている。記述の根拠となる一次資料やデータの詳細については、本文中で逐次表示することにしたいが、ここでは実際の調査の概要と妥当性を述べておきたい。

まず明らかにしておきたいことは、筆者が行ってきた調査の全過程が、活動アプローチに基づくコミュニティ研究のために最適化された形で設計・遂行されたわけではないということである。筆者は、二〇〇七年に中央大学文学部社会学専攻の授業の一環として「共住懇」代表のYさんに「多文化共生のまちづくり」をテーマとする半構造化インタビューを行い、活動に「お客」として参加し（非関与〜低関与型の観察）、二〇〇八年頃から「共住懇」会員となって活動の「手伝い」をするようになり（低関与型の観察）、二〇〇九年頃から「共住懇」の「中心的な担い手」として活動を支える側になり（参与観察）、二〇一四年頃からは観察の配分は減少し二〇二二年現在はほぼ完全な参加者となっている。本調査は、こうした筆者のフィールドでの立ち位置や役割の変化を伴うものであり、またこうして「余所者」が「担い手」へと変化していく過程それ自体が、筆者の認識論的・方法論的な基礎を形づくっていった[19]。

本調査の過程を俯瞰的に捉えると、筆者が行ってきたのは限定的なリサーチ・クエスチョンとそれに最適化された調査設計の元で遂行される「仮説検証型」の調査ではなく、「探索的な調査（an exploratory research）」（Whyte 1964=2002）や「漸次構造化アプローチ」（佐藤 2006）の過程と言うべきものであった。筆者は一貫して「都市社会におけるコミュニティ」をモチーフとして研究を進めてきたが、コミュニティの三つの位相の相互連関と領域性の構築をリサーチ・クエスチョンに据えたのも、それに適合的な方法として活動アプローチを提起・修正したのも、またその経験的研究の方法として「場所」と「出来事」の研究を構想したのも、基本的なデータを集めきりモノグラフを執筆する段階においてであった。

一方で、本書はこうした跛行的な過程を現在の到達点から振り返り、改めてリサーチ・クエスチョンを設定しなおし、それに相応しい方法論とデータを用いて論証的に編まれたモノグラフである。それゆえ問われるべきなのは、調査の全過程が一貫した方法論によって設計・遂行されてきたか否かではなく、本書の記述と分析に用いるデータが、どのような方法論と調査によってもたらされたのか、その妥当性について検討することであろう。

本書の記述の主要な素材は、筆者が低関与型観察をはじめてやがて完全な観察者へと移行していく二〇〇七年から二〇一四年頃までに蓄積された、フィールドノート（調査日誌）および「共住懇」発行物等の公開資料、会議資料等の内部文書である。二〇〇七年から二〇〇八年までは「共住懇」主催のシンポジウムやフィールドワーク（まち歩き）企画などへの単発での参加に留まっていたが、二〇〇九年頃から二〇一四年頃までは月一度の定例会、随時行われる発行物等の編集会議、事務作業の他、繁忙期には隔週で「アジアの祭実行委員会」の会議への議事録作成および会計事務としての参加を継続し、その場で残した手書きのメモや入手した会議資料等を元に、フィールドノートを作成していった。本書で参照する際には「X年X月X日の日誌」と記載している。

参与観察者としての立ち位置が筆者自身にとっても当事者にとっても明確になったのは、二〇〇九年度に提出した学部の卒業論文において「共住懇」と「アジアの祭」を対象に据えた頃からであった。その後二〇一一年度に提出した修士論文、二〇一六年度に提出した博士論文も含めて、活動当事者に寄贈し、「担い手」たちと意見交換することを通じて、自身の研究を再編していった。研究成果について「共住懇」関連団体での公開学習会で発表したり、ギター弾き語りのミニライブの合間に論文の朗読と対談を行うこともあった。

また参与観察と並行して、「共住懇」の活動の一環としても地域調査を行ってきた。二〇〇九年からは、地域情報誌「ＯＫＵＢＯ」、日本人商店主の聞き書き集『大久保老舗ものがたり』などの取材・編集にも携わってきた。本書の執筆においてはこれらの取材記録も参照しているが、すでに当事者に記事内容を確認し公開することが許可された発行物の範囲で、二次資料からの引用として扱うこととした。「共住懇」の発行物については、巻末の文献リスト末尾を参照されたい。

これまで筆者が行ってきた調査は、基本的には参与観察であった。参与観察の最大の強みは、諸組織・集団の制度分析や意識調査、インタビュー調査では十分に捉えきれない、社会過程について把握・記述が可能なことである。一九三〇年代のボストン市街地周辺のイタリアン・コミュニティを対象として参与観察を行ったホワイトは、参与観察の強みについて、次のように述べている。

> 私達は社会的プロセスに関するデータを必要としており、質問紙法ではこのようなデータを入手することはできない。このようなデータを誰が提供できるものか。フィールドで観察している人は誰しもが、とくに参与観察者においては進行していることを観察している。（Whyte 1969=2002: 17–18）

ホワイトによれば、参与観察の意義は、進行しつつある社会過程を捉えることが可能な点にある。活動アプローチが対象とする「集合的な出来事」は、その存在様式は相互行為の次元にあり、諸組織・集団の動的連関などが分析対象となるのは手続き上後のことである。複数の主体が一時的であれ周期的であれ特定の「場所」に凝集し、活発な相互行為を行っている社会的現象が「集合的な出来事」であり、その過程を直接観察することのできる参与観察の方法は、活動アプローチと極めて親和性が高いといえる。

しかし活動アプローチに基づくコミュニティ研究が参与観察の方法に包摂されるわけではない、という点も併せて指摘しておきたい。「場所としての地域」の歴史的形成過程や「集合的な出来事」の先行条件を明らかにするうえでは、観察だけでなく、インタビューや文書資料の収集を併せて行う必要がある。あるいは歴史的な視野を持ったコミュニティ研究を行う上では、史資料を基に「集合的な出来事」の過程を再構成する歴史学的方法が採用されることになるだろう。本書においてもまた、各章の課題に応じて複数の方法とデータを組み合わせているが、これはその都度明記することとする。

なお本書における人物名は基本的に全て匿名化されているが、一部、すでに公表されている文書に登場する人物名や、実名での記載を了承頂いた方も文中での表現を統一するために頭文字で表記している。

第Ⅰ部　場所と水脈

前頁写真　大久保から西新宿の高層ビル群を眺める（2009年2月筆者撮影）
写真　上　観光地＝コリアンタウンとしての風景（2011年11月筆者撮影）
写真　下　木造賃貸アパート　古くからの居住空間としての風景（2011年4月筆者撮影）

第一章

移動の地層――新宿・大久保の〈象徴的空間〉の複数性

高校三年の春、ＪＲ大久保駅近くにある教科書販売会社を訪ねるため、中野の外れにある高校から友人と二人で自転車を漕いだ。辿り着いたのは夕暮れ時を過ぎた頃で、総武線の高架脇の道は薄暗く、高いコンクリートの壁の圧迫感と共に心細さを感じたことを覚えている。無事に教科書を購入した後、街のメインストリートである大久保通りを東に抜け、明治通り方面へと向かったのだが、中国語やハングルで書かれた看板が目につき、道行く人たちの話す言葉も聞き取れず、「特殊な場所」に入ってきてしまったのだと感じていた。未知の風景への不安と怖れで、私たちは急いで走り抜けた。それは地域の同質性を前提とする素朴な感覚と、人の移動の歴史に対する無知の反映に他ならなかった。

――二〇〇三年頃、筆者の記憶

第一節　新宿・大久保の概観

大久保とはどこか

東京圏に暮らす人々が「大久保に行く」というとき、彼女／彼らは一体どこに行くのだろうか。大半の人はその「場所」を「大久保」ではなく「新大久保（シンオオクボ）」と呼び、JR山手線の新大久保駅に降り立ち、改札を出て右（東）へ曲がり山手線の高架を潜り抜けるはずだ。では左手（西）や前方（北）には「（新）大久保」は存在しないのだろうか。大久保を「場所としての地域」として見るとき、実際には切れ目のない空間からどの範囲を切り出すのかは自明のことではない。ある人は新大久保駅南東の一角を「新大久保」と呼び、ある人は大久保通りを中心として東西に広がる範囲を「大久保」と呼ぶだろう。あるいはまた別の空間の切り出し方があるだろう。「大久保」の範域をどのように想像するかということ自体が、抽象化された「場所」の表象である〈象徴的空間〉の賭け金である。

新宿区行政が定める「大久保地区」は、東京圏で暮らす人々が想像し言及する範囲よりもおそらくずっと広い。それは大久保出張所管内として識別でき、新宿五～七丁目、歌舞伎町一～二丁目、大久保一～三丁目、戸山三丁目、百人町一～三丁目、西新宿七丁目、余丁町を含む範囲を指す（xvi頁の地図を参照）。これは明治末期の旧・大久保村の範囲にほぼ相当する。

しかし一九七八年に旧・東大久保が町名変更して新宿五～七丁目となり、それ以降に移住した人々が大半となった現在、日常的にこの範域が「大久保」として想像・言及されることはほとんど無い。本章では、大久保という「場所」に関わる人々が空間をどのように分節化しそこにどのような意味を付与しているのか、その差異を

〈象徴的空間〉の複数性として記述していくが、実際に言及される空間の広がりには、ある程度の限界がみられる。こうした相互行為の意味を解釈する際のコンテクストを設定する上で、「大久保地区」の範囲では広すぎるのである。

それでは大久保をフィールドとして行われてきた先行研究は、どこを対象としたのだろうか。一九八〇年代後半から二〇〇〇年にかけて大久保を調査した奥田道大の研究グループは、「大久保」という呼称そのものを使用してはいないが、北新宿一〜三丁目、百人町一、二丁目、大久保一、二丁目を対象としている（奥田・田嶋 1993）。この時点で、新宿区の定める「大久保地区」から外れる範囲が含まれることに気づく。また、奥田グループと同時期に「まち居住研究会」の一員として外国人居住の実態調査を行った稲葉佳子は、同様の範囲を「大久保地区」と呼ぶ一方で（稲葉 2006）、「エスニック系施設[1]」調査においては「大久保」と呼称して百人町一、二丁目、大久保一、二丁目を対象としている（稲葉 2008c）。

このように、先行研究においても複数の範域規定をされる大久保ではあるが、それでもある程度の合意はみられる。それは、百人町一、二丁目および大久保一、二丁目が必ず含まれることである。本書では、この範囲を大久保の「中心地区」と呼称したい（xvi－xvii頁の地図を参照）。「中心地区」の範囲が、とりわけ社会学者や都市エスニシティ研究者によって切り出されるのは、後述するように、外国人の流入とエスニック・ビジネスの集中がこの範囲に集中し、低成長期以降の東京圏のインナーエリアの特徴が象徴的に現われているからである。これもまた大久保の〈象徴的空間〉の一つである。

しかし一方で、次章以降で市民グループ「共住懇」や「アジアの祭」の活動を記述するにあたって、「場所」の記述の単位が「中心地区」では狭すぎる、という問題がある。例えば「祭」の会場の選択、テーマ設定、諸組織・集団との協力関係の形成などにおいて、「近隣」という〈象徴的空間〉が焦点となるとき、言及される空間は「中心地区」の範囲を超えていた。しかしその広がりには、やはり限界が見られ、「近隣」の「内」として表象される空間は、字名としての「大久保」と「百人町」の範囲に限られていた。したがって、この字名としての「大久保・百人町」の範囲、すなわち「中心地区」にその北側の大久保三丁目、百人町三、四丁目を加えた範囲を、大久保の概観を記述する範囲としたい。

大久保の人口構成と移動性

二〇一五年当時の大久保（大久保・百人町）の総人口は三万四八三三人、世帯数は二万二五一六世帯であった。[2] その人口構成の最大の特徴は——それが社会学者や都市エスニシティ研究者たちの関心となったのだが——総人口に対する外国人人口の割合の高さにある。大久保全体の総人口に対する外国人人口の割合は二八・五％であり、これは新宿区の一一・〇％をはるかに上回る。記述の範囲を「中心地区」に限定した場合、この特徴はさらに顕著となり、外国人人口の割合は三九・〇％となる（図1‐1）。一九九二年の時点では一五・〇％であったから[3]、二〇年間で約二・六倍の増加となっている。

また、人口だけでなくエスニック・ビジネスの展開もこの地区に集中的にみられる。稲葉の継続的調査によれば、「中心地区」における「エスニック系施設」は、九一年には三二軒であったが二〇〇六年時点では四六九軒にまで増加している（稲葉 2008c: 83）。街路を歩いて判断できる外観的なものに限っても、九〇年代以降のエスニック・ビジネスの増加・集中は甚だしい。

しかし一方で、「中心地区」を除く大久保に視野を移したとき、これとは全く異なる特徴が浮かび上がってくる。この地区の外国人人口の割合は八・五％であり、これは新宿区全体の水準をも下回っている（図1‐1）。後述するように、「中心地区」北側は、戦前には広大な陸軍演習場が広がっており、戦後から高度成長期にかけて

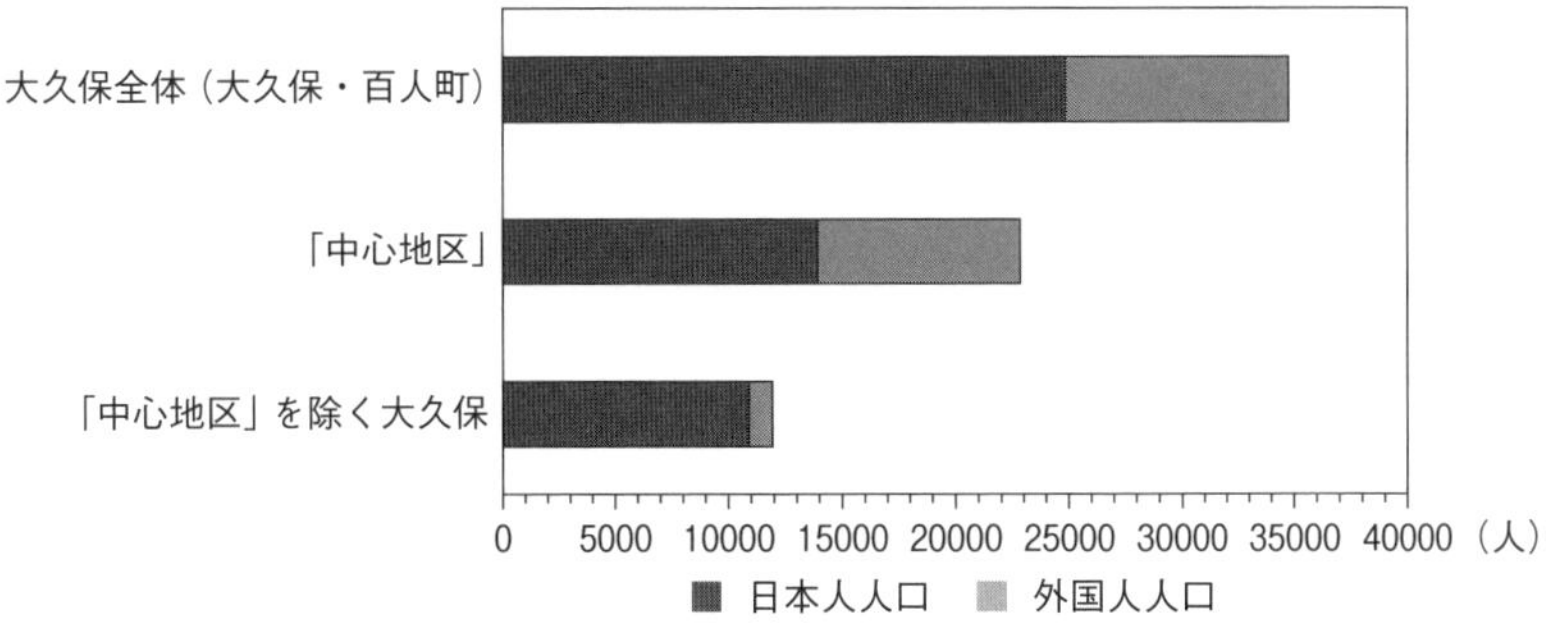

図1-1　大久保における日本人人口と外国人人口（2015）

注：住民基本台帳人口に基づく。
出所：新宿区「住民基本台帳の町丁別世帯数および男女別人口」（平成27年1月1日現在）より作成。

新しく宅地開発された地区である。六〇一五世帯[4]からなるこの地区には、戸建住宅と共に、二六七五戸からなる都営住宅[5]をはじめとする集合住宅が広がっており、戦前からの既成市街地である「中心地区」とは異なる人口構成となっている。社会学者や都市エスニシティ研究者たちによって、大久保から「中心地区」が切り出されるのは、その問題関心から人口構成上の特徴を際立たせるためである。

ここまで記述してきた大久保の概観は、主に居住者の特徴に焦点を絞ったものであった。しかし大久保は、単なる居住空間としてだけではない、移動する人々が行き交う「場所」としての側面を持つ。移動性からみた大久保はどのような特徴を持つだろうか。

ここではひとまず、移動性を三つの指標によって捉えていきたい。第一に、居住者の入れ代わりを示す、移動人口である。図1-2は、二〇一〇年の国勢調査に基づき、東京都、新宿区、大久保それぞれの「五年前の常住地」の比率を示したものである。大久保の移動率は三四・三%であり、人口の三分の一以上が五年間で入れ替わったことになる[6]。これは東京都の二七・八%のみならず、新宿区の三一・八%をも上回る数値である。

大久保における高い移動率は、基本的には外国人住民の移動率の高さに起因すると考えられる。表1-1は、二〇一〇年の国勢調査と同時期

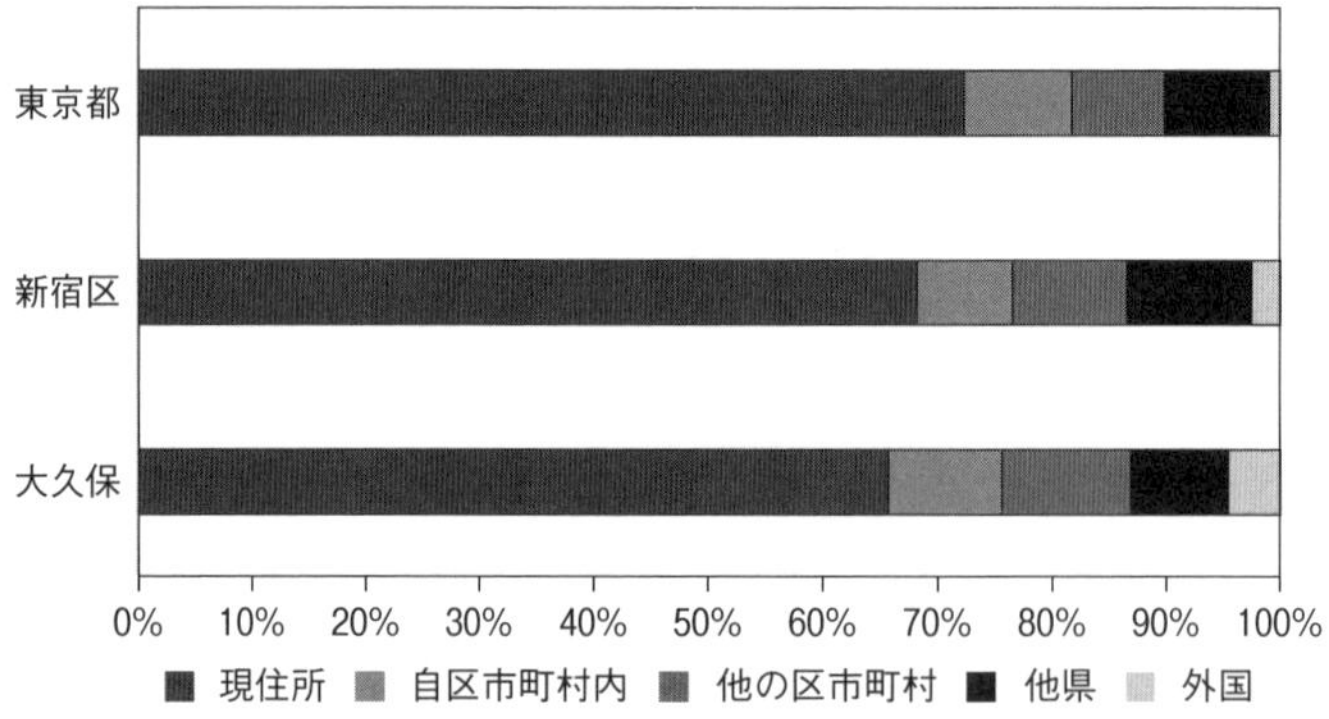

図1-2　大久保の移動人口（2005-2010）

注：平成22年国勢調査結果に基づく。
出所：東京都総務局「5年前の常住地（都区内市町村、他都道府県）別5歳以上人口」（平成22年）を元に筆者作成。

における新宿区の転入・転出人口を示したものである。これは大久保に限定したデータではないが、新宿区の日本人人口は年間九％強が入れ替わったのに対して、外国人人口は三五％以上が入れ替わったことが分かる。「五年前の常住地」への回答として「外国」を挙げる割合の高さからも（図1-2）、外国人住民の高い移動率が大久保における移動率を高めていることを、傍証できるだろう。

移動性の指標として次に着目したいのは、昼夜間人口比率[7]である。駅周辺の「中心地区」には商店や飲食店、事務所が、「中心地区」北側には私立高校や大学、研究所、病院などが立地している。東京都全体の昼夜間人口比率が一一八・四であるのに対して、特別区部は一三〇・九、大久保は一三一・一であり、東京都の比率よりは高いが、区部の比率をやや上回る程度である。ここには居住空間であると同時に労働空間でもあるという大久保の特徴が現われている。

移動性の最後の指標は、大久保の玄関口である二つの鉄道駅、ＪＲ山手線・新大久保駅と、ＪＲ総武線・大久保駅の乗客人員数である。図1-3は、二〇〇〇年度から二〇一四年度にかけての両駅の一日の乗客人員数の推移を示したものである。大久保駅の

表 1-1　新宿区の転入・転出者数（2010）

	転入	転出	総人口
日本人	27,972 人　(9.9%)	26,447 人　(9.4%)	282,144 人
外国人	14,546 人（41.3%)	12,881 人（36.7%)	35,211 人

注：括弧内は総人口に対する比率を示す。「日本人」は住民基本台帳人口、「外国人」は外国人登録者数に基づく（いずれも平成 27 年次）。
出所：新宿区「住民基本台帳による人口動態（日本人のみ）」（平成 27 年）および新宿区新宿自治想像研究所、2012「研究所レポート 2011 外国人 WG 報告（3)」より筆者作成。

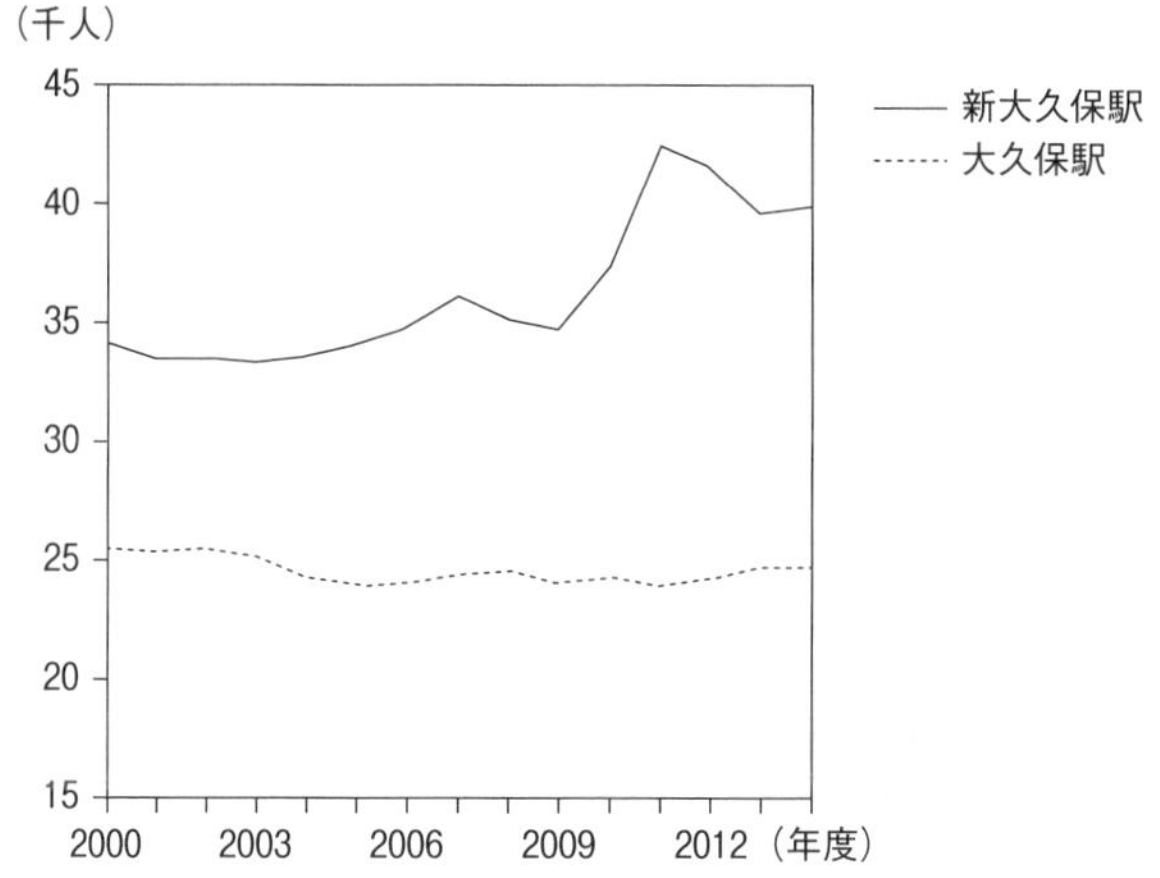

図 1-3　新大久保駅と大久保駅の乗車人員の推移（2000-2014）
出所：JR 東日本「各駅の乗車人員」より作成。（http://www.jreast.co.jp/passenger/最終閲覧日 2016/3/19）

乗客人員数は、二万五〇〇〇人前後で推移しているのに対して、新大久保駅の乗客人員数は、二〇〇九年ごろから跳ね上がり、二〇一一年度には四万二四三二人に達し、JR東日本の駅別乗客人員数の上位一〇〇位に数えられた。二〇〇一年度からの一〇年間で二六・九%の増加であった。この期間、大久保の総人口ならびに昼間人口は大きく変動していないので、これは基本的に商業空間としての大久保に消費者として来訪した人口の増加を示している。来訪者の中心は韓国系ビジネスの集積を焦点とする「韓流ブーム」に引き寄せられた「観光客」たちであると考えられている。

移動性の観点から見た時、「場所」としての大久保の特徴は次の三点に要約できる。第一に、外国人住民を主な主体として、居住人口の入れ替わりが激しいこと。移動率の高さは東京圏ないしインナーエリアに共通する特徴であるが、そのなかでも大久保の移動率は高水準であり、一時的に滞在する人々が引き寄せられる「場所」となっている。第二に、昼夜間人口比率からみて、居住空間としてだけでなく労働空間としての側面を持つこと。これは特別区部にも共通する特徴であるが、大久保は日常的に通勤・通学者たちが流入する「場所」となっている。第三に、特に二〇〇九年以降の新大久保駅の乗客人員数の急増からみて、「観光客」を呼び寄せる商業空間としての側面を持つ地域であること。すなわち「盛り場」、磯村英一の概念を借りれば「第三の空間」として、匿名性の高い人々が絶えず行き交う場所となっている（磯村 1968）。

第二節　大久保の歴史的形成と〈移動の地層〉

江戸期——都市の外部

東京圏において、封建都市・江戸の建設、明治維新後の近代都市・東京の発展と産業化、関東大震災や戦災、戦後復興期から東京オリンピックにかけての高度成長、低成長期以降の産業構造の転換と「世界都市」化といった各時期において、様々な人々が流入し、また流出した。こうした人の移動の「波」を類型化した概念を、本書では〈移動の地層〉と呼ぶことにする。東京圏のいずれの「場所」にも、それぞれ固有の〈移動の地層〉が存在しその歴史を形づくっている。本節では、大久保という「場所」の形成史を〈移動の地層〉の重なりとして記述していく。適宜xviii‐xix頁の年表を参照されたい。

「新宿」という名前は、一六九八年（元禄一一年）に甲州街道沿いのこの地域に開設された宿駅「内藤新宿」に由来する。宿駅の周囲には旅人を泊めるための宿場が建てられ、住民は旅人相手の商売で生計をたてていた。江戸の外堀の周辺部にあたる新宿には武家屋敷は少なく、中小の旗本・御家人に与えられた居座敷や、御家人・与力・同心らにたいして与えられた職務ごとの組屋敷が主に建てられた。

江戸期の大久保は、江戸の都市域の外部に位置する村落であった。西大久保村の東側、現在の大久保と戸山には、江戸末期まで主に畑地が広がっていた。文政期（一八二〇年代）の西大久保村の戸数は一一七戸、推定人口は四〇九人であった[8]。西・北側の村々に比べて相対的に戸数は多く、これは江戸に近接し野菜類の商売において他村よりも便利であったこと、南には宿駅「内藤新宿」が位置し商品作物の栽培に適していたことなどによる（新宿区 1955: 228-9）。ここに、封建都市・江戸に食料を供給する近郊農地としての特徴が現われている。

一方、西大久保村の西側（現在の百人町）には一六〇二年（慶長七年）、甲州街道を防備するため、内藤清成が預かる鉄砲百人組の組屋敷が建てられた。与力二五騎、同心一〇〇人が住んだこの屋敷は、百人大縄組屋敷と呼ばれ、現在の「百人町」の名称はここから来ている。この地区の屋敷割は、一般的な一〇〇～三〇〇坪に対し七六三～四二〇二坪と極端に広く、間口に対して奥行きが非常に長い形態であったが、これは宅地だけでなく耕作地も含まれたためである[9]。今でも南北に長い土地で区分けされた屋敷の痕跡を目にすることができる。

百人組の下級武士たちはその地位においては四民の最上位であったが、幕府や主君から受け取る封禄は少なく生活は必ずしも豊かではなかった。さらに貨幣経済の進展は封建的土地経済を基盤とする武士の生活苦となって現れ、彼らはこの苦境を乗り切るため副業としてつつじの栽培をはじめた。「大久保のつつじ」は明治期になるまで有名であったが、元々はこうして副業として始められたものが、江戸中で多く売り出されたためである（新宿区 1955: 269）。

江戸期の大久保は、封建都市・江戸の外部であり、東側には食料供給地としての村落が、西側には都市防備を司る組屋敷が広がっていた。そしてこの基本的な空間構成と人口構成は、江戸末期まで大きく変わらなかった。

明治期〜昭和初期——都市郊外

江戸末期の東京は、人口規模においては、東アジア・東南アジア第四位の都市であった。この時期、日本は世界経済において辺境に位置し植民地化の波にさらされていたが、この辺境としての位置によって、他のアジア諸国に比べて西欧諸国の進出は遅れ、完全なる植民地化の危機を免れることが可能となった。明治時代に入り、国民国家体制の確立のため、東京は「政治都市」として建設が急がれたが、これと平行して、製造業の集積する「産業都市」としても発展していった。日本の急速な産業化は、東アジア諸国への経済的進出・軍事的侵略を通じて加速され、それに伴って、日本の都市全体が急激な成長を遂げることとなった。一九二五年には、近代工業の中心および独占資本の決定中枢として成長した東京は、東アジア最大の都市となった（町村 1994: 38–45）。

こうした近代都市・東京の建設と成長の波は、大久保にも達した。一八七五年に現在の「中心地区」東側、尾張家の下屋敷跡に陸軍戸山学校が建てられると、現在の「中心地区」北側から東側にかけての広大な土地は陸軍用地となった。ここに、戦前を通して続く「軍人の街」としての特徴が始まる。さらに一八七九年にはコレラ流行により「中心地区」南側（現・歌舞伎町）に避病院が建てられた。また大久保の南西、現在の西新宿には一八九八年、淀橋浄水場が完成する。いずれも、都心部には置くことのできないが近代都市には不可欠の公共施設であり、この時期の大久保は近代都市・東京の周辺部として、その影響下に組みこまれていったことがわかる。

明治末期から大正期にかけて、東京圏への人口流入とともに「山の手の膨張」と呼ばれる宅地化が進行し、鉄道網の発達によって大久保は「郊外生活の地」となった。一八九五年には甲武鉄道が新宿〜飯田町にまで延長し、大久保駅が開業した。また一九一四年には新大久保駅が開業した。こうして一九〇六年に四四七九人であった大久保町の人口は、一九二一年には二万七四三六人に達し、わずか一五年間で約六倍に増加した(10)。

この時期大久保では、もともと鉄砲組の屋敷や農地であった土地が分割転売され宅地転用されていった。この結果、一九〇二年から一九一五年の間に、大久保町(11)の宅地面積は約二・七倍に増加した(12)。また大久保村(13)の有租地の所有状況を調べた野村悦子の推計によれば、一九一二年の大久保村の借地率は九割以上に達したという（野村 1995: 303）。宅地転用された土地のほとんどは、貸家として流入者の居住空間を形成したといえる。

一九二三年の関東大震災によって、東京市内における死者・行方不明者は九万九五〇二人に達し、全世帯数の七三％におよぶ約三五万四〇〇〇世帯が被災したが、現在の新宿区に相当する四谷区と牛込区の焼失面はわずか一〜二％であった(14)。震災後、さらなる鉄道の敷設と共に郊外への人口移動が起こったが、被害が軽微であった大久保では人口増加のピークは震災前にあった。これらの人口増加は、自然増によるもの以上に、他地域からの流入による社会増によるものである。一九三〇年には、淀橋・大久保地区の現住人口の六一％が自町外の出生者であり、このうちの六九％は東京府外の出生者であったという（奥 1984: 421）。大久保では、日本の近代化と歩みを合わせるように、地方出身者が流入し、早くから都市化が進行していたことがわかる。

この時期の大久保に居住していたのは、どのような人々だったのだろうか。まず挙げられるのは、鉄砲百人組の子孫たちである。彼らは明治維新後も、先祖伝来の地にそのまま残ったという。野村は、百人組解散後に描かれた「大久保百人大縄組屋敷絵図面」を元に、その人数（戸数）を七九人（戸）と数えている（野村 1995: 302）。

それでは他の地域から流入してきたのは、どのような人々だったのだろうか。一九一五年の大久保町の戸数別にみた産業構造は、農業（三・九％）、工業（一六・〇％）、商業（一八・二％）、交通運輸業（八・二％）、軍人官吏及庶業（三二・五％）、職業不詳及無職者（二一・二％）となっていた(15)。このうち農業従事者は、明治維新以前からの住民であろう。戸数の上では、軍関連施設で働く者の多さが際立っている。これに次いで「職業不詳及無職者」

が多いのは、郊外で余生を送る高齢層[16]や、文士、思想家、芸術家などの文化人・知識人層[17]が集まる地域であったことが一因であろう。また百人町二丁目には外国人村の一郭が立地するなど、文化人・知識人層の外国人も多く居住していた[18]。日露戦争後の留学生の増加を背景として[19]、中国人、朝鮮人、フィリピン人など[20]の姿も見られたという。そして「郊外生活の地」となった大久保には、都心のオフィスへ鉄道で通勤するサラリーマンたち[21]も居住していた。さらに大久保には、一九一七年に建設された東京製菓（現・株式会社明治）をはじめとした工場も立地しており、その近辺には工場労働者たちも居住していたと考えられる。

現在の大久保の商店街で最も古い商店は、この時期に他地域から流入した層が起業したものである。一九一八年に創業した酒屋の店主は、次のように語る。

「初代は栃木の農家出身で、馬場下町で丁稚奉公をした後、暖簾分けをしてもらって大久保に店を構えました。戦前の大久保は高級将校など軍人が多く住んでいたので、軍人のお得意様が多くいました[22]」

大久保で最大の居住者であった軍人相手の商売で成功したという「初代」の伝承は、一九二〇年に創業した和菓子屋の店主の語りにも共通して見られる。

「初代の祖父は、上野広小路で数年間修行して、暖簾分けで店を出したそうです。店を出すときの候補は、ここと、今のアルタの近くがあって、どっちも居抜きだったんですが、大久保はお屋敷町でした。昔は見本を箱にいれてお屋敷をまわって注文をとってくるので、祖父が、菓子屋をやるならこっちだということで。戦争の頃は、陸軍幼年学校があって、酒保（兵営内で飲食物や日用品などを売る店）をしていたそうです。衣料品から日用品まで扱っていました[23]」

他地域から移住し起業を目指した自営業者たちにとって、大久保の「軍人の街」としての側面が大きな誘因となっていた。また戦前の大久保に投影された「階層の高いお屋敷町」という心象は、次節で描く、戦前から居住する女性の語りにも共通して現われる。「山の手」から郊外への入り口に位置する大久保には、都市域が拡大し現在の特別区部西側がホワイトカラーの居住地域として発展するきっかけとなった関東大震災以前から人口が流入しており、これらの地域より相対的に移住者の階層が高かった可能性はある[24]。しかし高い借地率、サラリーマンたち新中間層の「郊外生活」地としての性格などを併せて考えると、「階層の高いお屋敷町」という心象はむしろ、戦災で建造物の大半が焼失し、戦後復興期から高度成長期初期の急速な都市化を経て、空間と人口の構成が大きく変動するという歴史を振り返った時に、戦前から居住する人々にとっては、戦前と戦後の断絶性が色濃く起ちあがってくるという事実を表わしているのではないだろうか。この断絶性の意味については、次節で検討することとしよう。

明治期の大久保は、近代都市・東京の建設と成長と共に、都市周辺の郊外に位置づけられ、東京圏への人口流入による市街地の拡大によって急速に宅地化が進行した。そして大久保には、軍人をはじめとする多様な職業を持つ人々が流入し、新たな生活基盤を築いていったのであった。

戦後〜高度成長期——大都市インナーエリア

新宿において、一九四五年四月から五月にかけての空襲における被害は甚大であり、四谷・牛込・淀橋の大半が焼失した。新宿区全体を見ても、戦前の戸数六万三二九五戸が終戦時には六八三五戸となり、その約九割が失われた。疎開により人口も四〇年の三九万四四八〇人から四五年には八万三一〇六人にまで減少した[25]。

百人町で生まれ育ったハンガリー研究者、徳永康元は、空襲直後の大久保の風景を次のように回想する。

> この一帯が空襲で焼けたのは昭和二〇年の五月二五日だが、その頃、私の一家は奥多摩の五日市に疎開していたので、この日の光景は目にしていない。大久保辺が焼けたらしいというニュースをきいて、疎開地から東京へ確かめにきたときには、まだ都内の電車が不通で、杉並区の天沼にあった家内の実家で自転車を借り、ようやく大久保までたどり着くことができた。大久保駅近くまで来ると、あたり一面、目をさえぎるものは何一つない見渡す限りの焼野原で、あっけらかんとした明るさが、かえって空襲のすさまじさを身近に感じさせた。（徳永 1989: 138）

明治期に発展した「軍人の街」、知識人・文化人・サラリーマンをはじめとする新中間層たちの「郊外生活」地としての大久保の風景は、戦災によって失われた。視界に映るのは「見渡す限りの焼野原」であった。そして戦後の大久保では、住民の入れ代わりが急激に進んだ。稲葉によれば、戦前の大久保は貸家がほとんどであったことから、戦後大久保に戻ってきたのは「もともと土地を持っていた地主と一部の商人くらいで、戦前に住んでいた人々の二、三割程度だった」という（稲葉 2008c: 156）。そして古くからの住民から聞き取った話を総合して、次のように述べる。

> 戦後すぐに戻ってきたのは地主たちだった。ところが土地の税金が高くて持ちこたえられない地主が出てきて、土地は分割されて売られるようになり、そこに後から来た移住者たちが家を建てた。また大久保通りは、

> 戦前に商売をやっていた人たちも戻ってはきたが、戦後になって地方から一旗あげようと新たに移りすんできた人や、知人や親類を頼ってきた人たちのほうが多く、商人の半分以上は入れ替わったのではないかという。実際、大久保通り商店街の自営業者に聞いてみると、戦前から商売していたという店は、それほど多くはない。（稲葉 2008c: 156）

戦後に戻ってきた人口が少なかったことが、大久保の住民の入れ替わりを急速に進めた。「首都」東京の復興と市街地の再建による建築ラッシュは、東京圏に再び人口を引き戻し、戦後直後から都市化が急速に進行した。新宿区の人口は、復興期を経て、五五年には三三万二五四一人に達したが[26]、これは敗戦直後からの一〇年間で約四倍の増加であった。住宅需要の高まりから、宅地はさらに分割され続々と木造アパートが建設されていった。一九四七年の職業安定法制定に基づき、職安通りに新宿職業安定所ができたころから、大久保には地方から大量の労働者が集結するようになる。六〇年代に入ると、東京オリンピックに向けた建築ラッシュの影響でこの傾向はさらに強まった。そして労働者たち向けの簡易宿泊所が次々と建てられ、山手線東側の線路わき一帯にはドヤ街が形成された。しかしこれもやがて、雇用の減少や道路計画によってその殆どは消失した（稲葉 2008c: 161-162）。

現在の大久保の商店街で中核を担うのは、この時期に新しく商売をはじめた商店の二代目たちである。一九五一年に創業した小物・化粧品店の店主は次のように語る。

> 「太平洋戦争が終わって、先代の親父が戦地から帰ってきて、最初は色々な仕事をやっていたみたいです。そのうちに、新宿に露天商がたくさんできたんですけど、そこで露天商をやっていたらしい。〔…〕今の場

> 所で店を始めたのは昭和二六年（一九五一年）、私が生まれた年です。最初は小間物屋でした。〔…〕商店街で店主が代替わりし始めたのは、三〇年くらい前ですかね。戦前からの人、戦後やってきた人達が焼けあとから立ち上げた商店街ですから。これはどこの商店街でもだいたい一緒だと思います[27]」

　こうして大久保にも再び商店が建ち並び、一九四七年には、街路灯設置を契機に、大久保通りの二つの商店街の原型である「商光会（現・新大久保商店街振興組合）」と「百人町明るい会（現・新宿百人町明るい会商店街振興組合）」が発足した。

　この時期の大久保の変化として、もう一つ指摘されることが多いのは、一九五八年、南側に隣接して歌舞伎町が完成したことである。敗戦直後、角筈一丁目町会長であった鈴木喜兵衛は、劇場や映画館、ダンスホール等を集めた一大遊興街を建設するという構想を、東京都に復興事業として持ちかけた。そして四七年に、戦後の民間の区画整理第一号として歌舞伎町の建設が開始されたのであった（稲葉 2008b: 53）。やがて北側に隣接する大久保の木造アパート群は、歌舞伎町で働く人々の居住地としても利用されるようになった。歌舞伎町では台湾人や在日コリアンの事業家も多く、そこで働く外国人たちも大久保に住居を求めた。戦後まもなく、朝鮮人のバラック群が大久保駅から新宿駅の線路沿い西側に存在していたこと[28]、五〇年にロッテのガム工場が建てられ、その周囲に工員として働く在日コリアンたちが居住していたことなどから（川村 1998: 35）、大久保における外国人の流入を八〇年代以降の傾向と捉えるのは正しくない。

　さらに、一九五七年の売春防止法を背景として、歌舞伎町は歓楽街として発展し、併せて旅館・ホテル街が形成されていった。この波は隣接する大久保にも広がり、六〇年代頃から「連れ込み宿」といわれる類の旅館・ホテルが建設されていった[29]。その経営者には、在日コリアンや台湾人が多かったが[30]、建設のピークは七〇年代にあり、早くも八〇年代には廃業するものも増えたという（稲葉 2008c: 163）。

こうした変化は、まずは大久保の「中心地区」にもたらされた。一方、「中心地区」北側から東側にかけて、戦前の戸山ヶ原には、主に公営住宅と公共施設が建設されていった。一九四九年には、「中心地区」東側、陸軍戸山学校の跡地に、約一〇〇〇戸からなる木造都営住宅「戸山ハイツ」が建設された。また四八年から四九年にかけて、「中心地区」北側の旧陸軍用地に、一、九二八戸からなる鉄筋コンクリート建の都営住宅「戸山アパート」が建設された（新宿区 2008b: 472）。戦後の住宅難、退役軍人や引き揚げ者の流入といった都市問題が、この背景にあった。六〇年代には大久保三丁目にも都営住宅が建てられた。陸軍演習場だった土地は、五七年まで進駐軍に接収されていたが、その後払い下げられ、六〇年には新宿区の体育館、六五年には早稲田大学理工学部が、その南側には海城学園や保善高校などの学校が建設された（稲葉 2008b: 55）。

戦後復興期から高度成長期にかけて、大久保の「中心地区」には、地方から東京圏に流入した人々の安価な住居として民間の木造アパートが次々に建てられ、山手線西側に広がる「木賃アパートベルト地帯」が形成された。「中心地区」北側には、主に公営住宅と公共施設が建てられた。現在まで続く「中心地区」とその北側の空間構成の原型は、この時代に形成されたといえるだろう。しかしいずれにせよ、復興期から高度成長期に新たに建てられた住宅群は、大久保に新たに流入してきた人々を引き寄せる居住空間となった。総体的にみて、戦前に「郊外住宅」地であった大久保は、戦後の都市化の過程で都心周辺部のインナーエリアへと組みこまれていった。そして一九六〇年代中頃以降、静かな住環境を求める人々は、インナーエリアから郊外へと流出していったのである。

低成長期からバブル期――「新都心」の周辺部(1)

一九八〇年代の大都市・東京の変動について、町村敬志はJ・フリードマン（J. Friedmann）やS・サッセン（S. Sassen）らの「世界都市」論を参照軸として、次のように総括している。第一に、国内製造業の国際競争力の高まりと七〇年代末からの海外進出によって、日本系多国籍企業の意思決定センターとしての性格を強めたこと。第二に、グローバル／アジア双方のレベルにおいて、中心的な金融センターとなったこと。そして第三に、大局的には脱工業化が進行しつつも、多様な製造業の存在が東京の経済的活力を支えたこと、である（町村 1994: 100）。

これらの経済面での東京の「世界都市」化の背後には、一九八〇年代に推進された都市リストラクチュアリング政策があった[31]。町村は、その政治過程を次のように分析している。第一に、低成長期における財政危機を背景として、「民間活力の公共事業への導入」が国家政策上の重要テーマとなったこと。第二に、内需拡大策として「都市再開発」が位置づけられたこと。第三に、これらの政策が、「世界都市」実現というイデオロギーを介して、東京に焦点化したこと、である。そして八〇年代後半には、東京都政も財政の好転によって東京改造の先頭に立つようになり、都市リストラクチュアリングの動きは頂点に達したのだった（町村 1994: 117-124）。

低成長期以降の東京の「世界都市」化とリストラクチュアリングの波は、インナーエリア新宿・大久保にも押し寄せていった。その端緒となったのは、遡ること一九六〇年、「首都圏整備審議会」の答申に端を発する「新宿副都心」の再開発であった。その頃の大久保の状況について、五〇年代から百人町で専門学校を営む女性は、次のように語っている。

「新宿の開発で副都心になる前は、全くの住宅街だったんですよ。だから開発されると同時に、住宅のためだけに住んでいた方は皆、逃げていったんです。土地を売って。自分たちは住宅街だから住んできたのにっていう思いが強かったんです[32]」

一九六五年に淀橋浄水場は東村山に移転し、その跡地を中心に二万九五五二坪（所有権者等四二七名）という広大な土地が買収され、開発のための土地整備が進められた（岡本 1997: 197-8）。そして七一年には京王プラザホテル本館が開業し、これは西新宿における超高層ビル建設の先駆けとなった。六八年には小田急電鉄、京王帝都電鉄、住友不動産、第一生命、三井不動産の五社が加わる「新宿新都心開発協議会（ＳＫＫ）」が発足し、七一年に結ばれた「建築等に関する協定書」に沿って、七〇年代中頃から八〇年代中頃にかけて超高層ビルが次々に完成した[33]。また七三年、新宿駅北側の靖国通りの地下に「新宿サブナード」が完成し、新宿駅南口に「新宿ルミネ」がオープンするなど、新宿駅周辺の商業空間の再編が並行して進んでいった。そして九〇年、東京都庁が丸の内から移転し、新宿は東京の「副都心」から「新都心」へと転換したのだった（新宿区 1998b: 488）。

　百人町の女性の語りは、こうした一連の過程が、大久保に与えた衝撃の大きさを物語っている。一九六五年に淀橋浄水場が廃止され、その跡地を中心として西新宿が再開発されたことにより、これまでインナーエリア新宿の周辺に位置し、主に居住空間としての役割を果たしてきた大久保は、むしろ新宿という新たな「都心」のインナーエリアとしての位置に置かれることになった。こうして大久保は、「全くの住宅街」から、「新都心」新宿の成長に飲み込まれるかたちで、現在の住商混合地区へと変貌していったのである。そして戦前・戦後復興期にかけて居住空間を求めて移住してきた層の一部は、郊外へと「逃げていった」のであった。

　一方で、こうした「新都心」新宿の成長によって恩恵を受けた層の存在も見落とすことはできない。大歓楽街として発展した歌舞伎町を労働の場とする人々、とりわけサービス業に従事する外国人女性たちは、隣接する大久保に居住した。そして彼女／彼らは、大久保の商店街の重要な顧客であった。

例えば、一九六二年に創業した美容院の経営者は次のように語る。

「一九八八年くらいに改装する前は、母がやっていて、オープンした頃は朝の九時から夜一〇時まで、お客さんが並んで待合室がいっぱいでした。主に歌舞伎町の水商売の人が相手でした。昼頃にやってきて、ラーメンを出前して食べたりしていました[34]」

あるいは一九八三年創業のクリーニング店の従業員は、次のように語る。

「バブルの頃はすごく忙しかったです。歌舞伎町で働く女性の物が多かったです。チョゴリなんかもよく出ていましたね。今は男性物が多いかな。バブルの頃の方が外国の方は多かったですね。今は歌舞伎町があまり良くないから、品物がだいぶ違ってきます。自分で洗濯できる品物が多くなり、クリーニング業界も大変です[35]」

また一九二三年創業で、内装業を併業する不動産屋の経営者は、次のように語る。

「バブルの頃は、ものすごく景気がよかったですね。あの頃の不動産屋は、銀行がものすごくお金を貸し付けてましたよ。あれはちょっと異常でしたね。歌舞伎町のクラブとか飲み屋とかの内装もやりましたよ。ろくに見積もりもせずに簡単に決まるんですよ[36]」

大久保の商店街が、単に居住空間に生活必需品を供給するだけでなく、隣接する歌舞伎町に関わる顧客にサービスを提供しながら、商売を営んでいった様子がよく分かる。また経営者たちが歌舞伎町との関係を語る際、「バブルの頃」が一つの象徴的な時期を成していることにも気づく。バブル期には、成長する「新都心」新宿と「盛り場」歌舞伎町を焦点として、「ヒト・モノ・カネ」が引き寄せられ、その一部は隣接する大久保へと流れ込んでいったのである。

「新都心」新宿に引き寄せられた人々として、もう一つ述べておきたいのは、バブル期以降、とりわけ一九九〇年代後半に急増した路上生活者たちである。東京都が九四年より実施している「路上生活者概数調査」によれば、東京都区部で生活する路上生活者（冬季）は、九七年まで約三、二〇〇人前後で推移していたが、九八年に四、五〇〇人を超え、九九年から二〇〇四年までは約五、五〇〇人前後で推移していた。しかしこれをピークに減少を続け、二〇一四年には七七八人となった[37]。

新宿区では、二〇〇四年八月の一、一〇二人をピークに、二〇一五年一月には七〇人まで減少した[38]。路上生活者たちは、新宿駅や高田馬場駅周辺、西新宿の新宿中央公園、大久保の戸山公園などに多く見られた。ＮＰＯ自立支援センター「ふるさとの会」が二〇〇〇年九月に実施した調査では、新宿区内で「ごろ寝、座り込み」をする路上生活者は八九五人、「テント・リヤカー・ダンボール・ブルーシート」などの住処は三二四ヶ所を数えた[39]。そのうち歌舞伎町北側の「大久保・新宿・その他」では、七四人六ヶ所、戸山公園では二八人二一八ヶ所を数えている（麦倉 2008: 298）。

本書では、路上生活者数の変動の背後要因として、経済的変動、東京都および新宿区の政策、ＮＰＯをはじめとする支援団体の活動等にまで言及する用意はないが、九〇年代以降の大久保は、「新都心」新宿の成長と「中心地区」北側の空間構成に引きつけられて、路上生活者たちが行き交い滞在する場所でもあったということのみ、記しておきたい。彼／彼女らの生活の軌跡もまた、大久保の〈移動の地層〉を形づくったのである。

一九九〇年代以降――「新都心」の周辺部[2]

一九八〇年代後半にアジア諸国出身の外国人が流入した背後にもまた、大久保が「世界都市」東京のインナーエリアに位置するという要因だけでなく、「新都心」新宿の成長という固有の文脈があったといえるだろう。すでに述べたように、新宿が「新都心」となった時期、大久保では現在の人口構成の最大の特徴である外国人住民の集住が急速に進んでいた。以下では、この時期の大久保の変化について、奥田道大の研究グループと「まち居住研究会」の稲葉佳子の調査結果をもとに概観していく。

一九九〇年代初頭から、同じくインナーエリアに位置する「副都心」池袋とならんで、大久保は都市エスニシティ研究の中心地となっていった。大久保をフィールドとする都市社会学的研究としては、九三年に出版された『新宿のアジア系外国人』（奥田・田嶋 1993）が最初のものである。奥田は池袋調査（奥田・田嶋 1991）に続き、九二年に立教大学ゼミ生の個別訪問によるアンケート調査を行った。その後も中央大学ゼミ生らの手によって定期的に調査を続け、二〇〇一年には『エスノポリス・新宿／池袋』（奥田・鈴木 2001）が出版された。そしてこの奥田グループの調査の過程で、またその調査を発端として、ゼミ生たちは「アジア系外国人」に関する都市モノグラフを次々に生み出していった[40]。

また大久保をフィールドとする建築学・都市工学的研究にも、膨大な蓄積がある。一九九〇年に結成された「まち居住研究会」は、奥田グループと協力して外国人居住の実態調査を行い、それに匹敵する研究蓄積を築いてきた。この調査結果は、九四年に出版された『外国人居住と変貌する街』（まち居住研究会 1994）にまとめられている。「まち居住研究会」の中心メンバーである稲葉佳子は、その後も定期的に「中心地区」の物件を対象として、「エスニック系施設」の悉皆調査を行ってきた（稲葉 2006; 2008c）。

稲葉によれば、大久保に外国人が集住することになった背景には二つの要素があるという。一つは、すでに述べたように、歌舞伎町で働く外国人女性たちのベッドタウンとして機能したことである。そしてもう一つは留学生の存在である。小滝橋通りを挟んだ北新宿三丁目には、日本学生支援機構が設置する東京日本語教育センター（国際学友会日本語学校）という施設がある。この施設は二〇〇四年までは国際学友会という名称で、一九三五年に創設されて以来、中国をはじめとする東アジア諸国からの留学生を受け入れ、日本語教育と宿舎等を提供してきた。この学生寮に入りきれない学生たちは、周辺の木造アパートに部屋を借りることとなった。このため北新宿や大久保には、六〇年代ごろから留学生の姿が珍しくなかったという（稲葉 2008c: 48）。

この流れが速度を増したのは、中曽根内閣の指示に基づき設置された「21世紀への留学生政策懇談会」が、一九八三年八月に「留学生受け入れ10万人計画」を打ち出したことによる。この計画が発表されて以降、大久保には日本語学校が次々に建てられ、留学生たちはその付近に住居を探すこととなった。大久保の「中心地区」には老朽化が進んだ安い木造アパートが数多く残っており、またアルバイト先となる繁華街にも隣接していたため、彼らの生活にとって便利な居住地となっていたのである（稲葉 2008c: 55）。

これまでにない早さで外国人住民が増加するなか、一九八〇年代末ごろから、「中心地区」の宅地を蚕食するように広がっていた「ラブホテル街」での「外国人売買春」が問題化した[41]。その背後には暴力団組織が存在し、八〇年代には、暴力団による抗争・暴力事件は歌舞伎町から広がるように「中心地区」南部でも増加していた[42]。そして、この時期の大久保は「外国人売買春の街」「危険な街」という表象で語られることとなった。こうした状況に対して、九〇年代頃から、「中心地区」南側の町内会が主体となって「環境浄化運動[43]」が開始され、パトロールが行われるようになると、その多くが住民でもあったホテル経営者自らもまた、「ホテル旅館組合」の組織を改編し売春客の排除運動を行った[44]。新宿区もパトロールや、街灯の強化、公園に監視小屋を設置し町内会に提供するなどの協力を行い、また当初は取り締まりに消極的だった警察も住民警護のため動員されるようになった[45]。こうした運動の結果、また最終的には警察力の介入によって、二〇〇〇年代初頭までの間に売春のため街頭に立つ女性たちの姿は激減し[46]、それに伴って数多くのホテルが廃業へ追い込まれていった[47]。

一九九〇年代初頭には外国人への入居差別も強く、また建替による安価な木造アパートの減少も相まって住宅問題は深刻であった。賃貸契約の慣習や生活様式の違いが、日常の場で葛藤を生み出した[48]。しかしやがて、この事態は次第に沈静化していった。住宅問題に限っても、不動産業者や家主の努力、さらには外国人たち自身による知識の伝達によって改善されていき、現在では「外国人歓迎」の不動産会社が多くなっているという。この背景には、地域の空洞化によって、もはや「外国人お断り」では経営が成り立たなくなっているという事情もあった（稲葉2008c: 59–69）。

外国人住民の増加とともに、「中心地区」ではエスニック・ビジネスの展開も進んでいった。当初は同国人相手のビジネスであったが、一九九〇年代後半になると日本人の顧客をも取りこんでいった。今日「コリアンタウン」と呼ばれることもある大久保であるが、九〇年代初頭には中国系や東南アジア系のビジネスも目立っていた[49]。新来韓国人によるビジネスが集中的に展開するようになるのは、九〇年代後半以降、とりわけ二〇〇二年の日韓ワールドカップを契機とする「韓流ブーム」によってである。

大久保における奥田グループの研究蓄積からも、この時期のエスニック・ビジネスの展開と外国人住民の定着化の様相を裏づけることができる。一九九〇年代初頭、序章で紹介した奥田ゼミ生の白岩は、隆盛する中国系ビジネスの展開過程に着目した。白岩は大久保のエスニック食材店Tでのインテンシヴな参与観察を行い、食材店Tを結節点とする中国人ネットワークの把握を試み、「マルチエスニック・コミュニティ」としての大久保を描き出した。そこで描かれる日本人住民と外国人住民の経済的相互依存関係は、現在の大久保の姿を先取りするものであった（白岩 1995; 1997）。

一九九〇年代後半、同じく奥田ゼミ生であった泉孝亮が着目したのは、中国系ビジネスを圧倒し始めた韓国人住民の生活世界であった。泉は、韓国系食材店および新宿区内の保育園のアルバイト、韓国人夫妻との同居生活などの本格的な参与観察に基づき、大久保の「新来韓国人の生活世界」の全景把握を試みた。エスニック・ビジネス、宗教施設、教育施設など、韓国人ネットワークの主要な結節点をおさえている。泉の調査からは、二〇〇〇年以降の韓国系ビジネスの隆盛の徴候だけでなく、外国人住民が地域に定着しつつあった状況を読み解くことができる（泉 1998）。

二〇〇〇年代に入ると、「韓流ブーム」の後押しもあって、韓国系ビジネスの集積とエスニック・ネットワークの組織化が進んだ。奥田ゼミ生の中西奈緒もまた、参与観察によって、二〇〇一年五月に結成されたばかりの新来韓国人の組織、「在日本韓国人連合会（韓人会）」の実態を把握した。「韓人会」の活動に参加するものとしての内部からの視点と、それを見る他の組織からの視点を重ね合わせることで、より多元的な考察を行っている。中西の調査からは、新来韓国人経営者たちの一部が経済的成功を収め、組織化を進めると共に、地域への関わりを深めていった状況が浮かび上がってくる（中西 2002）。

こうして、相対的には高い移動性を持つ外国人住民たちのなかにも、地域に定着し、子どもを産み育てる層が現われていった。大久保の幼稚園・保育園や小学校には、国籍に関わらず「外国をルーツに持つ子どもたち」が多く通っている。やや古いデータではあるが、区立大久保小学校の日本語国際学級の教師であった善元幸夫によれば、「外国をルーツに持つ子どもたち」は全校児童の五割を越え、出身地も一〇カ国に上るという（善元 2006: 140）。

最後に、「地域への定着」に関して、一つだけ補足しておきたい。それは必ずしも定住者としての定着のみを意味するわけではない、ということである。二〇一一年三月一七日、東日本大震災の直後、大久保を訪れると、大久保通りの商店・飲食店は軒並み休業しシャッターを降ろしていた。留学生たちが帰国したために、労働力が不足したのだ。あちこちの居酒屋やコンビニエンスストアには「アルバイト募集」の求人広告が貼られていた。そして後日、大久保通りにある商店を尋ねると、店主は次のように話した。

「韓国のお店では留学生の人たちが皆帰っちゃって大変みたいですよ。その後しばらくして開いたけど、事業者が変わっちゃったりね。何も聞いてないから、大家さんが家賃もらいにいって驚いて困っちゃったりしたみたいですよ。〔…〕中国系の人たちも帰っていますね[50]」

ただし一月もすると、留学生たちは再び大久保に戻ってきており、大久保通りは「コリアンタウン」を求めてやってくる観光客によって震災前と変わらない賑わいとなった。むしろ二〇一一年、新大久保駅の乗客数は過去最大に達した。

前節で述べたように、確かに外国人住民たちの移動性（転入／転出）は高い。しかし例えば、留学生たちが大久保でライフコースの一時期を過ごし、商店や飲食店で働くという個人史が積み重なることで、彼／彼女たちの存在は、地域の職業構造上に不可欠な位置を占めるようになっていった。「個人が入れ替わろうとカテゴリー間関係は生き続ける」（西澤 1996: 60）のである。留学生の存在がなければ大久保通りは「シャッター商店街」となる、これが一九九〇年代以降の人の移動の一つの帰結であった。

〈移動の地層〉が刻まれた路地空間

大都市・東京の建設と成長と共に、その周辺部に位置する大久保の様相は変化し続けてきた。大久保は、江戸時代には村落と下級武士の屋敷地であり、明治から昭和初期には新中間層の郊外住宅地と「軍人の街」であり、戦後から高度成長期には木造アパート地帯となり、やがて「新都心」新宿と「盛り場」歌舞伎町の後背地となった。一九八〇年代以降、新たな外国人たちが移住してきても、「新都心」の周辺、「盛り場」の後背地という基本的性格はすぐには大きく変わらなかった。「中心地区」南側の路地にはホテルが立ち並び、歌舞伎町から延びる「盛り場」空間によって蚕食されつつあったが、基本的には居住空間としての性格を保ち続けていた。

この状況が大きく変わってきたのは、二〇〇九年頃からの「観光地」化の急速な進展であった。すでに二〇〇二年の日韓ワールドカップ以降、「韓流ブーム」によって韓国系ビジネスが集中し、「コリアンタウン」という表象はマスメディアを通じて拡散しつつあった。しかしそれでも、二〇〇〇年代中頃までに韓国系ビジネスが展開したのは「中心地区」南側の境界に位置する職安通りと例外的な路地であり、メインストリートである大久保通りや、路地空間への進出は限定的であった。二〇〇九年以降、新大久保駅の乗客数が急激に増加したことは前節で述べた。この時期、大久保通り、とりわけ新大久保駅から明治通り方面にかけて、韓国系店舗が急速に進出していった。テナントの店子として入るだけでなく、いくつかのビルは丸ごと買い上げられ、韓国系店舗のみが集中する空間が構成されている。また「中心地区」南東の大久保二丁目の路地空間にも韓国系店舗が進出している。

「中心地区」には南北に細い路地が何本も並行に走っている。「ラブホテル」に蚕食された数本の例外的な路地を除いて、そのほとんどが住宅地である。すでに述べたように、大久保は戦災によって焼け野原になったが、戦後になると木造アパートの密集地帯となった。現在では、老朽化が進んだ木造アパートが取り壊され、そのほとんどがワンルーム・マンションや戸建へと建て代わった。

「中心地区」南側には、戦後、住宅の隙間を縫うように、専門学校やホテルが建てられた。しかし一九九〇年代から二〇〇〇年代前半にかけての「環境浄化運動」と警察力の介入によって経営が困難になったホテルは激減し、現在はホテルの建物をそのままに、内装と外観だけ改築して韓国系店舗がテナントに入っているケースも目立つ。「コリアンタウン」として「観光地」の一部となった数本の路地は、休日ともなれば観光客であふれかえる。路地の住宅の前には、観光客たちが行う不法投棄への注意書きが目につくようになった。

韓国系ビジネスの展開が加速する二〇〇〇年代以前には、エスニック料理店はメインストリートである大久保通りや職安通りではなく、路地を中心に店を展開してきた。大久保通りを歩いているとあまり目立たないが、路地を一本入れば、韓国系以外にも、中国・台湾、タイ、ミャンマー、インド、ネパール、チュニジアなどのエスニック料理店が点在している。

南北に細い路地が走る「中心地区」にあって、新大久保駅前から北に伸びる文化通りは例外的に道が広く、車通りも多い。かつて陸軍演習場の入口だったというこの通りには、現在では飲食店、コンビニエンスストア、ドラッグストア、専門学校などが立ち並んでいる。二〇〇〇年代末からの目立った変化としては、バングラデシュやネパールを中心とした、イスラム系ビジネスの集中的な展開がある[51]。イスラムの戒律に従って口にすることのできるハラール・フードの食材店や、飲食店が中心となっている。ビルの一室にはイスラムの礼拝所であるモスクもあり、ムスリムたちが通ってくる。

「中心地区」の路地は、戸建、アパート、多様なエスニック・ビジネス、事務所、専門学校、ホテル等がモザイク状をなしており、それらが絶えず流動的に入れ替わりながら、せめぎ合う空間となっている。大久保の路地のモザイク空間には、江戸時代以降の〈移動の地層〉が、居住空間と商業空間とのせめぎ合いの風景として刻み込まれている。そして「中心地区」の北側には、高度成長期に形成された空間構成そのままに、集合住宅と公共施設が建替えを経験しつつも存在し続けている。

「場所」としての大久保は、共時的には、「中心地区」とその北側とで異なる空間と人口の構成を持ち、通時的には、時期によって異なる人々の移動の歴史が折り重なって形成されてきた。本節の記述は「場所としての地域」の歴史的な総体を把握したものではないが、その歴史的な複層性／多面性（multiplicity）[52]を〈移動の地層〉として記述することを目指してきた。人の移動の歴史という時間軸に沿って広がる空間への言及は、「場所としての地域」から特定の要素を抽象した〈象徴的空間〉を構築する。単一の言葉による語りは、この「場所」の複層性／多面性が持つ豊かさを読み落としてしまう。しかし、その読み落とされてしまうような歴史の断片が、大久保に関わるある人にとっては重要な意味を持つかもしれないし、あるいはある人はこれまで記述してきたような〈移動の地層〉のうち、大久保の転換点として異なる層を強調するかもしれない。〈移動の地層〉は、街の風景だけでなく、そこで生活する、あるいは流れゆく人々の間にも刻み込まれており、それが空間への言及を伴うとき、〈象徴的空間〉の複数性[53]として現象する。本節の課題は、この複数性を読み解くための文脈（コンテクスト）の記述であった。次節では、大久保という「場所」に関わる人々の間に現われる、〈象徴的空間〉の複数性、その差異とコンフリクトに注目していこう。

第三節　大久保における〈象徴的空間〉の複数性

「百人町」と「大久保」

大久保のメインストリートである大久保通りは、年に一度その姿を一変させる。毎年、一〇月の体育の日には、「百人町明るい会商店街」と「新大久保商店街」の二つの商店街はそれぞれ「百人町まつり」「大久保まつり」

を開催する。普段は車が行き交う大久保通りも、この時だけは車両通行規制がかかり、交通少年団や創価学会のブラスバンド、児童館等の子どもたち等が行う「パレード」の合間は、車道を人々が闊歩する様子が見られる。祝日のため「コリアンタウン」へ観光にきた人々も、この時だけは「祭」の空間に巻き込まれ、「パレード」を見物し、商店街が出す屋台で飲み食いをする。韓国系の飲食店も店先で通行客に食べ物を売り、二〇〇九年頃から増えてきたテイクアウト型の店舗は屋台のように「祭」の風景に接合される。「祭」本部では、普段は姿を見せない商店街の長老たちがたむろし談笑している。閉店した店舗も「祭」の時にだけシャッターを開けて、かつての商店街が蘇える。観光客も住民も商店主もごちゃ混ぜになって、歩行者に占拠された大久保通りを歩いていく。

　しかし、二つの「祭」は同日に行われるにも関わらず、両者が共同で一つの「祭」を開催しようという動きは見られない。大久保通りは「中心地区」の東西を繋ぐ一本道であるが、「百人町」と「大久保」の間には普段は見えない境界が存在する（xvii頁の地図を参照）。

　先行研究において、大久保から切り出された「中心地区」は一括して扱われるが、そこで生活する人々は空間を異なる形で分節化している。とりわけ大久保西側の百人町と、東側の大久保という二つの小地域の境界は、歴史的にも根深いものがある。この二つの小地域は、江戸時代以前には大久保村として一体を成していた。しかし先述の通り一六〇二年（慶長七年）、内藤清成が、鉄砲百人組の居住地を西大久保村西側の土地に求めたことから、ここに百人大縄組屋敷が建設されることとなった。

　江戸末期の「西大久保村絵図」を見ると、西大久保村西側（現在の百人町）には鉄砲組の屋敷が並んでいるのに対して、東側（現在の大久保）のほとんどは畑地であり、この頃には、百人町と大久保との間には土地利用、居住者、生活様式等の差異が存在していたと考えられる（新宿区教育委員会 1984: 58–59）。一八六八年（明治元年）には百人大縄組屋敷の地は「大久保百人町」と改称され、西大久保村とは異なる行政区分となった。一八八九年（明治二二年）の町村制施行以降は、この二つの小地域と東大久保村が合併して大久保村、一九一一年（大正元年）からは大久保町として、行政区分の上では一体的な地域を構成してきた。また同時期の宅地化の進行により、二つの小地域の土地利用、居住者、生活様式等の差異は縮小していったと考えられる。しかし「百人町」と「西大久保」の名は大字名として残り、二つの小地域の領域性は、今日に至るまで維持されてきた。その象徴的な境界は、とりわけそれぞれの氏神である二つの神社で行われる、例大祭や盆踊りなどの「集合的な出来事」の過程において可視化する。

百人町にある皆中稲荷神社は、一五三三年（天文二年）に創建され、江戸期には「鉄砲の皆中」を祈願する鉄砲百人組からも篤く信仰された。八月のお盆明けの週末には、皆中稲荷の境内で町内会主催の盆踊りが行われる[54]。当日、境内には太鼓の音が鳴り響き、幅四メートルほどの小さな参道には、カキ氷やわたあめ、ビールの屋台が出店し、幅広い年齢の訪問客らで賑わう。参道の奥の広場には盆踊りの輪がつくられ、浴衣姿の中年の女性を中心に、小学生くらいの子どもたちも一緒に踊り歩く。神社の敷地内にある家屋の二階を舞台に和太鼓を据え、法被に鉢巻姿の中年男性が勢いよく太鼓を敲く。広場の周りを盆踊りの見物客が囲む。

九月末頃には一年ごとに、皆中稲荷に本部がある「鉄炮組百人隊保存会」の会員たち[55]が、鉄砲組に扮して街を練り歩き、いくつかの会場で模擬発射を行う。これは一九六一年に当時の宮司の尽力によって復活されたものであり、六七年に「保存会」が設立された。一五名の副会長は、皆中稲荷の氏子圏内にある、百人町の五つの町内会から選出される（北見 2003）。この範囲は江戸時代には百人大縄組屋敷の、明治期には大久保百人町の範囲であり、行列はこれらの町内会をめぐって行進していく。会場の一つである戸山小学校の校庭には、数百人の見物客が集まる[56]。祭太鼓が鳴り響き、会場整備に動員されたボーイスカウトたちの姿も見られる。やがて太鼓が盛り上がりをみせ、場内アナウンスとともに数十人の「鉄砲組」の行列が入場し一斉に試射する。大きな爆音で、小さい子どもは泣き出すほどの迫力である。小学校が会場ということもあり、家族連れの姿が多くみられる。

百人町で盆踊りが行われている頃、大久保では、諏訪神社例大祭の神輿と山車が町内を巡る。八一〇年代（弘仁年間）に創建された諏訪神社は、大久保の北側、戸塚地区に位置しており、高田馬場を中心とする地域の氏神である。諏訪神社の氏子圏は旧・戸塚村、諏訪村、西大久保村の範囲にほぼ等しい。大久保の神輿の上部には「西大久保若睦」と書かれており、この神輿が西大久保村の頃から続いているだけでなく、旧・東大久保や百人町との境界を決して越え出ないであろうことも読みとれる[57]。神輿の担ぎ手には、新大久保商店街の商店主たちの姿が多くみられる。他の地域と同様、神輿の担ぎ手は不足していて、大久保の住民だけでなく、他の地域の住民も担ぎ手となることができる。応援にかけつけたとびや、神輿サークルの若者は、異なる色の法被を身に付ける。神輿は大久保通りを出発して、大久保一、二丁目の範囲を巡っていく。明治通りを渡った所まで進むと反転し、今度は大久保通りを西へ進む。途中、大久保通り沿いにある全龍寺の境内で休憩をとり、さらに西へ進むが、新大久保駅の手前で再び反転する。全龍寺西の路地が大久保と百人町の境界であるため、実はこの時、神輿は旧・西大久保村の境界を一〇〇メートル程越え出ている。これは新大久保商店街の範囲に相当し、神輿の担ぎ手の中心が商店主であるために、旧村落の範囲から越え出たのだと考えられる[58]。

明治期に鉄砲組は解散し、行政村としての百人町と大久保は統合され、現在その境界の痕跡は、制度的には町内会の区分として残るのみである。商店街の中核を担うのは戦後に移住してきた人々の子孫であり、住民もまた流出と流入を繰り返して入れ替わり、現在の大久保を構成している。戦後に復活した鉄砲組は、皆中稲荷神社の氏子圏を根拠地とし、町内会を制度的な基盤とするが、そこに参加する人々の大半は鉄砲組の末裔ではないし、また住民のみではない。字名としては存在しない「西大久保若睦」の神輿の担ぎ手もまた、商店主や住民だけではない。見物客たちもまた、住民だけではない。

「集合的な出来事」の「担い手」たちは、定住者だけでなく移動性を持つ人々で構成され、地理空間的には脱領域的なネットワークによって結集している。しかし制度的には、「保存会」や町内会、商店街といったアソシエーションを土台としており、町内会の区分にはかつての旧村落の領域性が刻印されている。しかしそれ以上に重要なのは、「集合的な出来事」に際し、結集の理念を形づくるために参照される歴史・文化的な資源に、旧村落や氏子圏の領域性が深く刻み込まれているということである。そしてこうした歴史文化的資源を参照しつつ大久保という「場所」に言及する時、そこには「百人町」と「大久保」という二つの〈象徴的空間〉が立ち現れ、人々を結集させる焦点になるとともに分断する領域性をも起ち上がらせるのだ。

「旧住民」と「新住民」

しかし当然のことながら、旧村落や氏子圏を参照した〈象徴的空間〉が大久保に関わるあらゆる人々に共有されているわけではない。現在の大久保をどのような「場所」として認識し、そこに広がる空間をどのように分節化し、どのような価値判断を下すかということの背後には、そのことを語る人物の生活史と移動の歴史が存在している。人の移動の歴史が積み重なることで、大久保はエスニシティの変数を含み込んだ「新住民」と「旧住民」が幾重にも編み込まれた「場所」を形成してきた。そしてこの「新／旧」のカテゴリーにも、〈移動の地層〉が刻印されており、それ自体が複層的／多面的である。

前節で述べてきたように、大久保は少なくとも、(1)江戸時代、(2)明治期〜昭和初期、(3)戦後復興期〜高度成長期、(4)低成長期〜バブル期、(5)一九八〇年代後半以降の、五つの人口移動の波を経験してきた。後に述べるように、これに(6)二〇〇〇年代以降を加えたい。このうち社会学者や都市エスニシティ研究者たちが焦点を置くのは、

⑸以降の変化であり、それは主に「旧住民＝日本人」「新住民＝外国人」という等式によって把握されるものであった。一九七〇年代の「都市コミュニティ」論において展開された、都市郊外における「旧住民と新住民との葛藤」というモチーフが、九〇年代以降のインナーシティにおける「日本人と外国人との葛藤」として再生産されたのである。

この図式は、とりわけ一九九〇年代初頭の混乱期においては、ある程度妥当なものであったといえる。しかしエスニシティ変数による「新／旧住民」の類型の固定化は、大久保において存在する住民の多様性を見落とす危険がある。大久保に関わる人々は、自身の移動の時期によって、これとは異なる「新／旧住民」の線引きを行っている。

一九三〇年代に百人町で生まれ、戦前の戸山ヶ原で遊んだ記憶を持つ、ある日本人女性は、「中心地区」を歩きながら次のように話した。

「百人町の辺りでは、戦後、屋敷を売るときに、地域内で転売するのではなく、余所の人に売っていった。戦前は、道は狭かったけど、余所の人は滅多に入ってこなかったね。戦後は旅館になった。それでガラが悪くなった。東南アジア留学生の学友会があって、そのコネで外国人がたくさん入ってきた。（文化通りに差し掛かって）こんなじゃなかったけどね……環境が悪くなった。昔は住み良い落ち着いた街だった。戦前は申し分なかったね……戦後もしばらくは良かった」[59]

ここで彼女の「余所の人」という言葉を、「日本人／外国人」の枠組のみで捉えてしまうと、その深意を見誤ることになる。前節で述べてきたように、〈移動の地層〉の文脈のなかで読み解いていくと、彼女の「余所の人」という言葉は、「住み良い落ち着いた」居住空間であった大久保が商業空間に蚕食され、「盛り場」化していったことに対するものであることがわかる。その変化の始まりは、戦後に旅館業が増えたことであった。彼女にとっては、戦後新たに移住してきた人々は皆「余所の人」なのである。しかしそのように語る彼女の親世代もまた、そのほとんどが明治期以降に「余所」から移住してきたのであった。

一方、一九九六年に来日し、語学学校を経営するある韓国人男性は、現在の街の状況について次のように語る。

「日本の店がなくなったところに韓国の店が入ることが多い。それは望ましいものなのか。どうやったら止められるのか。この街は日本人だけでなく、外国人がたくさんいる。観光の街になっている。日本人と外国人が共生する街になるためには、もっと日本人もがんばっていかないといけない。親の姿をみて、これはダメだなと子どもが逃げていくのなら、この街は韓国人、外国人だけのまちになってしまう[60]」

自身もまた新来韓国人である男性は、しかし「韓国人だけのまち」になることが望ましいとは思わない。彼のように、「韓流ブーム」が巻き起こる二〇〇〇年代以前に来日し、大久保で起業して成功し定着しつつある外国人たちは、現在の商店街における個人商店の減少と、韓国系ビジネスの過密な集中に対して、少なからず危機感を抱いている[61]。大久保で二〇年以上商売を続けてきた台湾料理屋の店主もまた、次のように話す。

「あそこのビルの話ご存じだと思うけど、韓国の人に「これからどうなるかわからないから今売った方がいいよ」って言われて売っちゃったんですよ。〔…〕ほんとにこの街はどうなるんでしょうね。あそこも韓国の店になるんでしょ、今工事してるよ。私たちもがんばらないと[62]」

ビジネスを成功させ、子どもを産み育て、町内会や商店街や、市民グループなど、様々な活動に参加するようになった層は、新来外国人たちのなかではすでに「旧住民」となっている。彼らと、二〇〇〇年代以降にやってきた「新住民」たちを、「新来外国人」として一括りにすることはできない。彼ら「旧住民」たちにとって、二〇〇〇年代以降の「観光地」化は、大久保の大きな転換点として認識されていた。

ある「場所」に重ねられた人の移動の歴史は、そのつど、そこで「生まれ育った人」と「余所の人」、そして「旧住民」と「新住民」との間に、象徴的な差異をつくり出していく。江戸時代から住み続けてきた「鉄砲組の末裔」たち、明治期から昭和初期の「山の手の膨張」のなかで移住してきた人たち、戦後復興期に移住してきた人たち、オールドカマーの在日コリアンたち、高度経済成長期に移住してきた人たち、一九八〇年代後半～九〇年代以降にやってきた新来外国人たち、二〇〇〇年代以降にやってきた新来外国人たち、相互が相互にとって「余所の人」である。そしてもちろん、八〇年代後半以降にやってきたのは新来外国人だけではない。エスニシティのみを変数とした「新住民／旧住民」の類型は、住民同士の間に横たわる差異への認識カテゴリーの複数性を見落としてしまう。

そして重要なのは、移動の時期によって異なる「新／旧住民」カテゴリーを持つのと同様に、またこれに対応して、大久保という「場所」に言及する際に参照する――そしてそれはしばしば価値判断を伴う――〈移動の地層〉にも差異が存在するということである。ここで前節の、戦前に創業した商店主たちが共通して語った「階層の高いお屋敷町」という心象を想起されたい。これは明らかに、彼／彼女らと同じく明治・大正期の移住者二世である日本人女性の戦前の「屋敷」地という記憶、「昔は住み良い落ち着いた街だった」という語りと軌を一にする。戦災による建造物の焼失、戦後復興期の住民の入れ替わり、「盛り場」歌舞伎町の建設とその波による居住空間の蚕食、こうした一つ一つの変化の重なりが、戦前から大久保に住む人々にとっては歴史上の大転換点として認識される。そして〈移動の地層〉の一つの層を焦点化し現在の「場所としての地域」に言及するとき、そこには社会空間を分節化する一つの〈象徴的空間〉が立ち上がり、「余所の人」が構築されるのだ。

「観光地」と「買い回りできる商店街」

「中心地区」の中央を東西に貫く大久保通りは、大久保のメインストリートである。大久保通りは大久保という「場所」の象徴であり、大久保通りに投影される心象——大久保通りをどのような空間として認識するか、あるいはどのような空間として記憶しているか——は、大久保に投影される心象でもある。

「観光地・コリアンタウン」としての大久保は、マスメディアで語られる表象としてだけでなく、現実のものとなっている。二〇一五年当時はやや減少傾向にあったものの、平日でもお昼時には新大久保駅周辺は観光客とチラシ配りで溢れかえっていた。その中心地となったのは、メインストリートの大久保通りである。とりわけ新大久保駅東側の混雑は、休日ともなれば歩道を進むことも難しいほどで、新宿警察署は「歩道で立ち止まらないでください」という看板を設置している。歩道が混雑しているため、急いでいる人は歩道をはみ出し、車道の脇を歩いていく。

大久保が「観光地」となっていくことは、両義的な現象である。新たに起業しようという新来韓国人たち、そこに出資しようという韓国本国の企業や銀行にとっては、この現象は歓迎すべきことであり、絶好のビジネスチャンスである。テナント需要の増加は賃料を上昇させ、これはテナント主にとっては歓迎すべきこととなる。そして何より、「コリアンタウン」を求めてやってくる、観光客たちの需要もある。

しかしその一方で、この状況に対して応答せざるを得ない商店街の人たちにとっては、大きな負担でもある。駅近くのコンビニエンスストアでは、観光客の利用増加によって従業員がトイレを使用できなくなり、「使用不可」となった。新大久保商店街のホームページには、観光バスに対して駐車可能なスペースがアナウンスされているが、当初は観光会社から問い合わせが来ることもあったという。またテナント賃料の上昇は、家族経営的な小規模の事業にとっては経済的圧迫となる。例えば、来日二五年を越える、ある韓国系飲食店の経営者は、次のように語る。

「韓国系の店で成功しているのは氷山の一角で、その影は大きい。半年で駄目になる店もある。商売が難しい。一番の問題は家賃が高すぎること。やめれば次の店が来るからオーナーはそれでいい。商売やりたい人は多いから[63]」

大久保通りの「観光地」化は、当の新来韓国人自身に対しても、過当競争とテナント賃料の高騰による経営逼迫という厳しい状況を生み出している[64]。そしてこうした状況が、高齢化を背景とする個人商店の減少とテナント経営化の推力となっている側面がある。

その一方で、大久保通りで長く商売を続ける日本人の経営者のなかには、「観光地」に引きつけられた観光客をうまく顧客として取り込む者もいる。例えば前節に登場した不動産・内装店の経営者は、次のように語る。

「観光地になったことも、不動産屋としては悪くはないです。今、お客の六、七割は外国人。昔はよく外国人の店の内装もやったんですが、最近はあんまりやらないですね。韓国の店は韓国の人がやってるでしょ。韓流もいいんじゃないですか、街が活性化しないことにはね。物事をプラスに考えることです。賑わっていれば人が来る。人が来れば、こういう店があったとか、広がっていく。わざわざ人を呼ぶのは大変なんだから。親父はよく「来てくれるものは拒むことはない」って言ってましたよ(65)」

また一九二〇年代に創業した靴屋の店主は、次のように語る。

「今は、観光客のニーズに応えて品揃えを変えています。ヒールの靴を履いて一日中「コリアンタウン」を歩きまわって足が痛くなり、もっと楽な靴が欲しいと来店されるお客様も多くなってきています。東京ドームや埼玉アリーナで韓流スターのコンサートがある日には、新大久保へ立ち寄って、買い物したり食事をしたりしていくお客様も多く、店を早く開けることもあります。この商店街でも、うまく観光客を取り込むことがとても大事です。街は高齢化しているので、日本人住民だけならばお客も高齢化していたでしょう。今は、固定客と観光客との比率は、三対七くらいになっています。リピーターも含めてお客は日本全国にいます(66)」

彼らのように、「観光地」が新たに生み出す賑わい――つまり「第三の空間」（磯村 1968）としての大久保が吸引する人々――を、直接的に商売に結びつけられる商店やサービス業は、「観光地」化に対して必ずしも否定的な評価を持っていない。

しかし先に述べたように、二〇〇〇年代以降の「韓流ブーム」の中心地は「中心地区」南側の職安通りと、そこから大久保通りに南北方向に伸びる例外的な路地であって、大久保のメインストリートである大久保通りが「観光地」となり、新大久保駅の乗客数が急増したのは二〇〇九年以降のことである。そのため大久保に以前から関わる人々は、当然のことながら、大久保通りに対して異なる心象を持っている。大久保に五〇年以上住み、

「まちの顔は商店街」だと語るある日本人女性は、かつての大久保通りの様子と、現在のまちの変化について、次のように語った。

「（昔は）買い回りは大久保通りでする。カフェ、肉屋が二軒、チェーン店じゃない眼鏡屋、宝石屋などもあって、こっちの肉屋は豚肉がおいしい、牛肉はあっちだとか言えた。カフェも客を覚えていて、その人に最適なものをだすような場所だった。今や高齢化が進み、大久保通りの個人の店、買い回りできる店はどんどん減っている。社会問題が全て詰まっている。〔…〕書店の四代目が営業をやめた。魚屋も三代目を継ぐ人がいない。私たちの街は、今後どうなるのか[67]」

戦後から高度成長期に移住してきた人々にとって、「中心地区」のメインストリートである大久保通りの心象は、「買い回りできる商店街[68]」である。かつて大久保で生活する人々は、大久保通りの商店街で食材や日用品を買い揃え、家路へとついた。あるいは休日には「眼鏡屋」や「宝石屋」をはじめ、文字通り「買い回り品」を見て歩くことができた。「買い回りできる商店街」としての大久保通りは、明治期以降、宅地として発展した、居住空間としての大久保を象徴する風景であった。だからこそ彼女は、「観光地」としての表象には批判的である。「はすっ葉なマスコミが「コリアンタウン」だって言う。でも私たちだって住んでいますよね」と彼女は言う[69]。

大久保通りで戦後すぐから商店を営むある男性もまた、同様の想いを持っている。彼は大久保通りの状況について、次のように語る。

「買い物に来るお客さんの様子を見ていて、最近、みなさんの顔つきが次第に険しくなってきている、そんな感じがするのです。それはもちろん、今の日本が抱えている事柄のためということもあると思いますが、大久保の街が大きく変わったことへの違和感があるように感じます。

メディアの取材がたくさん来ますが、「コリアンタウン」という言い方をします。ここに住んでいる人の本当の気持ちを、住んでいない人に伝えるのが本当に難しい。言葉で伝えてもなかなかわかってもらえません。「観光地」化といわれ、韓流を求めて、やってくる人たちは、キャピキャピしているというか、とても楽しそうです。ですが、まちに住んでいる人の顔は明るくないのです。〔…〕

今では自転車が道路を逆走したり、路上にものが置かれたりしています。これは戦後にまた人が集まってきて商売を始めたころに、よく似ています。二〇年前までは、狭い歩道にワゴンを並べて人を呼んだりしていました。しかし防災のこともあり、商品を外に出さないようになりました。いまの歩道は、そうやってできたんです。長くやってきた人は、また昔に戻っちゃうんじゃないかと言っています[70]」

大久保通りは、自分たちの世代が尽力し、歩きやすいように維持してきたという自負が、彼にはある。しかし無秩序な「観光地」化は、こうした取り組みを崩し、「戦後にまた人が集まってきて商売を始めたころ」の風景を呼び戻した。

ただし、彼が「大久保の街が大きく変わったことへの違和感」を語るのは、単に韓国系店舗が増えたからではない。その背景には、古くからある個人商店が廃業したり、テナント化しているという状況がある。「でもこれは日本中の商店街でいえること」と彼は言った。戦後すぐに店を始めた人たちは、すでに代替わりの時期を迎えている。しかし、店で扱っている商品がよほど希少でないかぎり、昔ながらの商売が難しくなっているという事情がある。韓国系ビジネス（ないしエスニック・ビジネス）の展開によって経営が難しくなり廃業するという単線的な理解は、大久保の実態を見誤ることになる。むしろ事実は逆であり、前節で述べたように、日本人の商店が廃業した空洞に韓国系（エスニック）ビジネスが展開してきたのである。高齢化の進行により、低成長期以降、すでに個人商店の経営と代替わりは困難になっていた。こうした状況について、彼は次のようにも語っている。

「バブルが崩壊してから変わりましたね。崩壊したと言われても、一年くらいは大久保では続いてたんですよ。ふわっとした空気が残っていました。それがじわじわと変化してきて、商店街のお店も少しずつ減ってきました。「大店法」が出来たのが大きかったです。衣料品とかは今でいうファストファッションみたいな大型店舗ができたり、それ以外にもネット通販とかができたりして、小売店は厳しくなってきました[71]」

一九九八年に大規模小売店舗立地法（新大店法）が制定され、「旧大店法」で定めた大型店舗の面積制限などの商業調整が廃止された。低成長期以降の小売規制緩和の波が個人商店にとっての最大の打撃であり、「観光地・コリアンタウン」化による賃料高騰は廃業やテナント経営化への最後の一押しであった。

一九四七年に創業し、二〇一三年に閉店した酒屋の先代店主もまた、「観光地・コリアンタウン」と店の経営との関係は薄いと話す。

「バブルの少し前の頃が一番よかったですね。ただバブルが崩壊して、いっぺんにドスンと来るわけじゃないんですよ。店を閉めることになった原因は、やはり大型店です。規制緩和によって、酒をどこでも売れるようになったから。お米と一緒ですね。「コリアンタウン」については、我々はあんまり関係ないですね[72]」

酒類販売もまた、酒税法改定による二〇〇一年の距離基準廃止、二〇〇三年の人口基準廃止という小売規制緩和によって経営が逼迫していった。こうした一連の過程は全国の商店街に共通する事態であり、「観光地・コリアンタウン」化という大久保に固有の文脈によるものではなかった。「コリアンタウン」の表象はこうした商店街が直面する普遍的な問題を見えづらくしている。

戦後から高度成長期に移住してきた人々の心象である、「買い回りできる商店街」としての大久保通りは、個人商店の廃業とテナント経営への移行によって、その姿をほぼ消しつつある。その空洞に入ってきたのが、エスニック・ビジネスであり、とりわけ二〇〇〇年代以降は韓国系ビジネスであった。しかしそれは「新都心」新宿の発展と歩みを合わせるように、大久保の「盛り場」化を伴っていた。個人商店の後に入ってきたのは住民のための食料品や日用品を供給する店舗ではなく、大久保の「外」から人を呼び込むような飲食や物販を専門とする店舗であった。「観光地・コリアンタウン」の表象は、さらに観光客を呼び寄せ、大久保通りの「盛り場」化を推し進めた。これは空間構成としては居住空間への商業空間の蚕食となって現象した。

その過程は、「買い回りできる商店街」の心象を持つ人たちにとっては喪失の過程であった。しかしその想いは、「観光地・コリアンタウン」の表象によって捨象されるか、商店街が直面する問題の普遍性を迂回して「日本人と外国人との葛藤」へと早急に回収されてしまう。だから商店主の男性は、「言葉で伝えてもなかなかわかってもらえません」と語るのである。しかし前節で記述した〈移動の地層〉の文脈に立つとき、少なくとも、規制緩和による商店街の空洞化、居住空間の「盛り場」化といった普遍的な都市問題を無視することはできない。そしてこれらの問題は、それを問う者が持つ、大久保通りの心象と深く関わっている。

大久保のメインストリートであり象徴である大久保通りには、複数の心象が投影され、異なる〈象徴的空間〉が起ち上がる。そのうち最も鋭く対立するのは、それぞれ居住空間と商業空間という二つの「場所」認識を反映する、二つの心象である。戦後から高度経済成長期に移住してきた人たちにとって、大久保は居住空間であり、かつての大久保通りは「買い回りできる商店街」であった。二〇〇〇年代以降にやってきた韓国系ビジネスにとって、またそれらを求めて大久保を訪れる観光客にとっては、大久保は商業空間であり、大久保通りは「観光地」である。これらの心象が投影された二つの〈象徴的空間〉は、空間上の焦点は共に大久保通りであっても共に交わることがない。

「多民族・多文化の街」と「コリアンタウン」

「観光地・コリアンタウン」という心象は、大久保の現在の状況に対する肯定的な価値判断に彩られ、街の「外」から人を引きつける——つまり「第三の空間」として移動性を含み込む——〈象徴的空間〉を構成している。これと同様の効果を持ちつつ「場所」としての大久保の異なる側面に焦点を置くのが、「多民族・多文化の街」というもう一つの心象である。

二〇〇九年に開催された新来韓国人団体「韓人会」主催のシンポジウムにおいて、はじめに登壇した都市プランナーの女性は、大久保の〈移動の地層〉について話した後、次のように語った[73]。

「大久保の魅力は多様性にある。このような多様性は、行政が計画的につくったものではなく、つくろうと思ってもつくれるものではない。この大久保にしかないものは何か？　それはこの多様性である。私は、単に「コリアンタウン」や「チャイナタウン」に行きたいわけじゃない。住民が住みにくいと思っているのは「外国人」のためじゃなくて、住宅地が「盛り場」化したことにある。これをどう折り合っていくのかが課題となる。「韓人会」には、多様性と他の国の人たちとの結びつきを目指してほしい[74]」

この報告に対して、パネリストを務めた「韓人会」の幹部たちは、「コリアンタウン」として発展する大久保への期待を述べる一方で、「必要なことは住民としての最小限の義務を果たすことだ。小さなことからコツコツと義務を果たす」と、町内会や商店街振興組合などの既成組織への配慮を見せた。また「他の国々の人たちともネットワークをつくりたい。みんなで生きられる、外国人が生きられるまちにしたい」という、「多民族・多文化の街」としての大久保にも視野を持った発言もあった。しかし「韓人会」会長は、その会長としての立場から、「韓国」というナショナリティを強調せざるをえなかった。「全国組織化はみんなの願いだった」と話し、続けて「活発な文化交流」を訴えたが、それはあくまで「韓国と日本」の間に限られていた。

これに対して、同じくパネリストとして登壇していた都市エスニシティ研究者の女性は、冒頭で「私はこのまちが「コリアンタウン」になるとは思えない。「ワールドタウン」になると思う」ときっぱり言い切った後、次のように述べた。

「大久保は「コリアンタウン」になる必要はなく、店の協同組合になればいい。「韓人会」がいらなくなる時期がいつなのかを考えないといけない。皆さんは今、韓国を背負っている。それを超える。交渉の窓口ができたことを、地域も、行政も喜んでいる。その重い期待を背負っていけるのか。「ナショナル」を越えていくこと。それは一〇〇年先か一五〇年先か[75]」

しかしこのシンポジウム当時、外国人住民のうち韓国人の比率は圧倒的であり、韓国系ビジネスもとりわけ大久保一丁目に集積していた。すなわち実態としては「コリアンタウン」はすでに存在していると言えるだけの状況であった。したがって、はじめの登壇者もパネリストも、その発言の賭け金としていたのは〈象徴的空間〉としての大久保であった。
「コリアンタウン」も「多民族・多文化の街」も共に、一九八〇年代以降の大久保の変化を肯定的に捉えようとする意志の込められた心象であり、地域の「外」から人を呼び、含み込むことのできる〈象徴的空間〉を構成している。しかし前者が、「韓国」というナショナリティと「コリアン」というエスニシティを基礎とした領域性を構築するのに対して、後者はより多様な要素を包摂する領域性を帯びていた。また地理空間的には、前者が大久保一丁目に焦点を置くのに対して、後者は「中心地区」全体を視界に収めている。いずれにせよ、「多民族・多文化の街」という心象は、相対的には大久保を広く包摂する〈象徴的空間〉を構成しており、それゆえ二人の登壇者は「コリアンタウン」という心象が構成する〈象徴的空間〉に対して、これを強調したのである。

「故郷の喪失」

大久保で長く生活してきた者にとって、人の移動の歴史的蓄積による風景の変貌と、人々の間につくり出された心象の差異は、どのように体験されてきたのだろうか。先に登場した、「ここに住んでいる人の本当の気持ちを、住んでいない人に伝えるのが本当に難しい」と語った商店主は、その「本当の気持ち」を伝えるために、次のように語った。

「ある壁に、気にいった大きな絵がかけられていて、それを眺めて、普通に暮らしていました。ところが小さな違う絵がだんだん増えてくる。その一つ一つは好きだったり、嫌いだったりするけれど、大きな絵のまわりにあって、それはそれでいいかなと思っていた。けれども、大きな絵に誰かが新しい線を描き始めたわけです。そうして、もとの大きな絵はなくなってしまいました。そこに誰かが来て、いい絵だねという。それを聞いた人たちがやってきて、なかなかいい絵だという。けれど、その絵の前の絵を知っている人たちは、新しく来た人たちの絵の具のかすや、捨てていったゴミを拾って、ため息をついている[76]」

大久保に関わる人々が準拠する〈象徴的空間〉の複数性はコンフリクトを生じさせたが、その力関係は一様ではなかった。自営業の減少による商店街の空洞化、「新都心」新宿の発展による「盛り場」化、エスニック・ビジネスの集積という空間構成の変化と、マスメディアが拡散する「観光地・コリアンタウン」の表象、そして観光客たちの消費行動によって、「買い回りできる商店街」という心象が構成する居住空間としての〈象徴的空間〉は、「観光地」という心象が構成する商業空間、「盛り場」としての〈象徴的空間〉に蚕食されていった。こうして勝利した一つの〈象徴的空間〉は、「場所としての地域」の人口構成や空間構成の変化の動因となり、自己成就していく。

「新しく来た人たち」には、その様にして塗り固められた「絵」の背後にある〈移動の地層〉が見えないため、この商店主が持つ、「観光地」とは異なる大久保の心象は伝達困難なものとなる。そして胸の内を語ればすぐに、「日本人と外国人の葛藤」として回収されてしまう。だから彼は「ここに住んでいる人の本当の気持ちを、住んでいない人に伝えるのが本当に難しい」と語るのである。

こうした大久保の変化は、明治期~昭和初期に移住してきた人たちにとっては、より強く深い体験となっている。一九一八年に生まれ百人町で暮らしてきた経済学者の大内力は、一九八四年の「百人町界隈」という随筆のなかで、「小さな借家が並ぶ新興住宅地」であったかつての大久保を懐古しつつ、文章の最後を次のように締めくくっている。

> 百人町は私の故郷である。しかし故郷などというものは、遠く離れたところにあって、何年も経って帰っても余り変わっていない、という処であろう。「故郷は遠きにありて思うもの」である。今、表面はケバケバしく都市化したにせよ、まことに雑然とした異邦人の町と化した百人町に住む私は、実は亡郷の民なのである。（大内 1984: 469）

大内の「亡郷」の体験は、戦後も大久保に住み続けた人々にとってだけでなく、戦前・戦中に移住し戦後に再訪した人々にもまた共通していた。一九三二年に百人町で生まれ、その後転出した評論家の江藤淳は、「戦後と私」という随筆のなかで、一九六五年に大久保を再訪した時の体験を次のように記している。

> 私が呆然としたのはその一切が影もかたちもなくなっていたからである。そのかわりに眼の前にあらわれたのは温泉マークの連れ込み宿と、色つきの下着を窓に干した女給アパートがぎっしり立ち並んだ猥雑な風景であった。〔…〕空襲で丸焼けになった場所だから、昔の家がないのに不思議はない。私がショックをうけたのは土地柄が一変し、ある品格をそなえた住宅地が猥雑な盛り場に変わり果てていたからである。これが私にとっての「戦後」であった。（江藤 2007: 234-5）

彼らの体験は、「郊外生活」のための「新興住宅地」あるいは「軍人の街」であった大久保が戦災で焼け野原になっただけでなく、木造アパート地帯となったこと、そしてそれ以上に「盛り場」歌舞伎町の波が押し寄せ「連れ込み宿」に居住空間が蚕食されたことといった空間構成の変化の衝撃を物語っている。そして変わったのは空間構成だけではない。戦前の百人町で生まれ育った徳永は、一九八四年の随筆「大久保と私」のなかで、次のように述べている。

> 大久保の街は、大正一二年の関東大震災ではまったく被害を受けなかったので、江戸以来の百人組の子孫こそ数少なかったにせよ、第二次世界大戦中の疎開や空襲で散り散りになるまでは、近所はほとんど明治・大正の頃からここに住み着いた人たちの家だった。私の家の横丁でも、いわば大久保での二世にあたるわれわれの世代は、お互いに幼い頃からの顔なじみばかりだった。〔…〕戦後の百人町には庭のある家もほとんどなくなり、私の住居もいつの間にかビルの谷間になってしまった。横丁の住人もすっかり入れかわって、戦前からここにいるのは、今では私と弟の家だけになった。（徳永 1989: 137–8）

徳永の記述は、街並の変貌という空間構成の変化だけでなく、人の移動による社会関係の喪失を伝えている。「幼い頃からの顔なじみばかり」だった移住者「二世」たちは、転出により、また高齢化により姿を消していった。先の大内の体験もまた、「異邦人の街」に取り残された孤独、社会関係の喪失を表し出している。

大久保の風景や社会関係の喪失を体験した人々が、〈移動の地層〉のある特定の時空間を参照し「現在」の空間に言及することによって、その落差によって、失われた「故郷」という〈象徴的空間〉が起ち上がる。それは特定の時空間の記憶を持たない者、〈移動の地層〉への理解を持たない者に対しては伝達・共有が困難である。

ただしここで注意したいのは、戦後に創業した商店主の男性と、戦前の記憶を持つ大内、江藤、徳永たちの体験は、共に「故郷の喪失」と名づけるべきものであったとしても、失われた「故郷」の内容には相違があるということだ。前者が参照しているのは、商店街が最も活気に満ちていた高度成長期の大久保であるのに対して、後者が参照しているのは戦前の「新興住宅地」であった大久保の風景である。さらに言えば、喪失を振り返る「現在」の位置にもまた相違があり、江藤が一九六〇年代、大内と徳永が八〇年代の地点に立っているのに対して、商店主の男性が立っていたのは二〇〇九年の地点である。商店主の男性にとっての「故郷」は、江藤にとっては失われた「故郷」の上に重ねられた「新しい線」、新しい風景であった。

〈象徴的空間〉の複数性

大久保という「場所」に堆積した人の移動の歴史は、少なくとも二つの次元において〈移動の地層〉として刻み込まれている。第一に、前節で述べたように、空間構成において、モザイク状の土地利用が歴史的に形成されてきた。路地空間に象徴されるように、戸建、アパート、専門学校、ホテル、多様なエスニック・ビジネス等が入り組み、「新都心」新宿の発展を背景とした居住空間と商業空間とのせめぎ合いの様相をなしている。第二に、本節で述べたように、社会関係において、人々の間に象徴的な差異を構成している。いつ、どのように移動してきたかによって、「百人町」と「大久保」という二つの小地域への認識、「新／旧住民」のカテゴリー、「観光地」と「買い回りできる商店街」という大久保通りの心象、地域変動の体験の内容には差異が存在している。

移動の時期によって、またその背景や理由によって、大久保をどのような「場所」として利用し、空間をどのように分節化し、また価値判断を下すのか、そのために大久保という「場所」の複層性／多面性から、どのような要素を引き出し、空間に言及する資源として用いるのかには差異が存在している。そしてその差異は、人々が準拠する〈象徴的空間〉の複数性となって現象している。

すなわち論理的には、〈象徴的空間〉は移動の歴史を含んだ「場所」としての大久保の複層性／多面性の分だけ潜在的に存在する。例えば中国系食材店に集まる人々にとって、モスクに集まる人々にとって、また韓国系の飲食店に集まる人々にとって、大久保には異なる心象が投影され、それによって起ち上がる〈象徴的空間〉もまた異なるだろう。また同じ時代の大久保、例えば戦後復興期に居合わせたはずの、疎開先から戻ってきた「鉄砲組の末裔」たちと移住者二世たち、起業のため移住してきた自営業者たち、朝鮮人バラックの住民たち、「ドヤ」の住民たち、それぞれにとって、大久保に投影する心象は異なるだろう。各々の〈象徴的空間〉は、同一の物理的空間に部分的に重なり合いながら、すれ違い、異なる人々を引き寄せていることだろう[77]。

そして〈象徴的空間〉は、いくつかの「集合的な出来事」の事例が示唆するように、ある時には人々を結びつける焦点となる一方で、空間を分節化し、人々の社会関係を実際に分断する領域性としても立ち現れるのである。〈象徴的空間〉の複数性は、どのような瞬間に、対立しつつも併存し得るのか、その歴史社会的条件は何かという本研究の問いが、ここに起ち上がってくるのである。

第二章

活動の水脈——新宿・大久保と「共住懇」の道行き

「最初は「余所者」として見られてたのね。でも今は逆に「専門集団」として見られる。素人の集まりなのに。大久保にも「コア・コミュニティ」というものがあって、そこから同心円状にコミュニティが広がっている。「共住懇」の位置は真ん中からは確実に外だよね」

——二〇〇七年一一月五日、「共住懇」代表Yさん

「外からやってきた人たちは、「共住懇」という、大久保に「あってほしい」団体に出会い、自己の願望を投影する。しかし現実は違っている。そのギャップが大きくなっている」

——二〇一一年六月二八日、「共住懇」会員

第一節　「共住懇」の水脈

都市空間の再編と人の移動の「波」が打ち寄せるなかで、それでもなお変化し続ける「場所」との積極的な関わりを持ち、「場所」を介して多様な移動性を持つ人々との連帯を希求した活動の水脈[1]がある。本書が着目する「アジアの祭」という「集合的な出来事」もまた、その水脈の湧泉[2]の一つである。本章では、「アジアの祭」の重要な先行条件の一つとなった、市民グループ「共住懇」の活動の道行きを記述する。「共住懇」はいかに生まれ、何を残してきたのだろうか。

「共住懇」とは何か

「共住懇」は一九九二年に大久保で発足した市民グループである。発足当初は四〇名ほどであった会員も、二〇一五年頃までに二〇名ほどに減少した。ただし「共住懇」の実態を捉える上では、会員資格による名目上の「成員」と活動に実際に参加し支える「担い手」とは、分析的に区別した方がよい。「担い手」は各々の企画において、あるいは時期によって、実際に果たした役割の上で区別される。こうした観点からいえば、筆者が参与観察を始めた二〇〇七年頃から二〇一〇年代初頭にかけて活動に実際に参加し続けていた「担い手」は一〇名に満たないし、さらに言えば、その運営の中心的な役割を果たす「担い手」は五名ほどであった。しかし、この様な組織体としての脆弱性を抱えつつも、「共住懇」は三〇年にわたって活動を継続してきた。

「共住懇」の理念を、一言で表すのは難しい。時期によって、また企画によって、そこに関わる「担い手」たちの話し合いや準備作業を通じて、活動の目的はその都度つくり直されていくからだ。また当然のことながら、「共住懇」の会員や活動の実質的な「担い手」たちの間で、単一の目的が共有されているわけではない。しかし

「対外的に」自身を説明する際にどのように語られるのかという観点から見れば、現時点での中心的な理念と活動内容を概観することが可能であろう。

「共住懇」の恒常的な情報発信メディアとしては、現代表のYさんが手がけるブログが存在する。公式ホームページは二〇一三年頃から技術トラブルで閉鎖されているが、「共住懇」の理念として「二つの柱」が掲げられていた。第一に、「多文化共生社会」の推進、第二に、「地域防災・減災のまち」の推進である。そのための具体的な活動として紹介されているのは、大久保・百人町を中心とする「地域調査」、相談会の開催などの「外国人生活支援」、交流機会を提供するなどの「コミュニティへの参加」、セミナーや学習ツアーの実施などの「教育・啓発」、情報誌や報告書などの「出版物の発行」の五つである。[3]

活動の理念として掲げられる「二つの柱」は共に、一九九二年の発足当初、その文言としては存在していなかった。後述するように、これらの理念を獲得したのは九五年の阪神淡路大震災後のことである。また同様に、紹介されている五つの活動のいずれも、発足当初には具体的に展開されていなかった。「場所」をめぐる状況の変化によって、また活動の「担い手」の入れ替わりによって、具体的な活動内容もまた変化していったのである。

こうした変化のなかで、不変的な理念を見いだすとすれば、それは（具体的な表現は違えども）「多文化共生」を積極的に評価し推進することであろう。それが「共住懇」が二〇年以上にわたって大久保を活動の拠点とし、また入れ替わる「担い手」たちが大久保という「場所」に引きつけられてきた大きな理由でもある。この理念は、第一章で記述してきた大久保の〈移動の地層〉と〈象徴的空間〉の文脈でいえば、一九八〇年代後半以降の人の移動の歴史を、「多民族・多文化の街」という表象によって肯定的に捉えようという意志の現れである。しかし逆に言えば、この中心的な理念以外のあらゆる部分は、活動の歴史において変化し続けてきたのである。

本章ではまず、「共住懇」の活動の歴史を、その具体的な活動内容によって大きく四つの時期に分けて記述していきたい。活動の具体的な内容は確かに変化し続けてきたのだが、特定の時期には、特定の形態の活動が繰り返される傾向がみられる。こうした形態の継続と変化は、活動の舞台である大久保の状況の変化という外的要因と、「担い手」の入れ替わりという内的要因によってもたらされた。はじめに四つの時期の概略を述べておこう。

第一期は、一九九二年の発足から九四年まで、百人町住民のＦさんが代表を務めていた時期である。この時期、外国人住民の急増という状況を捉えなおすため、研究者をはじめとするゲストスピーカーを招いての勉強会が繰り返し行われた。そしてやがて「共住懇」は自身でも地域調査を始めるようになる。

第二期は、一九九五年から九九年まで、代表が西新宿住民のＹさんに代わり、第一期の活動を引き継ぎつつも、新たな活動の方向性を模索していった時期である。エスニック・ビジネスの急増という状況に呼応するように、「共住懇」ではエスニック・レストラン調査を継続的に行い、その成果を発信するようになっていく。

第三期は、二〇〇〇年から二〇〇七年まで、大久保で印刷業を営むＳさんや、ドキュメンタリー映画監督のＡさんが活動の中心となった時期である。外国人住民の人口構成としての定着、日韓ワールドカップ前後からの「韓流ブーム」に呼応するように、地域情報紙「おおくぼ／ＯＫＵＢＯ」の発行や「ＯＫＵＢＯアジアの祭」の開催など、大久保の異なる側面を積極的に発信する「メディア」の役割を果たすようになっていく。

第四期は、二〇〇八年から二〇二二年現在まで、観察者として活動に参加していた筆者が、「担い手」の減少によって生じた空洞を埋める形で、活動の中心を担うようになった時期である。過去の活動を参照し継続しつつも、「コリアンタウン」の「観光地」化、個人商店の減少とテナント経営化に呼応するように、地域情報紙「おおくぼ／ＯＫＵＢＯ」再刊や商店街の「老舗調査」など、変化していく地域を記録していく活動が展開された。その一方で、組織としては衰退期を迎え、活動を広く展開していくというよりは、大久保に関心を持って「外」からやってくる人々がはじめに訪れる「入口」として存続している。

本節ではまず、これら四つの時期のうち第一期に焦点を置いて、その前史を含めて、「共住懇」という市民活動を形づくった諸組織・集団・個人の社会関係の歴史を捉えていきたい。第二期から現在までの展開は、次節で扱うこととする。

「共住懇」の前史――Fさんの水脈

「共住懇」発足当初の「担い手」となったのは、一九九一年一一～一二月に開催された新宿区のコミュニティ講習会「外国人とともにつくるまち――新宿区の国際化をどう受けとめるか」に集った人々であった(4)。この講習会は、新宿区地域振興課が担当した全四回の講座であり、四〇名ほどの参加者があった。第一回講座「開講にあたって」では都市社会学者の渡戸一郎氏が報告を行い、その後の各回ともコーディネーターを務めた。渡戸氏は、九一年に新宿区が行った区内の国際化に関する実態調査のアドバイザーを務めており、講習会の企画の依頼を受けたのであった（原 2009: 142）(5)。「共住懇」の初代代表となったFさんは、第三回講座「外国人が多く住む地域のまちづくり」で、大久保地区青少年対策委員会役員の男性と共にゲストスピーカーを務めている。この講習会に参加した人々の間で、「学習会」の継続が提案され、翌九二年四月に発足したのが市民グループ「共住懇」であった。

こうした発足の経緯から、「共住懇」が新宿区の企画に水路づけられた活動だと判断するのは誤りである。後に述べるように、講習会と発足当初の「共住懇」の活動には、それ以前から新宿や大久保で活動を続けてきた市民グループの「担い手」たちが参加している。こうした諸組織・集団が、またその「担い手」たちが、新宿区が用意した企画をうまく活用した、というのが実際のところであろう。「共住懇」は先行する諸活動の水脈の結節点であり、九二年四月の「共住懇」発足は、こうした歴史的な社会関係の網の目から生起した一つの「集合的な出来事」であった。本書では、これら先行する諸組織・集団の活動、その「担い手」たちの活動の歴史の全てを追うことはできないが、その水脈の一筋、前代表のFさんの個人史を記しておきたい。

Fさんは一九三三年、東京・深川に長女として生まれた[6]。映画館を経営する父と母、兄の四人家族であった。四五年に戦災により家を失い、母方の親類を頼って静岡市に転居した。五二年に高校を卒業すると、出版社に入社が決まり上京。五六年に、百人町の都営団地の抽選に当たり、ようやく家族そろって東京で生活することができるようになった。そしてその後もFさんは大久保に住み続けた。

出版社に勤めはじめたFさんは、「もう一度勉強したい」という思いから、当時新設された都立の福祉事業学校へ入学し、ソーシャル・ワーカーになるための勉強をした。卒業後は官公庁に務め福祉業務を担当したが、約一〇年後に退職した。その理由についてFさんは次のように語っている。

「一九六〇年安保って聞いたことありますか？　それが終わったとき。もうねぇ、役所にいるのが虚しくなったし、その前から私は公務員は合わないなぁと。同じことをずっと繰り返すことって、私は苦手人間なんです[7]」

このように語るFさんは当時「官公庁映画サークル」に所属しており、六〇年安保の頃には、その繋がりのなかで「記録映画作家協会」のデモに参加していた。その運動が終わったとき、官公庁の仕事に「虚しく」なったのである。仕事をやめたきっかけは、「映画サークル」で知り合った映画監督、大島渚氏との関わりであった。ある時、Fさんが高校時代に書いた小説を見せる機会があり、「あなたは作家だ。シナリオ書いたらどうですか」と言われたことで、フリーのシナリオライターになることを決断したという。

高度経済成長期という時代のなかで、企業ＰＲ用のスライドやフィルム製作の仕事が多く入ってきたという。Ｆさんは自分でシナリオを書き、演出や編集までを手がけた。そして七三年頃、仕事を通じて知り合った男性と結婚し、その後も仕事を続けていたが、四年後に長男を授かるとロケや取材へ行くのは困難になり、シナリオ専門で仕事をするようになった。

長男を保育園に入れることになった頃から、Ｆさんは次第に「地域」を意識するようになっていった。八二年、長男が小学校に入学すると、ＦさんはＰＴＡなどの学内活動にも積極的に関わるようになっていった。

八八年、Ｆさんは新宿区の「女性海外事情視察」プログラムに応募し、アメリカの主要都市へと派遣された。ワシントン、ニューヨーク、ボストン、サンフランシスコ、ロスアンゼルスと移動する中で、Ｆさんは様々な国からの移民が築き上げてきた生活とルールを「共生」と考えるようになったという。この問題意識が、その後の活動へと繋がったと、Ｆさんは後に振り返っている。

子どもが学校へ通うようになり、子育てが一段落した頃、ビデオの流通により企業ＰＲのスライドやフィルム製作の仕事は減っていた。「生き方を変えなきゃいけないな」と思っていた矢先に、「地域活性化推進事業」の仕事が舞い込んできた。そして夫婦一緒に「まちおこし」「むらおこし」の企画プランナーとして働くようになった。千葉県や愛知県を中心にいくつもの地域を訪れ、時には一年間かけて通いつめ、商工会の婦人部や青年部の人たちと一緒に、地域の文化的資源を掘り起こす活動を続けた。

こうして他の地域での活動を通じて、Ｆさんは、大久保に対してある想いにかられるようになっていった。Ｆさんは、次のように記す。

よその仕事を終え、東京へと戻り、新大久保や大久保の駅へ降り立ったとき、私の気持ちはなぜか腑に落ち

> ないものがありました。「自分の地域のことを考えないでいいのか?」という思いでした。外国の人たちが目に見えて増えていく中で、この地域の人たちは、いらいらし始め、なんとなく不安気に見えました。私自身はどうなんだろうと自問自答しました。「私だって同じだ」というのが正直な気持ちでした。「他人のところで「むらおこし」なんて恰好いいことやってるだけでいいのかなあ?」――新しい人たちを迎えるときには、どこの土地でもぎくしゃくとした関係が生まれます。ときには些細なことで摩擦も起こります。国が違い、言葉が違い、宗教が違う人たちを理解するための突破口は何か? でも私には、この時、まだ具体的な方法は何一つ浮かんでこなかったのです。(川村 1998: 133)

Fさんは、「よそ」の地域と関わっていくなかで、「自分の地域」の現状を相対化して見る視点を身につけていった。そして「自分の地域」はどうなのか、問題はないのか、という考えを持つようになった。「まだ具体的な方法は何一つ浮かんでこなかった」のだが、Fさんは少しずつ、大久保で生活する「外国の人たち」との関わりを模索し始めた。

一九九二年、Fさんは新宿区女性海外研修者の会による「国際交流区民の集い・ひなまつり」に参加し、留学生や新宿区在住の外国人たちとの交流の光景を目にした。若い人との交流が大事だと感じたFさんは、その後同世代の女性と共に「留学生のためのカウンセリングと異文化交流の会」を結成し、戸塚特別出張所の会議室で、一ヶ月に一回、日本語学校の学生たちの相談を受ける活動をはじめた。

そして同時期、新宿区のコミュニティ講習会「外国人とともにつくるまち」の企画を持ちかけられたFさんは、「これはしめた、どんな人たちが集まってくるだろう」と思って参加を決め、そして「共住懇」結成へと関わることとなった。第三回の講習会で共にゲストスピーカーを務めた青少年対策委員会役員会の役員とは、大久保出張所の発行する地域新聞の編集の仕事を共にしていた。

ここまで、Ｆさんが「共住懇」の活動の「担い手」となるまでの過程を記述してきた。Ｆさんは一九六〇年安保の運動と、その後の「官公庁映画サークル」の関係性のなかで、安定した公務員の仕事を辞めフリーのシナリオライターになる決心をした。そこでパートナーとなる男性と知り合い、一緒に「まちおこし」「むらおこし」の仕事をするようになった。Ｆさんが大久保での活動に関わるようになったきっかけは、長男の誕生と、「よそ」の地域での仕事によって「自分の地域」の問題に気づいたことであった。Ｆさんは、一九九〇年代後半の大久保の状況に対して、次のように述べる。

> 地元の人と他の土地から移ってきた人――つまり地域の旧住民・新住民の交流も、日本人・外国人との交流も、新旧混在の中、どのように異文化交流が行なわれ、理解し合うかという点で、規模の差はあれ、同じ歩みをたどってきているのではないでしょうか。（川村 1998: 123）

Ｆさんもまた、「他の土地から移ってきた人」すなわち「余所者」であった。戦後復興期に地方から東京圏へ流入した多くの若者たちと同じように、Ｆさんもまた東京へ移住してきた。その移住先となったのは、当時木造アパートと公営住宅の密集地へと変貌しつつあった、インナーエリア・大久保であった。この頃の街の風景の記憶が、Ｆさんのなかには強く残っている。Ｆさんにとって大久保通りは「買い回りできる商店街」であり、「観光地」化した風景に苛立つ時もある。しかし一方で、大久保に移り住んでくる外国人たちの姿を、Ｆさんは自身の体験と重ねあわせていた。そして活動において参照していたのは、「よそ」の地域で「まちおこし」の文化的資源を掘り起こした経験と、アメリカの移民社会の風景であった。こうしてＦさんの活動の記憶と経験が、「共住懇」へともたらされた。

第一期　「勉強会」としての「共住懇」、一九九二-九四年

発足当初は、ほぼ毎月定例会が開かれ、ゲストスピーカーを招いての勉強会や、今後の活動についての話し合いが繰り返された[8]。八〇年代後半から急増した外国人住民との葛藤、「売買春」問題の噴出という地域状況のなかで、この頃の「共住懇」の活動の理念は「外国人のことを知る」「外国人と共に住む」ということだった。当初の勉強会では、奥田ゼミ生や渡戸ゼミ生、「まち居住研究会」の面々もゲストスピーカーとして報告している。奥田ゼミからは、この後も度々、ゼミ生が調査やボランティアとして「共住懇」を訪れている。

この時期の活動においては、大久保で一九六〇年代から「留学生支援団体Ａ」の活動を行ってきたＫ夫妻の存在が大きく、発足当初は「世話人／連絡受け付け」を担当し、実質的な事務局の仕事を受け持っていた。また大久保で生まれ育ったエスニシティ研究者Ｃさんの存在も大きかった。Ｃさんは、一九八九年に「国際理解教育推進団体Ｇ」を発足させ、九三年一一月にはその代表としてゲストスピーカーを務めている。ＦさんやＫ夫妻、Ｃさんなど、大久保で暮らし、「共住懇」発足以前から活動を続けていた人々の経験と人脈によって、初期の「共住懇」の活動はつくり上げられたのである。

発足から一年経った九三年三月と四月の定例会では、一年間の活動の反省会が開かれ、新年度も「外国人と共に」という視点での勉強会が継続されることとなった。同時に、Ｋさんから「エスノ・ガイドマップ」作りの提案もなされ、勉強会だけでなく自分たちの手で調査を行おうという視点が生まれ始めた。

その後もゲストスピーカーや会員が報告者となっての勉強会が続いた。九三年六月には、当時の大久保で展開していたもう一つの活動、「環境浄化対策協議会」の面々が報告を行っている。「結局対話にならなかったが、互

いに違うのだと認識できた」と後にある会員は語っている。[9] 翌七月の定例会では、大久保で八六年に設立された女性団体の代表が報告を行っている。この時期、大久保では「外国人売買春」と暴力団を排除するための運動が展開される一方で、売春に追い込まれる女性たちを受け入れるためのシェルターづくりなどの人権保護活動が並行して展開されていった。

「共住懇」が、留学生支援や国際理解教育といった諸活動の水脈から生まれたこと、「外国人とともに住む」ことを中心的な理念としたことを踏まえると、当初の共住懇の活動には、「環境浄化運動」への対抗的要素があったといえる。無論、これは単純な対立図式ではない。居住空間を守るという「浄化運動」の理念と、外国人と共住するという「共住懇」の理念とは、本来は概念的に矛盾するものではない。しかし実際の現象としては「浄化運動」が「外国人女性」の排除へと結びついてしまうこと、またそもそも賃貸契約などにおいて外国人差別が存在したことなどに対して、外国人支援・交流活動の結節点となった「共住懇」の存在は、この時期、大きな意義を持っていた。

九三年一一月の定例会において、再び活動の反省と今後についての話し合いが行われた。この場で「大久保エスノ・ガイドマップ」作成を前提とした「大久保タウン・ウォッチング」の企画が提案され、これは翌九四年一月に実施された。エスニック・レストランを小グループで巡り、その報告会において以降のスケジュールが検討された。それ以降も勉強会も継続されたが、中心となったのは「エスノ・ガイドマップ」作成であった。これは「共住懇」による初めての地域調査であり、勉強会という受動的な形態から、調査および情報発信という能動的な形態への変化を表していた。

九四年四月の定例会において、会則に「学習」のみでなく「共生を促進する行事」が加えられた。この時点での「共住懇」の活動理念は次のように表現されていた。

この会は、新宿区在住の外国人とともに住みよいまちづくりをすすめる上での諸問題についての学習、及び外国人との共生を促進する行事、並びに会員相互の親睦を図ることを目的とする。(10)

活動目的の説明からも、より能動的な活動形態への変化が読みとれる。このような問題意識のなかで、九四年七月から八月にかけて「エスニック・レストラン調査」が行われ、九月以降の定例会は「エスノ・ガイドマップ」の作成会議に費やされた。そして一一月、『大久保で味わうアジアの食文化――おいしい〝まち〟ガイド』(以後『まちガイド』)の名で「エスノ・ガイドマップ」が発行されることとなった。「中心地区」のエスニック・レストランや食材店を中心に、合計二四店舗の位置がマッピングされ、簡単な紹介文が付けられている。これは大久保を対象とした社会地図作成の先駆けであり、当時の状況を知る上で貴重な資料となっている。初版は三〇〇〇部であり、各取材協力店のほか、新宿区国際交流協会を通じて関係団体へと配布された。翌九五年一月の定例会では三〇〇〇部から五〇〇〇部の増刷が検討された。

「まちガイド」という一つの到達点を迎えた後、一九九五年一月から三月にかけて、過去三年間の活動を総括する作業が行われた。これは『新しい「共住」の形を求めて』という冊子にまとめられている。そして九五年の末、同時期に他の活動団体の代表を引き受けていたFさんは、後任としてYさんを推薦し代表を退いた。強いリーダーシップをとる人ではなく、「「かすがい」になってくれる人がよかったから」と後にFさんは語っている。(11)

Yさんは、FさんやK夫妻のように市民活動を続けてきたわけでもなければ、Cさんや「まち居住研究会」のように、調査研究を行ってきたわけでもなかった。一人の新宿区民として、講習会に関心を持って参加し、「共住懇」の発足にいわば「巻き込まれた」のである。しかし結果として、一九九五年以来二〇年以上に渡って代表を務め、初期の「担い手」たちが去った後にも、「共住懇」の全ての活動に参加し続けた、ただ一人の人物である。Yさんはなぜ、「共住懇」と大久保に関わり続けるのだろうか。「共住懇」のその後の活動の展開を記述するにあたって、まずはYさんの個人史を記しておきたい。

代表の交代――Yさんの水脈

Yさんは、西新宿に住む六〇代の男性である（二〇一五年当時）。九二年の「共住懇」発足に居合わせ、九五年以降ずっと代表を務めてきた。「共住懇」への取材や、外部からのセミナー講師の依頼を引き受けるのはYさんであり、その謝礼は全て「共住懇」の活動費へまわしている。現在の「共住懇」の収入源である大久保の「まち歩き」ガイドも、ほとんどの場合Yさんが案内人を引き受ける。Yさんは二五年以上「共住懇」の土台であり続けてきた。そしてYさんにとっても、「共住懇」は欠くべからざる居場所となっていった。

そんなYさんの話のなかに、繰りかえし現れる出来事の記憶がある。それは、Yさんが子どもの頃から暮らしてきた西新宿の再開発の記憶である。西新宿は現在、都庁舎を中心とした高層ビル街となっているが、Yさんは、かつて西新宿は職人、大工、左官業のまちであり、商店や住宅が並び、「大久保よりも下町っぽかった」と話す(12)。しかし一九六〇年代には、副都心開発計画による道路拡張工事が行われ、Yさんが子どもの頃に暮らしていた場所には、現在は都道一二号線が通っているという。

「一二号線は祖父母の家だったんですけどね、そこによく行っていたというか。とにかくコミュニティの半分が削られたんですよ、六〇年代後半の開発で。昭和四八から五〇年くらいかな。それで近いところに移りたんです。六車線×五〇〇メートルくらいの範囲が無くなったんですよ。それで出て行った人たちがかなりいます。そこから次に八〇年代の地上げがあって、さらに半分になって、人口流出が続きました(13)」

Yさんが語るように、一九八〇年代に入ると、今度は副都心開発計画と歩みを合わせた民間資本による「地上げ」が行われ、大規模な再開発の結果、住宅も商店街も失われた。当時の状況についてYさんは、「想像できます？　数百メートル四方が一気に無くなるんですよ？」と語る(14)。その当時、町内会を主体とする反対運動はあったが、巨大資本の力の前には無力だったという。Yさんは次のように語る。

「地上げは大金を積んでくる。一坪一〇〇〇万円で売ってくれと言ってくる。それを断ると、一週間後にまたやってきて、一坪一三〇〇万円でと言ってくる。こうして地域単位で開発され、コミュニティが破壊される。町内会は大きな変化には対応できない。将来設計ができていないから。最初は反対していたのに、マンションができたらできたで、町会費をどうやって徴収するか考えている。バカじゃないのって。コミュニティの成熟度・達成度には、賞味期限があるのではないか。今の町内会に、四〇、五〇年前の問題意識が残っているのか？　その一方で、現実的課題に立ち向かっていく力があるのか(15)」

地域で生活する個々人の力が、「地域コミュニティ」を支えるはずの町内会の力が、巨大資本による再開発の前でいかに無力なのかということを、Yさんは身を持って知った。そのことの無念さが、次の語りに現れている。

「今ある町内会には地域をまとめる力は無い。自分のまちが一〇〇メートル単位で潰されたとき、町内会は全く無力だった。だから町内会に対しては個人的な失望感がある。現実はそんなに甘くない。町内会が歯止めにはならない(16)」

こうしてかつての西新宿の風景は失われた。そして風景ばかりではなく、そこで生活する人々の姿、商売を営む人々の姿、培ってきた人々の社会関係もまた失われた。Yさんの経験では、そこで生活している人たちは、地域の危機について案外気がつかないものだという。「コミュニティが語られる時はいつも過去形だ〔…〕それが無くなってからなんですよね、それじゃ遅いのに」とYさんは話す[17]。大久保にも同じ様な危機が起こりうる要素があると、Yさんは考えている。「もしエスニック要素がなくなったら、商店街だってそんなに無いだろう」とYさんは話す[18]。

Yさんは失われた西新宿への郷愁を語る一方で、街並が変貌していくことについて否定するわけではない。Yさんは、度重なる開発と用地買収、そのなかで「生き延びてきた」経験から、次のような認識を持つようになったと話す。

「Fさんは、どこか不変的なものを求めているところがあるんですが、私は変わっていくのが当たり前と思うんですよね。それは生活感覚から来るものなんだと思うんですけど。成長と共に変わっていく町でしたから。だって昔は地面の上に住んでた人が、今は十何階のビルの上にいるんですから。少なくとも、一〇年単位で変わっていくのはしょうがないことだという感覚があります。子どもの時住んでた家は今道路ですからね……[19]」

しかし、その様に語るYさんは、「共住懇」の活動の他にも、地元である西新宿の「祭」運営に精力的に関わっている。そのことについて、筆者はこう訊ねた。

「「変わっていくのが当たり前」という一方で、Ｙさんは地元の「祭」などにも関わっていて、どこかに変わらないものを探したいという想いがあるのかなと思うのですが[20]」

すると、Ｙさんは次のように答えた。

「うん、感傷的なことですけどね。あの辺りの人たちは旧淀橋浄水場の記憶があるんですよ。本当は地元のおじいさんたちに話を聞きたいんですけどね、なかなか動く時間がなくて。共通の過去を持つ人たちの繫がりはどうなっているのか、それから全く新しく来た人たちと繫がれるのか、どうなのかってことを考えますよね。繫げていく仕掛けとしての「祭」と考えています[21]」

Ｙさんが住んでいる西新宿六丁目では現在も開発が進み、Ｙさんの家の隣には、五〇階建て八〇〇戸の巨大マンションが建てられた。しかしかつての再開発とは異なるところがある。取り壊し予定地の住民たちの多くがそのマンションに移住することになったのだ。筆者が「まちは壊れても、人は残ったんですね」と言うと、Ｙさんは「それに少しは貢献できたかなと思っていますけどね」と話した[22]。「共通の過去を持つ人たち」と「新しく来た人たち」との関係性というモチーフは、大久保と西新宿とを往復するなかで生み出されてきた、Ｙさんの新たな問題意識であった。

Ｙさんの活動の背景には、自身が住んでいる西新宿の再開発の記憶と経験が存在している。そしてその記憶と経験は、Ｙさんの現在の問題意識の不可欠な要素となっている。Ｙさんにとって大久保は、開発される前の自分の街の風景を残す場所であった。しかし現在の大久保を見るとき、参照されるのは自身の記憶の風景、開発によって「数百メートル四方が一気に無くなる」光景である。大久保に古くから住む人々が持つ「故郷の喪失」の体験をYさんは持ちつつも、そうした変化を「変わっていくのが当たり前」であるとひとまずは受け入れる。いや受け入れざるをえない。そして大久保に「エスニック要素」が無ければ同じような風景になるかもしれないと、Yさんは想像する。「多民族・多文化の街」としての大久保は、自身が失った西新宿とは異なるかたちでの、もう一つの街のあり方を映し出していた。

第二節　「共住懇」の展開

第二期　「調査集団」としての「共住懇」、一九九五 - 九九年

大久保および周辺地区の住民と、多様な市民活動の「担い手」たち、研究者たちなどが結集して立ち上げ、勉強会から地域調査へと乗り出した「共住懇」は、その後もエスニック・レストラン調査を継続的に行い、九六年、九九年、二〇〇一年に『まちガイド』の改訂版が発行された。この調査は、当時の大久保の文脈においてどのような意味を持っていたのだろうか。九四年版には「ご案内」として、以下の文章が掲載されている。

> 私たちが住む「大久保のまち」は、数多くの食文化が体験できるユニークなところです。とりわけ、東アジア、東南アジア地域の人たちによって経営されているレストランや雑貨・食材店などがまちのなかに沢山あります。〔…〕食事を通して、親しく異文化交流が行えるスタート地点の一つになるよう、このガイドマップを作成しました。[23]

ここには、「大久保のまち」を「数多くの食文化が体験できるユニークなところ」として積極的に描き出そうとする意志が浮かび上がっている。エスニック・レストラン調査には外国人の生活を知るという調査目的だけでなく、「外国人売買春と暴力団の街」として語られ「危険な街」としての心象を持たれる大久保に、積極的な価値を見出し伝えるもう一つの目的があった。「外国人」排除の動きとそれを招く表象への対抗という活動の要素は、発足当初から一貫して継続していたと見てよいだろう。

ただし活動の対抗的要素は、当初の活動をリードしたFさんやKさんによって意識されていたことは間違いないが、「共住懇」の主要な部分ではない。当時の「共住懇」の「担い手」たち、とりわけその「中核」を担っていた人たちは、対抗的要素を全面的に打ち出すことはせず、より柔らかく、新たな参加者を呼び込めるような「井戸端会議的」[24]な活動形態に徹した。『まちガイド』作成に関わった「担い手」たちも、単一の目的のためではなく、それぞれの関心によって参加したのであり、現在も「共住懇」に参加する人たちが当時の活動を振り返るとき、一軒一軒エスニック・レストランを訪ね、食事を楽しみながら、そこで働く外国人たちと出会い話を聴いたこと、その「楽しさ」が全面に押し出される。彼／彼女たちに共有されていたのは、大久保に対する「多民族・多文化の街」という心象、そこに積極的な価値を見いだそうとする意志であった。

一九九五年以降の「共住懇」の活動は、エスニック・レストラン調査に留まらず、新たな方向へと展開していった。『まちガイド』は当初エスニック・レストランのみを対象としていたが、二〇〇一年度版では「なぜ日本人の店は掲載しないのか」という商店街からの意見を受けて日本人の商店も掲載されることとなった。しかし「共住懇」活動への、大久保の住民や商店主の参加は限定的であった。Yさんによれば、『まちガイド』の発行に対して、大久保の「内」からの反響はほとんど無かったという。Yさんは、当時中央大学奥田ゼミ生であった白岩砂紀が九五年に行ったインタビューで、次のように語っている。

「『おいしい〝まち〟ガイド』の制作という形で、地域に本当に何か貢献したのか。反省点も多い。これについては反響が大きかったが、残念ながら外部の方々からばかりで、地元の人の声は全く聞けなかった。実はもっと反対の声が聞けると思ったのだが、はっきり言ってしまえば、無視されたのだろうか」（白岩 1995: 111）

『まちガイド』に対する「地元の人」からの反応がいまひとつだったこと、批判も含めて反響が無かったことで、新たな活動の方向性を模索していた「共住懇」は、一九九六年一一月にミニ・シンポジウム「本音で語ろう！大久保のまちと人——あなたは隣人についてどれほどご存知ですか？」を開催する。[25] この時の協力団体には、「まち居住研究会」やCさんの「団体G」の名前があがっている。スタッフの欄には、「共住懇メンバー」としてFさん、Yさん、K夫妻、Cさん、「まち居住研究会」のIさんのほか、あわせて一六名の名前があがっている。

パネラーには、大久保通りにあるT教会の牧師や、焼き肉屋経営者の在日コリアンの女性、『まちガイド』発行に協力した新宿区国際交流協会事務局長の男性、小学校で講師を務めたネパール人の女性が招かれた。五〇名以上の来場者のうち、半数を大久保の住民が占め、率直な意見交換がなされた。当時の「共住懇」がこれだけの動員力を持ちえたのは、CさんやK夫妻をはじめとして、大久保で長く活動を続けてきた「担い手」たちによるものであった。

「ミニ・シンポジウム」の後も、九七年一一月から九八年一月にかけては、「もっと知りたい私たちの隣人」という連続セミナーが開かれた。[26] これは当初の勉強会の延長線上にある企画であり、毎回、エスニック・レストランの経営者をゲストスピーカーとして招いていた。同時進行していたエスニック・レストラン調査の内容を、より掘り下げたものであった。これらの活動形態は、基本的には「第一期」に形成されたものであった。

新たな形態への転機となったのは、九九年八月の多文化コミュニケーション誌「おおくぼ／ＯＫＵＢＯ」（以後「おおくぼ」）の発行である。これは九七年ごろに「共住懇」に加わった、Ｓさんの提案によるものである。Ｓさんは大久保で印刷所を経営する女性で、九五年一月、阪神淡路大震災の直後に神戸市長田区に印刷機を持ち込み、ボランティアたちの協力を受けながら、生活情報を伝える日刊新聞「ディリーニーズ」を発行した経験を持つ。神戸から帰ってきてしばらく絶った頃、たまたま入店した韓国料理店で「共住懇」のパンフレットを手に取り、それがきっかけとなって活動に参加するようになった。そして「おおくぼ」を始め、これ以降の「共住懇」の刊行物は全てＳさんの印刷所で発行された。

九九年八月に発行された「おおくぼ」No.0（創刊準備号）に、Ｓさんは以下の文章を寄せている。やや長いが、「おおくぼ」発行の背景を捉えるため引用する。

> このまちが好き。だから……
>
> 大久保にきたきっかけは、少し仕事をセーブして、ゆっくり生活したいなと、いろいろ物件を探している時だった。
>
> ゆったりとしたなかにも雰囲気のある店がまえ、そして古さと新しさが入りまじったような、何ともいえない解放感だったように思う。
>
> 今ほどではないにしても、民族衣装でまちを歩いている人もチラホラみかけた。そして、住みはじめて一九年になる。
>
> 現在、目まぐるしく変わってゆくまちの姿をみていると、複雑な気持ちでいっぱいになる。なぜかというと九六年に起きた阪神・淡路大震災の時、被災地で「ディリーニーズ」を出していた私は、神戸とのかかわ

> りのなかで、このまちを見直すようになっていたからだ。〔…〕
>
> 何かこのまちで、私にできることはないかと考えていた時に、事務所のある道の曲がり角にあったお店がゲームセンターに変わってしまったのだ、すごいショックをうけた。
>
> それと、新聞や何かで、大久保というとこわいところという印象を与えられることにも腹が立っていた。私は、親代々の店を大事に育て必死に守ろうと頑張っている商店街も好きだし、エスニック料理も大好きだから、何とか共生できたらいいなとそんな思いを込めて、タウン紙を作ろうと思い、共住懇のメンバーに相談してこの創刊準備号を発行することになったのだ。
>
> そして、古さと新しさの混在するまち大久保。活気ある明るいまち大久保。外国まで出かけなくてもおいしいものが味わえるまち大久保。
>
> そんな〝まちづくり〟をつくるきっかけになればという願いを込めて。[27]

Sさんが大久保に移住してきたのは、八〇年のことであった。バブル期の地価高騰や新来外国人たちの急激な流入が始まる少し前、商店街は戦後移住者二世へと代替わりが進み、「連れ込み宿」の建設ピークはとうに過ぎて衰退に向かい、西新宿の再開発の「波」が少しずつ大久保に到達し始めていた、そんな「凪」の時期であった。大都市・東京のインナーエリアとして成熟し、常に人口が入れ替わりつつも、それを常態として落ち着く、そんな街の風景がSさんには「解放感」として体験されていた。

外国人住民が増加し、エスニック・ビジネスが展開しても、こうした「解放感」をSさんは持ち続けてきた。変わっていく風景に「ショック」を受けながらも、「親代々の店からなる商店街」と「エスニック・レストランの街」という二つの心象は、Sさんのなかで対立せず重なりあっていた。Sさんが「おおくぼ」発行を提案した背景には、こうした大久保に対する積極的な評価と、「こわいところ」という表象に対する反発心があった。

「おおくぼ」発行の背景には、エスニック・レストランの急増により、自前の調査では大久保全体を把握するのが困難になってきていたという事情もあった。このような状況のなかで、「外国人」について考えるだけでなく「日本人／外国人」を含めた大久保全体について考えようという視点が生まれた。Sさんの「〝まちづくり〟をつくるきっかけになれば」という言葉からも、その視点が伺える。このことについてYさんは次のように語っている。

「いわゆる「外国人」だけを見ているのではなくて、地域全体としてどうなのかっていうことですよね。地域全体としてどうなんだってことは、当然日本人の生活にも目を向けるってことですよ。それで、見開き四ページの構成の中から、いわゆる「外国人」サイドと、「日本人」目線というのと、両方の記事を、二本立てでやってみようってことになったんですね[28]」

こうして「共住懇」の活動はさらなる展開をみせた。この頃には、活動の中心となる「担い手」は次第に入れ替わっていった。「おおくぼ」の取材スタッフ・編集委員の名前には、当初見られなかった人たちの名前が登場し始め、その一方で、これまで中心的に活動に参加してきたK夫妻やCさんをはじめとして、発足当初の会員たちの名前は登場しなくなっていく。それに変わって中心的に活動を支えたのは、大久保で建築事務所を経営する男性、Eさんであった。Eさんは住民として大久保地区協議会にも参加し、「共住懇」と大久保の諸組織・集団との協力関係を築いていった。

Yさんが「地域全体」と語ったこと、この時期に初期の「担い手」たちが去ったことの背景には、大久保の状況の変化もあった。八〇年代後半からの外国人住民の急増はその後、大久保の人口構成において一定の割合を占め続けるという状態で「定着」した。個人としては入れ替わりつつも、留学生や外国人労働者たちが住み続け、あるいは通学・通勤し続け、彼／彼女たちなしには商売が成り立たないという状況になりつつあった。そして並行して、賃貸契約における「外国人差別」も、次第に薄らいでいった。エスニック・レストランも「中心地区」に集中的に展開し、まもなく「韓流ブーム」がやってくる、その直前の時期であった。また「環境浄化運動」は町内会、旅館組合、新宿区の連携と警察力の介入によってすでに一定の成果を収め、もはや九〇年代初頭の様な状況ではなくなっていた。

すなわち、九〇年代初頭の、外国人住民の急増による大久保の混乱期に、ある種の対抗的要素を内包しつつ発足した「共住懇」は、その役割を終えたのであった。そして当初の活動の中心となった「担い手」たちは、各々が継続してきた活動へと戻っていった。

これからやってくるのは、住民の高齢化であり、バブル期以降の小売規制緩和を最大の要因とする商店街の衰退という「地域全体」の問題であった。活動の「担い手」の入れ替わりによって、また大久保の状況の変化に呼応して、「共住懇」の活動形態もまた変わっていった。二〇〇〇年以降の「共住懇」の展開を記述するにあたって、その中心人物であるＳさんの個人史を記しておきたい。筆者が調査を始めた二〇〇七年頃から二〇二二年現在まで「共住懇」を実質的に支えていたのはＳさんであった。「共住懇」事務所はＳさんの印刷所内に置かれ、発行物の全てはＳさんによって印刷される。その一方で、すでに子どもは独立し、大久保に一人で暮らすＳさんにとっても、「共住懇」は大久保で活動するための欠くべからざる居場所となっていった。Ｓさんはなぜ、「共住懇」に参加するようになったのだろうか。そして彼女の加入は「共住懇」に何をもたらしたのだろうか。

震災の経験——Sさんの水脈

Sさんは一九四一年、茨城県大洗に生まれた。一九歳で印刷会社に務め、六五年、二四歳の時に独立して印刷会社を起業すると、「反体制側」の印刷屋として「左翼活動家」の印刷を引き受けるようになったという。「日本共産党以外で、左翼の印刷をはじめたのはたぶん私が初めてじゃないか？」とSさんは言う[29]。こうしてSさんの人脈は、運動団体や市民団体を中心に、印刷の仕事を通じて広がっていった。

その後は新宿を中心に営業を展開し、大久保に移住してきたのは八〇年頃である。やがて運動・活動の手伝いだけでなく、自身も積極的にその「担い手」となっていった。八三年に「ピースボート」の立ち上げに関わると、古くなった印刷機をフィリピンの運動家に送ったり、印刷機の部品を持って現地へ飛び、技術を教えるといった活動をはじめた。

Sさんが「共住懇」の活動に参加するきっかけとなったのは、九五年の阪神淡路大震災であった。当時、報道されるニュースが生活に必要な情報ではないことに違和感を持ったSさんは、友人の薦めもあって印刷機を持って現地へ行くことを考えた。「ピースボート」に連絡を取ってボランティアを集め、震災から一週間後には神戸市長田区で活動を始めていた。現地での取材を通じて生活情報を集め、手書きで原稿をつくり、持参した印刷機で発行したのが日刊新聞「ディリーニーズ」である。ボランティアたちの手によって配布され、最大一万部発行されたという。はじめの一ヶ月ほど現地に留まり、その後も物資を持って三ヶ月間ほど通ったという。

そしてこの経験がきっかけとなって、Sさんは「共住懇」の活動に参加するようになる。当時のことをSさんは次のように振り返っている。

「大久保に帰ってきて、街の細い路地、外国人……神戸どころじゃないぞ、と思った。想像を絶する被害になる。たまたま入った韓国料理店で「共住懇」のパンフレットを見つけ、「これだ!!」と思った。その後のシンポジウムで「お祭りやりたい」と言った。「共住懇」との関わりがなければ、街とは関わらなかっただろう(30)」

Fさんと同じように、「よそ」の地域での活動を通じて、自身の生活する大久保への問題意識が芽生えた。Sさんが提案した「祭」は、その後「ＯＫＵＢＯアジアの祭」として実現することとなる（第Ⅱ部）。Sさんが「祭」を提案したのは単に楽しみのためではない。震災後の復興過程をその目で見てきたSさんは、都市行政が機能不全に陥った状況下において最終的に力を発揮するものが何なのかを、身を持って知ったのである。それは住民同士の日常的な社会関係であった。「近隣」の人たちが知り合い、協力関係を結ぶことが、Sさんが「祭」に込めた理念であり、Sさんが「共住懇」の活動を続ける理由である。

「近隣」の繋がりを重視するSさんは、しかし一方で、町内会や商店街などの既成組織に対しては手厳しい。「町内会の防災訓練も行ってきたけど、あんなの役に立たない」とSさんは言う(31)。しかしこの背景には、長く「共住懇」の活動を続けてきているのに「防災」に向けての取り組みがなかなか進まないということへの苛立ちがある。Sさんはまた、大久保の「多民族・多文化」状況について、「地元の人たちは、建前では「それは良いことだ」と言っているが、本音では嫌なんだ。その固さをくずしていきたい」とも話す(32)。

大久保の現状について、Sさんは「シャッター街にならない悲劇」と表現することがある。商店を閉めても空きテナントはエスニック・ビジネスで埋まり、その家賃収入で生活できるため危機感を持ち得ないのだと、Sさんは言う。大久保を捉えるとき、Sさんが参照しているのは、自身が移住してきた一九八〇年代の「親代々の店からなる商店街」と「エスニック・レストランの街」が併存していた風景であり、震災後の神戸におけるインナーエリアの風景であった。そしてＳさんがもたらした「防災」という理念は、「共住懇」の現在の理念である「二つの柱」の一つとなった。

第三期 「メディア」としての「共住懇」、二〇〇〇‐〇七年

二〇〇〇年以降の数年間は、「共住懇」の活動が最も幅広く展開した時期だった。この頃、複数の「担い手」が活動を支えていたことが機関誌「おおくぼ」から読みとれる。編集後記には、Ｙさん、Ｓさん、Ｅさんを含め、常に五、六人の名前があった。中央大学奥田ゼミの学生も、一時期「共住懇」に在籍し「おおくぼ」の記事を執筆していた。「おおくぼ」は当時一万部以上の印刷部数に達し、新聞の折込みや地域センター、「担い手」たちと個人的な交流のある商店や飲食店などで配布していた。その費用は広告費によって賄われ、二〇〇六年に休刊されるまでに計三三号が発行された。

　この時期の活動の中心を担ったのは、阪神淡路大震災の復興過程に関わった二人の人物であった。一人はすでに登場したＳさんである。そして二人目は、この時期に「共住懇」の会員となった、ドキュメンタリー映画監督、Ａさんである。彼が映画監督としての活動を始めたのは七〇年代の初頭であり、成田闘争に関する記録映像が最初の作品であった。九五年には震災後の神戸に入り、その後五年以上に渡って継続的に撮影を続け、復興過程の記録作品を生み出していった。Ａさんの住居は新宿区外であり、「共住懇」に関わるようになった時期は、神戸での映像記録が一区切り着いた頃であった。同時期に神戸で活動していたＳさんと直接の交流はなかったが、新宿から大久保界隈の飲食店には以前から通っており、次の活動場所を探しているうちに、自身が記録してきた場所と同じくインナーエリアである大久保に引き寄せられたのであった。Ａさんは、Ｓさんと同じように、大久保に震災後の神戸のインナーエリアの風景を見いだしていた。

二〇〇〇年の末、Yさんの元にAさんから「映像祭」の企画が持ち込まれ、翌二〇〇一年三月に「第一回復興とまち映像祭～インターコミュニティの可能性～」として二日間にわたって開催された[33]。この「映像祭」以降、Aさんも「共住懇」の活動に加わり、「担い手」はさらに充実していった。

以前からSさんと付き合いのあったルポライターの男性の存在も大きかった。八三年、「ピースボート」第一回目の船の中で知り合い、九五年にSさんが印刷機を持って神戸へ向かうことになったのは、この男性の薦めがきっかけであったという。「おおくぼ」No. 1（一九九九年一一月一一日発行）からNo. 12（二〇〇二年一月二〇日発行）まで連載記事を書いており、彼もまたこの時期の「共住懇」の「担い手」の一人であった。

二〇〇一年の暮れ、宴会の席で、Yさん、Sさん、Aさんらとの間で、「共住懇」の事務所を開設しようというアイディアが浮かび上がってきた。そして翌二〇〇二年には、Eさんら会員たちの支えによって「共住懇」事務所を開設し、それまで略称であった「共住懇」が正式名称となった。「共住懇」が正式名称となったのは、「外国人とともに住む」という当初の理念だけでなく、「防災」をはじめとして「地域全体」を捉える視点が加わったことによる。またこの少し前の時期、一九九五年に神戸で設立された「外国人地震情報センター」が「多文化共生センター」へと発展し、「多文化共生」という言葉が広く流通するようになっていった。Yさんはこれを契機として、自分たちの活動を説明する「多文化共生」という概念を獲得したという[34]。現在の活動理念の「二つの柱」の文言は、この時期に形成されたといえる。

二〇〇二年の六月と一〇月には、「おおくぼ寄席」「おおくぼ芝居」というこれまでの活動からは一線を画す二つの企画が開催された。これらの企画では、大久保の「内」だけでなく「外」へのアピールも目的とされており、各社新聞にも記事が掲載された[35]。Yさんは、この時期の活動について「風通しをよくすることと、イベント的な要素」を考えたと、後に振り返っている[36]。この一連の活動の企画・運営の中心となったのは、Aさんであった。

こうした企画の焦点となっていたのは、「多民族・多文化の街」としての大久保であった。例えば「おおくぼ芝居」には、当時の「大久保・百人町」を舞台に「日本人探偵ヤクモ」「中国人のリリー」「マレーシア人のグロリア」「インドネシア人研修生ジョニー」「自転車屋の親父イサク」「キムチ売りのアジュマ」「韓国人青年スギル」「ホームレスのエトー」などの様々な人物が登場する。[37] 企画名の「おおくぼ」とは、単なる地理空間の名称ではなく、「多民族・多文化の街」の象徴であった。

二〇〇〇年代初頭、「中心地区」南側の職安通りや、そこから南北に走る路地に韓国系ビジネスが集積し、「コリアンタウン」と呼称される状況になっていた。二〇〇二年の日韓ワールドカップ、二〇〇四年の「冬のソナタ」の日本での放送を経て、「(第一次)韓流ブーム」に沸いていたこの時期、「共住懇」が「多民族・多文化の街」としての大久保を「外」に向けてアピールしたことは、単一のエスニシティを強調する「コリアンタウン」表象への対抗という意志の現われであった。その意味では、発足以来の「共住懇」の基本的姿勢は、「担い手」が入れ替わっても継続していたと見なすこともできる。

しかしその一方で、大久保の「外」から人を呼び込むための企画を仕掛けることは、それまでの「共住懇」には見られない新たな活動形態であった。もちろん発足当初の勉強会には、大久保の住民だけでなく他の地域からも参加者が集まっていた。しかしその焦点となっていたのは居住空間としての大久保であり、「ミニ・シンポジウム」などの企画に呼び込もうとしていたのは近隣住民たちであった。これに対して二〇〇〇年代以降の企画には、「寄席」「芝居」など「盛り場」の要素が取り入れられていた。大久保の「外」から人々を呼び込むことの理念と、大久保の「内」の人々を巻き込むことのできる理念とは両立しうるのか。二〇〇〇年代の「共住懇」の変化は、「場所」の「内」と「外」をめぐる緊張関係を内包するものであった。「九〇年代は、みんなで一つのことに向かっていく感じだった。でも二〇〇〇年に入って変わった。九〇年代を知っている人は少し距離を置いているかも知れない」と、当時を知る会員は話す[38]。こうした変化に戸惑い、違和感を覚え、「共住懇」を脱退する者、距離をとる者たちがあったのである。

二〇〇三年には、「共住懇」のその後の展開へと繋がる二つの活動が始まった。一つは「おおくぼ学校」であり、もう一つは「新宿盆ダンス」である。後者については、翌二〇〇四年より「ＯＫＵＢＯアジアの祭」という企画へ発展していくのだが、これについては次章で述べる。「おおくぼ学校」は、ゲストスピーカーを招いて行う講座企画であり、これ以降二〇一〇年まで行われ、計四四回を数える。ゲストスピーカーたちは、「おおくぼ」の取材をはじめとする活動を通じて拡がった協力関係を通じて招かれた。その原型となったのは明らかに、発足当初から繰り返し行われてきた勉強会であった。

第一期「おおくぼ学校」は、二〇〇三年三月から一二月まで、「おおくぼ考現学」のテーマで全一〇回にわたって開催された。大久保にある保育園の園長、地域調査を行った研究者と学生たちのほか、韓国人経営者、Ｌさんも報告している。Ｌさんは、当時「おおくぼ」の韓国語への翻訳も手がけるなど、「共住懇」の活動の「担い手」であった。発足当初は「韓人会」の事務局も務め、その後も「共住懇」との橋渡し役を引き受けていた。

その他の報告者として、前代表のＦさんの名前も登場している。Ｆさんはその後、二〇〇八年の第六期まで、大久保の歴史をテーマに報告を続けている。Ｆさんが大久保を「多民族・多文化の街」として捉えなおそうとする際に参照するのは、明治・大正期に多様な流入層、とりわけ留学生たちや文士たちが滞在していた時期の〈移動の地層〉であった。Ｆさんはこのモチーフにこだわり続け、八年にわたる連続講座の内容は『おおくぼその界隈　歴史探究散歩』（共住懇、二〇一一年六月）としてまとめられた。

二〇〇四年四月から、八回にわたって開催された第二期「聞く・知る・味わう　おおくぼの中のアジア」では、マレーシア料理店経営者や、韓国食材店経営者、小学校ＰＴＡ役員、語学学校校長など、多彩な顔ぶれの報告となった。二〇〇五年三月から一二月まで八回開催された、第三期「アジアのＯＮＤＯ」は、その年の「ＯＫＵＢＯアジアの祭」の出演者たちが、報告と踊りの実技指導を行った。

二〇〇六年四月から九回開催された第五期「おおくぼ学校」では、大久保で治療所を経営する男性、Ｏさんの名前が初めて登場する。Ｏさんは、治療所を通じて以前からもＳさんとは交流があったが、活動の表舞台に立ったのはこの時期からである。やがてＯさんは、「アジアの祭」の重要な「担い手」の一人となっていく。

しかしこの二〇〇六年には、「共住懇」にとって二つの象徴的な出来事が起こる。一つは「おおくぼ」の休刊である。この背景には「担い手」の不足や、印刷コストの値上がりなどの要因がある。もう一つは、「おおくぼ学校」が二部構成となったことである。大久保に焦点を置いたこれまでのものと、非正規雇用の問題など普遍的なテーマを取り上げたものの二つに分かれ、順番に開催された。そして翌二〇〇七年に、この後者の視点を引き継いだものとして、Ａさんを代表とする新たな活動、「多文化学校」が始まった。Ａさんはこれを期に「共住懇」を脱退することとなった。ただしＡさんはその後も、「アジアの祭」運営には関わり続けて、またＳさんやＹさんは「多文化学校」にも参加するなど、関係性が決裂したわけでは無い。しかしいずれにせよ「共住懇」は、Ａさんという二〇〇〇年代以降の活動の原動力を失うこととなった。

第四期　「余所者」たちの結節点、二〇〇八年以降

筆者が初めて「共住懇」の活動に参加したのは二〇〇七年のことである。その頃、全ての活動に関わっていたといえるのは、Ｙさん、Ｓさん、Ｅさんの三人のみであった。この時期、会員数は入れ替わりつつも微増していたが、活動の「担い手」はむしろ減少していた。「おおくぼ」は休刊中であり、「おおくぼ学校」はＦさんの連続講座一回のみであった。翌二〇〇八年も、「おおくぼ学校」の開催は二回だけであった。これまでも「共住懇」

の活動には様々な困難が付きまとっていたのだが、活動の中心となる「担い手」たちの個人的な努力によって、何とか乗り切ってきた。しかし「担い手」の減少とともに、その困難が顕在化してきたのである。

「共住懇」の活動には、二つの大きな困難がある。組織の脆弱性という内的な問題と、大久保における周辺的位置という外的な問題である。組織の脆弱性に関して最大の問題は、活動資金の獲得である。この時期「共住懇」の活動資金は、会員からの年会費と寄付、出版物の販売による収入、大久保の「まち歩き」ガイドの収入が中心であった。しかし二〇〇九年頃の会計報告では、これらの収入を合わせても事務所の家賃分ほどにしかならず、その他の支出分は赤字であった。そしてこの赤字は「担い手」たちの「持ち出し」によって補塡されていた。

組織の脆弱性に関してはもう一つの問題を指摘できる。それは実際に活動に参加する「担い手」の入れ替わりが激しいことである。この問題については「共住懇」内部での認識はほぼ一致していた。前代表のFさんは二〇〇九年の総会において、次のように話した。

「「共住懇」はこの指とまれでやってきたが、ずっと残るものが無いのはなぜだろう？　長く続かないのはなぜ？　育っていかない。色々やってくる人はいても、自分の主軸ともう一つの軸をここに置くようにはならない[39]」

Fさんは代表を退いた後も「共住懇」の活動に関わり続けており、過ぎ去っていく者たちを眺めてきた。Sさんもまた「研究者ばっかり増えて、実際に動けるひとが来ない」と不満をもらす[40]。

しかし組織化の度合いが低いことは、活動の困難を生む一方で、新たな「担い手」が参入する「隙間」を生み出し、新たな活動が展開する機会を増やすという側面がある。こうした認識もまた「共住懇」のなかである程度は共有されていた。筆者が「共住懇」の活動に関わるようになった二〇〇七年頃は、ちょうど「担い手」が大きく不足していた時期であり、二〇〇八年以降、筆者はその空洞を埋める形で活動の「担い手」となっていった。

活動における第二の困難は、大久保の他の組織・集団との関わりのなかで、「共住懇」が周辺的な位置にあり続けている、という点に起因する。いま仮に、大久保を一つの「地域コミュニティ」と見なそう。その政治的な中心に位置するのは、町内会という「定住者」のアソシエーションである。新宿区行政にとって、町内会は「地域住民」の意見を代表する組織である。例えば第三章で記述するように、「祭」の会場として区立公園を利用しようとする際、当初は区側から利用を持ちかけられたにも関わらず、「住民側への配慮」から最終的な許可が下りないことがある。その場合、「配慮」すべき「住民」の意思とはすなわち町内会の意向である。さらに町内会の外側に、商店街振興組合が位置する。例えばある商店主は「観光地」化による深刻なトイレ不足に対応するため、建設中であった補助第七二号線脇の空地に公衆トイレを作ってもらえないかと新宿区に交渉したところ、その土地の使用は「町内会と消防団が優先」と断られたという[41]。そしてこのさらに外側に、「共住懇」などの市民グループや、「韓人会」などのエスニック・グループが位置している。こうした周辺に位置する諸組織・集団が、大久保において活動を展開し、企画を実施するための会場を確保するためには、町内会や商店街振興組合等の既成組織との協力関係を欠かすことができない。

しかし「共住懇」と既成組織との関わりは、個人的な協力関係に留まっている。町内会長や商店会長のなかには、「おおくぼ学校」への参加や「おおくぼ」の取材を受けるなど、活動に協力的な人物もいる。しかし個人的な協力関係が、組織間の協力関係として制度化されることはない。「地元の町内会や商店会のなかには、「共住懇」に協力的な人も、非協力的な人も、ぜんぜん関心のない人もいる」とYさんは話す[42]。「地域コミュニティ」における周辺的な位置づけが、特に屋外企画などの会場を確保しようとする際に、大きな障害となって立ちはだかるのである。

その一方で、周辺的な位置づけゆえに、大久保に「外」からやってくる者たちが、最初に接近しやすいとも言える。実際に、大久保に関心を持って訪れる研究者やジャーナリストの多くが、最初に連絡をしてくるのが「共住懇」である。これに対して対応し続けてきたＹさんも同様の認識を持っており、「この街について知りたいと思ったときにアクセスする入口」の役割を果たしていると話す[43]。筆者もまた、大久保で調査を始めるにあたって、まず連絡をとったのが「共住懇」であった。その周辺的な位置づけは、大久保の「内」と「外」を繋ぐ結節点ともなり得るのである。

さて、こうした二つの大きな困難を抱えつつも、二〇〇九年には三年ぶりに多文化コミュニケーション誌「ＯＫＵＢＯ[44]」の再刊と「おおくぼ学校」の再開を果たした。それを支えたのは、ＹさんとＳさんの他に、この時期に再び活動の中心へと戻ってきたＩさんと、活動の「担い手」として関わるようになった筆者、そしてＩさんが声をかけた大学院生の女性であった。

二〇〇九年七月、ＹさんとＳさんより第七期「おおくぼ学校」の叩き台が提示され、八月から一〇月にかけて開催の準備が進められた。そして一一月から翌二〇一〇年の三月にかけて、全三回の構成で「おおくぼ学校」が開催された。ゲストスピーカーを務めたのは、これまでも「おおくぼ」の取材や「映像祭」などに協力していた商店街の前会長、「共住懇」の活動に参加し「韓人会」との橋渡し役をしていた語学学校経営者のＬさん、商店街活動に積極的に関わるようになった韓国料理店経営者の男性、そして大久保通りのＴ教会に赴任してきたばかりのＳｋ牧師であった。彼らの「おおくぼ学校」への参加は、過去の活動によって築いてきた協力関係と、Ｓさんがお客として店に通い、あるいは印刷業の仕事を通じて培ってきた個人的な人脈によって実現したのである。

同時期にリニューアルされた機関誌「ＯＫＵＢＯ」の再刊記念号は、「アジアの祭」の報告記事であった。その後しばらくは「おおくぼ学校」の内容をまとめる形で発行が続いたが、二〇一一年からは百人町に焦点をおき、専門学校や合唱隊など、戦後復興期に創設された団体への取材が行われた。

二〇一一年は、東日本大震災によって一時的に留学生たちが帰国し閑散とした後、揺り戻すように急速に「観光地」化が進み、新大久保駅の乗降客数が過去最大に達した時期であった。ＹさんやＩさんの元には、「観光地・コリアンタウン」を取材するマスコミや研究者からの問い合わせが押し寄せた。こうした状況について、当時Ｉさんは次のように話していた。

「地元の人たちにとってみれば、古い店がどんどん無くなって、外国の人たちが入ってきて、「観光地」だって言われて、最近はそれがどんどん加速していってさすがに大丈夫かって。最近の動きはさすがに異常じゃない？　「観光地」という名の暴力だって思うくらいに、最近の報道はひどい。それにメディアが一番怖いのは、一度出されたイメージが、ずっと広がっていくこと[45]」

「観光地・コリアンタウン」の表象は、時には「まちづくりの成功例」として取り上げられることすらあった[46]。この時期の「ＯＫＵＢＯ」が大久保の〈移動の地層〉のうち、戦後復興期の移住者たちが築いた組織・集団を相次いで取り上げたのは、こうした状況に対して、異なる知見を示すためであった。活動の対抗的要素は引き継がれていた。

二〇一二年には、「ＯＫＵＢＯアジアの祭」と「おおくぼ学校」の延長線上にある企画として、「ＯＫＵＢＯの寄り合い」という座談会・ライブ企画が開催された。これは「共住懇」とＡさんの「多文化学校」との共同企画であり、また「アジアの祭」の「担い手」たちの一部も中心的に活動を支えた。そのテーマとなったのは、「震災後を生きる外国人住民」と「地域の居場所づくり」であった。宮城県の中国系親睦団体や、外国人のための労働組合、また大久保で活動する「外国にルーツのある子どもたち」の支援グループや、都営住宅での高齢者見守り活動グループ、そして大久保通りのT教会から、ゲストスピーカーが招かれた。

二〇一三年四月には「防災」の理念を引き継ぐ企画として、第二回の「寄り合い」が開催された。大久保および北側の戸塚地区から、学校関係者や福祉職員、町内会長、商店主を招き、二〇一一年三月一一日当時の状況について振り返る座談会となった。

二〇一二年末から二〇一三年にかけて、大久保では「反韓国・朝鮮」を標榜する「ヘイトデモ」が吹き荒れた。それに反対する「カウンターデモ」も展開し、デモの行われる日には大久保通りは騒然とした。「ヘイトデモ」が標的としたのは明らかに「コリアンタウン」という〈象徴的空間〉であった。それは二〇〇〇年代の、より正確には二〇〇〇年代末以降の「観光地・コリアンタウン」表象の拡散によってつくり出された心象であった。これは「カウンター」側にも共通しており、「日韓の友好」を訴えるチラシを手にしたタイ料理店の男性は、「言ってることは正しいんだけど、ここに俺の居場所はないね」と話した[47]。二つの「デモ」の焦点は、大久保の実態とはあまりにも隔たりがあった。

こうした状況に対して、「共住懇」は「ヘイトデモ」に明確に反対するメッセージを発信する一方、「ヘイト／カウンター」とは異なる対立軸で、活動を進めていった。新大久保商店街の各店舗への聞きとり、通称「老舗調査」である。これはIさんを介して商店街の協力を得て行われ、大久保通りで一〇年以上商売を続けている個人経営の物販店・飲食店・サービス業を対象としていた。調査の「担い手」となったのはIさん、Yさん、そして筆者であり、この結果は『大久保老舗ものがたり』[48]として、翌二〇一四年に発行された。戦前、戦後復興期、高度成長期、低成長期、それぞれの時期に創業した各店の歴史を聞きとることで、「観光地・コリアンタウン」以外の〈移動の地層〉を浮かび上がらせるとともに、業種や経営戦略によって「観光地」化への価値判断にも差異があることを示した。

この時期のもう一つの活動は、二〇一三年一一月に開催された第三回の「寄り合い」であった。「老舗調査」との連動が意図され、戦前から続いていた商店の元店主、一九九〇年代に起業した韓国系飲食店の経営者、二〇一〇年代に開店した北海道アイヌ料理店の従業員が、ゲストスピーカーとして招かれた。これもまた大久保という「場所」の複層性／多面性を表し出す試みであった。

二〇一五年以降、「共住懇」の主な活動は、ＹさんやＳさんによる「まち歩き」ガイドと、機関誌「ＯＫＵＢＯ」の不定期発行のみとなっている。二〇〇八年以降の「担い手」不足は解消されておらず、二〇年以上に渡って継続してきた「共住懇」は衰退期を迎えている。しかしＹさんやＩさんをはじめとする「担い手」たちは、それでもいい、と感じている。その後も「共住懇」は、Ｓさんの印刷所や大久保地域センターで毎月一回の定例会を続けてきた（二〇二二年現在は不定期でのオンライン開催が中心となっている）。一時はＹさんとＳさん、筆者の三人だけの事もあったし、Ｉさんをはじめ古くから「共住懇」に関わり続けてきた会員たちが集まり、近況を報告し合うこともあった。そうして小さな、しかし新しいアイディアが生まれる瞬間があり、「ＯＫＵＢＯ」の発行は続いている。大久保に関心をもった大学生たちが、時に月例会を訪れ、数ヶ月から一年の間「担い手」として関わることもあった。現在の「共住懇」は、大久保のなかで中心的な組織・集団ではないし、かつてのような市民グループの結節点でもない。しかしそれでも、大久保に関心を持つ者が訪れる「入口」、かつての活動の「担い手」たちが集まることのできる居場所、「余所者」たちの結節点であり続けている。

「共住懇」の道行き

ここまで「共住懇」の活動の展開を、四つの時期に分けてそれぞれ記述してきた。本節の終わりに、これら四つの時期からなる「共住懇」の道行きの特徴を、通時的な視点から捉えなおしておきたい。

まず着目したいのは、活動の起源である。「共住懇」が発足したのは一九九二年であるが、その背後には先行する諸活動が存在していた。発足から九五年まで代表を務めたＦさんは、「よその地域」での仕事をきっかけとして、小学校のＰＴＡ活動や新宿区主催の「国際交流」企画に参加するなかで、留学生カウンセリングの活動を始めていた。Ｆさんの他にも、「共住懇」の立ち上げから初期の活動には、六〇年代から大久保で留学生支援活動を行ってきた「団体Ａ」や、八九年から国際理解教育推進活動を行ってきた「団体Ｇ」の「担い手」たち、奥田ゼミ出身の研究者たち、同時期に調査をしていた「まち居住研究会」の面々も関わっている。組織体としての「共住懇」の起源は九二年であるが、市民活動としての「共住懇」は、複数の多様な主体とその活動の流れの一部でもある。こうした観点からすれば、九二年は活動の「起源」ではなく、一つの「合流点」であった。

第二に、歴史的に繰り返されてきた「担い手」の入れ替わりである。発足当初の「共住懇」の活動は、ゲストスピーカーを招いての勉強会や、エスニック・レストラン調査による『まちガイド』の発行を中心とするものであった。これは外国人住民の急増という当時の状況に呼応する活動であったと同時に、「担い手」となった研究者たちの問題関心もまた活動を方向づけていた。九五年に代表がＦさんからＹさんに代わり、初期の「担い手」も少しずつ入れ替わるなかで、九七年頃にＳさんが加入したことは、活動の方向性に変化をもたらした。Ｓさんの参加は、印刷屋としての知識、震災後の神戸で日刊新聞を発行したという活動の経験をもたらし、九九年には機関誌「おおくぼ」の発行が始まった。二〇〇〇年のＡさんの加入は、「映像祭」をはじめとする大久保の「外」へのアピールを志向した活動をもたらした。ＳさんとＡさんが中心になって、二〇〇四年には「ＯＫＵＢＯアジアの祭」という「交流」と「防災」を志向する企画が始まった。「担い手」の交代によって、知識と経験、そして新たな活動へのアイディアがもたらされ、「共住懇」はその理念や形態を組み替えていったのである。

第三に、「担い手」が去った後に残される資源である。二〇〇七年、Aさんは「共住懇」を脱退し、大久保を中心として「多文化学校」の活動を始めた。これはゲストスピーカーを招いた講座企画であり、外国人の労働問題や教育問題など普遍的なテーマを志向するものであったが、この起源は二〇〇三年に始まった「おおくぼ学校」であった。そしてこれらの活動形態は、九二年の「共住懇」発足当初から繰り返された勉強会を参照したものであった。また二〇一三年には、商店街振興組合の協力を得て「老舗調査」が実施され、これは翌二〇一四年に『大久保老舗ものがたり』として発行された。この調査の基礎資料となったのは、二〇〇一年版の『おいしい〝まち〟ガイド』であり、その始まりは九四年の「大久保タウン・ウォッチング」にまで遡ることができる。過去の活動によって蓄積した知識や、他の組織との協力関係は、ずっと後になって新たな活動の支えとなっている。

最後に、活動の形態や理念、「担い手」が変わっても一貫して受け継がれてきた、支配的な言説への対抗的な要素である。九〇年代初頭、暴力団の絡んだ「売買春問題」の噴出とその解消に向けた「環境浄化運動」の展開は、必ずしも外国人の排除を目指したわけではないが、街路に立つ「外国人女性」を事実上は排除する力学であった。女性支援や留学生支援の活動の流れから生まれた「共住懇」が、まだ「多文化共生」という言葉すら広まっていなかった時代に「外国人と共に住む」ことを標榜したのは、居住空間としての要素を尊重しながらも大久保という「場所」の持つ多様性を肯定しようという意志の現れであった。エスニック・レストラン調査は現状の記録に留まらず、時に「外国人」への否定的ラベリングを伴う「怖い街」「危険な街」といった表象とは異なる「場所」の要素を描き出すものであった。研究者やジャーナリストらが注目するのは「外国人集住地区」としての側面であったが、「共住懇」の活動は「多民族・多文化の街」という表象に日本人をも包摂し、機関誌「おおくぼ／ＯＫＵＢＯ」の取材・発行が続けられた。「観光地・コリアンタウン」の表象は、観光客のみならず「ヘイト／カウンター」デモ双方を引き寄せたが、「共住懇」は排除の動きには抗しながらも韓国系以外のビジネスや日本の「老舗」に着目する活動を展開した。

つまり「共住懇」の活動は、「多民族・多文化の街」という表象を中心に据えながらも、その表象の副作用をも含めて、特定の〈象徴的空間〉による「場所」の抽象化・画一化に抗い、大久保の複層性／多面性への視角を、あるいはその余地を拓こうとするものであった。眼前に広がる「多民族・多文化の街」を受け容れるための参照点として、明治・大正期の「留学生の街」「文士の街」としての大久保の〈移動の地層〉を探究し続けた、晩年のＦさんの文筆活動にもそれが象徴化されている。

「担い手」が入れ代わり、企画の名称やその目的が変わっても、過去の活動形態は繰り返し参照され、また活動によって蓄積された知識や諸組織・集団との関係性は、次なる活動の資源として用いられてきた。「場所」の複層性／多面性への感性と捉え方、そこから来る問題認識のあり方もまた、「共住懇」の活動史のなかで受け継がれた資源である。次節で捉えたいのは、こうした資源のうち、「共住懇」以外の諸組織・集団へと分流した要素である。

第三節　水脈としての「共住懇」

「夢かもしれないけど」

二〇〇九年一一月の「おおくぼ学校」では、戦後から続く大久保通りの商店主がゲストスピーカーを務め、人久保の状況について、失われた商店街の風景への郷愁を交えて語りつつ、韓国人経営者たちに既成組織への加入を訴えた[49]。その後の懇親会で、当時「共住懇」の「担い手」の一人であったOさんは、次のように話した。

「百人町でバザールをやりたいんだけどね、難しい。〔…〕どんどん寂れていっている。通りだけじゃなくて、エリアとして考えないといけない。百人町はもう専門店が全然ない。池袋の方に前住んでいたんだけど、東長崎みたいな、何でも揃う商店街にしたい。今でも、意外と路地に入ったところに名の知れた花器屋さんなんかがある[50]」

続けてOさんは、「あと一〇年かけてなんとかしますよ。反対する人もいて、話し合いにならないけど」と力強く言った。Oさんの住居は東京の郊外であるが、三〇年ほど前から百人町で治療所を経営し、施術を担当している。七六年、大久保にある鍼灸学校に入学した頃、大久保通りは「買い回りできる商店街」だったという。Fさんと同様に、Oさんの記憶には、その頃の大久保通りの風景が刻み込まれている。「長くいるとさ、雑然としてても、ここが故郷になっちゃうんだ」と彼は話す。Oさんにとっての大久保は、まずもって労働の場であるが、それでも日常的な移動を反復するなかで、大久保で働き、活動に参加するなかで、もう一つの「故郷」となった。やがて懇親会がお開きに近づくと、Oさんは次のように語った。

「商店街だって、テナント貸ししているけど、花屋は本当は花を売りたいんだ。魚屋は本当は魚を売りたいんだ。だからバザールをやりたい。工夫すればなんとかやっていけるんじゃないか。その時期はバラだけを揃えるとか。ここに来れば何でも揃うんだって。

　夢かもしれないけどさ……やっぱり自分が生きてる間に見たいですよ。これだけのものを持ってるんだから、いい街だよ。今日の最後の話にあったけど、色々資源はある、問題はそれをどう生かすかってこと。それが次の話になる。誰が、どうやるか。一一三カ国いるって言ってたっけ。だから、この街でやれれば、世界どこでもできるんだ[51]」

「おおくぼ学校」で商店主の話に刺激を受けたＯさんは、第二の「故郷」となった大久保を舞台にして、その「夢」を語った。そしてこの「夢」は、二年後、新たな「担い手」たちとの出会いによって、形をかえつつ、実現に向けての動きをみせることとなる。人が集まって話を聴くこと、酒を酌み交わしながら会話すること、そのなかで形づくられ表現される小さな願望もまた、活動によって残される資源である。

Ｏさんにまつわる出来事を、もう一つ記しておきたい。二〇一〇年八月、「共住懇」総会には、Ｆさんを始め、かつての「担い手」たちも集まり、活動方向と今後の展望について話し合う時間となった[52]。「おおくぼ学校」の再開や「ＯＫＵＢＯ」再刊など、少しずつ、「共住懇」は活気を取り戻しつつあった。

総会の後の懇親会の席でのこと、当時、単身で暮らしていたＦさんが、「こうして大勢で食事をすると美味しいわねぇ。一人で食事をしても美味しくないのよ」と話した。それを聞いたＯさんはすぐに、「月に一度ランチパーティをやりましょう。料理持ち寄りで」と提案した。そして翌月には、Ｏさんの治療所の奥にある広間で「ランチ会」が開催され、ＦさんやＳさんをはじめとして、治療所の関係者や、彼／彼女たちが声をかけた周辺住民たちが集まり、持ち寄り形式で食事を楽しんだ。「ランチ会」はこれ以後、毎月一回、続けられていった。そしてこの「ランチ会」という小さな制度もまた、後に新たな活動の資源として生かしなおされることとなる（第四章）。

「去りゆく者として、遺言のように」

二〇一〇年三月の「おおくぼ学校」の会場は、いつもの大久保地域センターではなく、大久保通りにあるＴ教会の礼拝堂であった[53]。「共住懇」関係者だけでなく、教会員たち、新宿区報の情報を見て訪れた男性など、一六名ほどが集まった。この日のゲストスピーカーを務めたのは、三〇歳の誕生日を迎えたばかりのＳｋ牧師であった。「大久保はすぐ向こうには歌舞伎町があって、イケてる店があって、牧師してなければ行ってますよ！」と冗談を交えて会場の笑いを誘い、自身が牧師になった理由、Ｔ教会の歴史について話した後、Ｓｋ牧師は次のように語った。

「ここに教会があることの意味をずっと考えています。礼拝堂って英語で言うと何だと思います？　私は大久保では chapel というのが相応しいのでは、と想っています。chapel はラテン語では capella、カッパ、マントのことを指します。つまり、覆うもの、人を包むもの、守るもの、暖めるものです。傷ついている人、外国の人、悲しんでいる人を、受け入れるために教会があります。〔…〕
　キリストの周りにも世間体の低い人たちがいました。だから、もしここにキリスト様がいたら、きっと招き入れただろうと思います。地域との関わりを持つこと、それがこの教会の役割だと思っています。教会にぜひ来てください。仏教徒でもいいし、毎週来なくてもいいです。人に打ち明けられないもの、それを覆うものが教会です。大久保通りにＴ教会があることを、どうか覚えていてください[54]」

会場からの質問に答えたあと、最後にＳｋ牧師は、一番後ろの席に座っていた年配の牧師を紹介した。五年前に釧路の教会から来た彼は、この三月で退職を迎えるという。老牧師は、痛めた喉から声を振り絞るように、ゆつくりと、静かに語った。

「田舎育ちなものですから、都会のなかにあるT教会で、地域に十分な力を持つことはできなかった。私自身が大久保のまちに溶け込んではいない。なかなか私にはできなかったということを反省している。教会というところは、結局は十字架が勝負です。しかしそれをわかってもらうのは至難の業でした。〔…〕五年間悩みながら、結局は決め手を持てなかった。そもそも「教会」という呼び方の誤解がある。頭で考えるという印象を持たれる。しかし音楽会に行くようにできたら……。〔…〕

私は田舎の人間ですから、都会の人の気持ちを汲めなかったのかもしれません。Ｓｋさんは都会の人ですから、これから活躍されるでしょう。私という重石が外れますから。自分が生まれてきてよかったと、心から言えるためにどうすればいいか、教会に来ていただけたらその答えが見つけられると自信を持って言えます。人間として生まれてきてよかったといえるために、教会に来てください。地域に貢献する教会に。教会を、大いに、タダで使ってもらいたいです。三一日に去り行くものとして、遺言のように声を残させて頂きます[55]」

そして翌二〇一一年の五月、T教会で「カフェ」企画が始まった。コーヒーと紅茶、新宿区立福祉作業所のパンが提供された。この企画の実現に向けては、Ｓｋ牧師や教会員たちだけでなく、印刷の仕事を通じて彼らと親しくなった、「共住懇」のＳさんも協力していた。Ｓｋ牧師が語った「地域との関わり」、老牧師が遺した「音楽会に行くように」訪れることのできる「地域に貢献する教会」に向けての歩みが、少しずつ、始まろうとしていた。その後、「カフェ」は隔週で月に二回ずつ継続的に行われるようになり、現在に至っている（二〇二一年以降はコロナ禍により休止）。礼拝堂ではコンサートなども行われ、教会員たちだけでなく、周辺住民も立ち寄る空間となっている。

　大久保の住民が入れ替わるように、Ｔ教会の牧師もまた数年間で交替する。彼らは潜在的な移動性を備えた人たちであり、「定住者」ではないのだが、去りゆく老牧師は自身が果たせなかった、あるべき教会の姿、その願望を、新しく赴任したＳｋ牧師に託していった。二〇一〇年三月の「おおくぼ学校」は、Ｔ教会の活動と、「共住懇」の活動とが交差する一瞬であった。そしてこの「出来事」が契機となって、二〇一一年の「アジアの祭」が生起することとなる（第四章）。

「まるで生きているよう」

　二〇〇九年の年末から翌年三月までの間、「共住懇」では「おおくぼ学校」開催などの活動と並行して、事務所の閉鎖に向けた荷物整理が進められていた。当時の事務所は、新大久保駅からほど近いオフィスビルの一室をＥさんの建築事務所と共有していた。しかしＥさんが都外へ転出することになり、「共住懇」もまたこの部屋を出ていくことになった。

　そして翌二〇一〇年三月、事務所は閉鎖された。ただし名目上はＳさんの住居が共住懇事務所の所在地となり、郵便物などの受け取り先となった。「共住懇」の事務所は、二〇〇三年の開設以来、賃貸契約更新の度に移転を繰り返しつつも、大久保に所在し続けてきた。事務所が大久保に存在することには、実務的な利便性以上に、象徴的な意味が込められていた。それは「共住懇」が周辺的な位置にあること、「余所者」としての立ち位置を自覚しつつ、大久保を焦点とする活動を続けていくための足場となるものであった。

　また大久保地区協議会に住民として参加していたＥさんが転出したことは、大久保の諸組織・集団との結びつきの一つが失われることを意味していた。二〇〇七年に開催された「おおくぼ学校」には、Eさんの地区協議会での人脈を通じて数人の近隣住民が顔を出していた。またEさんの子どもを介して親同士の結びつきもあった。Eさんの存在は、「共住懇」と諸組織・集団との結びつきだけでなく、こうした個人的な結びつきをも維持し強化するものであったが、これはEさんの転出と共に失われた。Eさんは転出後も「共住懇」の会員であり続けていたが、居住地と大久保との物理的な距離からも、これまでのように活動の中心としての役割を果たし続けることは困難となった。慢性的な「担い手」不足の問題が、顕著なかたちで噴出していた。

しかし事務所の閉鎖が決定されたのは、単にEさんが転出したためだけではない。これまでのように新たな物件に移転しなかったのは、資金不足によるところが大きかった。二〇〇九年の一一月末、Sさんからメーリングリストを通じて事務所閉鎖の相談がもちかけられた。活動を現に支える「担い手」だけでなく、「担い手」ではなくなったが連絡をとりあう会員たちからも次々にメッセージが届き、「アメーバーの様に形を変えて」「事務所がなくても出来る活動の形」が模索され、Sさんの事務所を間借りして「机一つでの継続」の可能性が探られた。こうして事務所の実質的な閉鎖が決定され、住所のみSさんの住居に残ることとなった。

前年度の二〇〇九年度の支出のうち、約半分を占めていたのは事務所家賃であった。これに対し収入は、会費、出版物売り上げ、「まち歩き」などの事業収入を合わせても赤字であり、Yさん、Sさん、Eさんが「事務所運営費」を収めることで黒字化が計られていた。言わば手弁当によるぎりぎりの運営が続いていたのである。こうした出来事を予見するように、閉鎖が決定する半年ほど前、Yさんは次のように話していた。

「もうそろそろ、私が表に出ていく時代でもないんじゃないかと思いますよ。活動っていうのは、やっぱり何らかの目的があって始まるわけで、それが達成されたら終わりになるでしょ[56]」

Ｙさんの認識の通り、歴史的な観点からみれば、二〇〇〇年代後半の「共住懇」は、その活動の盛衰に波はありつつも、明らかに衰退期に入っていた。事務所を失ったことは、「共住懇」の歴史において、ひとつの時代の終わりを示していた[57]。

その翌年、二〇一一年の暮れ、「共住懇」前代表のＦさんが亡くなった。享年七八歳であった。御通夜には、「共住懇」の会員たち、Ｓさん、Ｙさん、Ｉさん、Ｃさん、Ｅさん、Ｏさんだけでなく、懇意にしていた保育園や社会福祉協議会の人たちも列席していた。お通夜の後、「共住懇」の皆で大久保通りまで歩き、駅前の北海道料理屋でひらいた食事会では、久しぶりに集まったかつての活動の「担い手」たちと飲み交わした。「まるでＦさんが生きているようだね」と話しながら、Ｆさんを失った寂しさを紛らわすように、話し、笑いが絶えなかった。

Ｆさんが「記録映画作家協会」の仲間たちと出会い、それまで勤めていた官公庁の仕事を辞め、フリーの脚本・演出家となり、パートナーとなる男性と出会い、「まちおこし」の仕事を始め、息子を産み育て、やがてＰＴＡ活動や新宿区の企画にも関わるようになり、大久保の他の市民グループと結びつき、「共住懇」が発足した。そこに、他の活動を続けていた人々や、研究者たち、住民たちが加わって「共住懇」は黎明期を迎えた。入れ代わる「担い手」たちのなかで新たな出会いがあり、新たな活動が展開していったが、次第に「担い手」は不足し、現在「共住懇」は衰退期を迎えている。

こうした歴史のなかで、Ｆさんが、Ｙさんが、Ｓさんが、そしてある時期の活動に深く関わり離れていった「担い手」たちが築いてきた社会関係の束と相互行為の連なりが、「共住懇」という活動を形づくってきたのであり、それ自体がひとつの水脈であった。そしてこの水脈の先で、またこの水脈から分流して、あるいは他の活動の水脈と交差することによって、次なる活動が展開していった。第Ⅱ部で記述する「アジアの祭」もまた、こうした水脈のなかから湧き上がってきた、「集合的な出来事」の一つである。

第Ⅱ部　集合的な出来事

前頁写真　アジアの祭 2009 の頂点（2009 年 9 月筆者撮影）
写真　上　錦糸町河内音頭大盆踊り（2009 年 8 月筆者撮影）
写真　下　大久保まつり／百人町まつりの日 大久保通りを闊歩する人々
（2011 年 10 月筆者撮影）

第三章
分立する「祭」——「しんじゅくアジアの祭」、二〇〇八‐〇九

首都高速の高架下に、和太鼓の低音と三味線、エレキギターの音色、「音頭取り」の唄声が響く。法被姿の老人たちと若者衆、浴衣姿の女性たち、缶チューハイ片手に器用に踊る男性、小さな子どもを両手に連れて踊る母親、そのそばでピョンピョン跳ねる子ども、会社帰りなのかスーツの上着だけ脱いで鞄片手に踊るサラリーマン、おんぶ紐で赤ん坊を背中に踊る若い女性、カップル、友人同士、皆が混ざり合って踊る。高架の柱に寄り添うように、車いすの男性が踊りの輪を見守る。踊り疲れたら輪をすっと抜け、酒を呑み、また踊りの輪に戻る。初めは辿々しく踊っている人たちも、見よう見まねでついていき、いつのまにか踊れるようになる。「正しい」踊りでなくともよい。自由に跳ね、回る。

私が「何をやりたいのか、ようやくわかりました。正直、祭を見くびっていました」と言うと、Sさんは「そうだろ？　あれをやりたいんだよ！」と言って笑った。

——二〇〇九年八月二七日の日誌より、錦糸町河内音頭大盆踊りにて

第Ⅱ部では「しんじゅくアジアの祭２００９」（本章）と「ＯＫＵＢＯアジアの祭２０１１」（次章）という二つの「祭」の過程を詳細に記述・分析していくが、本節ではその前段階として、「アジアの祭」の歴史を概観していきたい。

第一節　「アジアの祭」の年代記

「祭」の前日譚

Ｓさんの目指す「祭」が、具体的に動き出したのはいつからだったのか。「アジアの祭」の起源は二〇〇一年三月に「共住懇」主催で行われた「第一回復興とまち映像祭」にさかのぼる。[1] すでに述べたように、「映像祭」は、「共住懇」に二〇〇〇年頃に加入した映画監督のＡさんが持ち込んだ企画であった。Ａさんは阪神淡路大震災後に神戸・野田北部へ通い、「人とまちの復興過程」を撮り続けてきた。「映像祭」は大久保地域センターを会場に二日間にわたって開催され、Ａさんのドキュメンタリー作品の他、一九九九年八月のトルコ大地震や同年九月の台湾大地震に関する映像が上映され、あわせてシンポジウムも開催された。

このシンポジウムには、ＡさんとＳさんの他、一九九五年にＳさんとともに日刊新聞を発行した経験をもつ神戸の「団体Ｍ」の代表や、神戸市長田区・御蔵のまちづくり協議会の相談役、大久保の商店会長などがパネラーとして参加している。二〇〇一年の「映像祭」は、「共住懇」の活動の水脈とＡさんやＳさんの活動の水脈との交差を象徴する出来事であった。

さてこのシンポジウムにおいて、Ｓさんはこう呼びかけた。

「大久保で取り組んだ多民族のテーマは思った以上に成功している。今、「多民族花見やろう！」って声を掛けているけど、問題は場所だけ。あとは、あきらめないこと」

　Aさんがさらに声を重ねる。

「そう。あとはトチ（夢中になる）やつが一人じゃ無理だけど、三人いれば何でもできる。野田北部にも御蔵にもそういう人がいたと思う」

　Aさんの言葉の背後には、震災後の神戸でふつふつと沸き立った、人々の寄り集まりの風景があった。Sさんもまた、後に「アジアの祭」パンフレットに次のようなメッセージを寄せている。

> きっかけは？
>
> 　それは一九九五年の阪神大震災がきっかけなんだよね。私が多くの友人、仲間たちと一緒に印刷機をもって神戸の被災地で「デイリィニーズ」という〝かわら版〟を出して、被災地へ届けていたときのこと。神戸の〝街〟では、ここ大久保と同じように外国から来た人たちが多く住んでいた。ただ、神戸の場合は同じ国の人同士で助け合って生きていた。
>
> 　でも、この大久保は同国人同士が固まって生きているわけではない。そう、この大久保は私的な表現をすると〝流れるまち、人々〟なんだ。ここで仕事をしたり、あるいは食事をするため、日用品・嗜好品を求めて日々やってくる人、人……。

もしこのまちに神戸並みの震災が起きたらどうなるのだろうと思った。街を歩いていると細い路地が多く消防車が入れないところもいっぱいある。神戸とよく似ている。

そしてどんどん稀薄になっている人とのつき合いも含めてさ。神戸で助かった人の話の中で、「あそこのおじいちゃんいつもこの辺に寝ているから、ここの瓦礫をどかしたらきっと生きている！」、という話を思い出した。

そこでね、お隣さんとか近所に住んでいる人同士仲良くなるきっかけ作りには何がいいかなー、と考えた時に「お祭！」と思った。

決してお祭を楽しむことだけが目的じゃないんだよね。楽しいことで知り合い、交流を深めることで緊急時に助け合うことができればいいな、って思ってるからなんだ。だって、私この街が大好きなんだもん。この街を神戸の二の舞にしたくない、なって欲しくないという思いが強いから。[2]

神戸で直接出会うことなくすれ違った、ＡさんとＳさんとの間に連帯感が生まれたのは、彼／彼女らの見た風景、そこで獲得した身体感覚に重なりがあったからであろう。震災直後に神戸市長田区へ印刷機を持って入り、日刊新聞の取材と発行活動を続けていくなかで、Ｓさんは自身の生活する大久保と「よく似た」風景に気づいた。長田も大久保も、高度成長期には木造アパートが建設され、地方から人口が流入、その後の空洞化が進むという、大都市インナーエリアに共通する歴史を重ねてきた場所だった。神戸から帰ってきたＳさんは、今度は大久保に震災「前」の神戸の風景を重ねあわせた。住民の転入／転出だけでなく、恒常的な人の移動の舞台であるインナーエリアの問題は、Ｓさんの言葉でいえば「流れるまち、人々」の「交流と防災」の問題である。「お隣さん」「近所に住んでいる人同士」に焦点を置きつつも、大久保の「外」からやってくる人々への眼差しを含みつつ、企図されたのがSさんの「祭」であった。

しかしこの後、Sさんの「多民族花見」が行われたという記録は残っていない。それでもなお、「祭」に相当する企画は様々な形態で行われてきた。それが第二章で記述してきた「おおくぼ寄席」であり、「おおくぼ芝居」である。これらの企画は大久保の「外」からも人を呼び込むことを意識したものであり、「おおくぼ」は地名としてだけではなく、「多民族・多文化の街」の象徴として用いられた。それは「外国人売買春」といった表象によってつくり出された「怖い街」という心象への、対抗戦略でもあった。

「祭がやりたい！」――「新宿盆ダンス」、二〇〇三年

そして二〇〇三年九月、「アジアの祭」の前身である「新宿盆ダンス」が開催されることとなった。この年、例年八月末に開催される「錦糸町河内音頭大盆踊り」が七月に開催され、Sさんは物足りなさを感じていた。十年来通いつめていたSさんにとって、河内音頭は「夏の終わり」の象徴だったからだ。「錦糸町河内音頭大盆踊り」で知り合った「踊りの先生」の女性、Sbさんと飲みながら話しているうちに、「このままでは夏が終わらない」と二人は思った。そこでSbさんもその一員であった「団体K」に声をかけ、大久保を舞台に河内音頭を踊るための計画が練られた。この企画の「担い手」となったのは、「共住懇」のSさん、Aさん、Yさん、Eさんと、その後も「アジアの祭」に携わることとなる「団体K」の面々であった。

さらに「韓人会」との共催が実現したことにより、職安通り沿いの韓国料理店前の駐車場を会場として使用できることになった。そして、その橋渡し役になったのは、当時「韓人会」の事務局であったLさんであった。彼は留学生として来日し、「多文化社会」をテーマとする研究会でYさんたちと知り合い、「共住懇」の活動にも協力してきた人物である。こうして築かれた個人的な人脈が、「共住懇」と「韓人会」という二つの組織の結び目

となったことで、「問題は場所」というＳさんの懸案事項もまた解消されたのだ。二〇〇一年に設立されたばかりであった「韓人会」にとっても、この「祭」は大久保という「場所」を志向する新たな試みであった。

また「韓人会」との共催は、「祭」の資金獲得の面でも大きな意味を持った。当日配布されたパンフレットへの広告提供五七件のうち、四三件を「韓人会」関係者と韓国系ビジネスが占め、裏一面にはカラー印刷で大手自動車メーカーの広告が入る。このうち「韓人会」との共催ではなくなった翌年の「ＯＫＵＢＯアジアの祭」に残ったのは、「韓人会」の代表と、「共住懇」会員であったＬさんの「韓国語学校Ｓ」の二件だけであるから、「新宿盆ダンス」における「韓人会」の存在の大きさが伺える。

当日は、「団体Ｋ」が呼び寄せた河内音頭の演奏の他に、「韓人会」が用意した「朝鮮伝統芸能」の演奏が披露された。こうして、Ｓさんの培ってきた人脈と「共住懇」が培ってきた組織的な協力関係の上に、急遽用意された「新宿盆ダンス」は開催された。そしてＳさんの思い描いた「祭」は、さらなる展開をみせていくこととなる。

「大久保通りは一本」――「ＯＫＵＢＯアジアの祭」、二〇〇四 - 二〇〇七年

二〇〇四年一〇月、第一回「ＯＫＵＢＯアジアの祭」が開催された。この時から、主催は「共住懇」ではなく「ＯＫＵＢＯアジアの祭実行委員会」となったが、その中心となった「担い手」は前年の「新宿盆ダンス」からほとんど変わっていない。「共住懇」と「団体Ｋ」という二つの団体から「担い手」が集まった。ただし両団体の主要なメンバーの全てが「祭」の「担い手」となったわけではないから、「実行委員会」への参加は組織的なものではなかった。会員制度のある「共住懇」とは異なり、「実行委員会」には明確な成員資格は存在しない。その指標は、会議に参加することや、「祭」の運営に必要な仕事を行うことなど、専ら行為の次元にある。強いて言うならば、毎回の会議には出席せずとも、同報メールを通じて議事録が送られてくることが、「実行委員

会」の「成員」であることの指標である。「実行委員会」の「担い手」であることと、「成員」であることは、ほぼ同義であるといってよい。二〇〇四年から二〇〇七年にかけての「実行委員会」は、「共住懇」と「団体K」二つの組織を基盤としつつも、諸個人が組織を越えて結集することによって、成り立っていた。

二〇〇四年の「祭」は、毎年体育の日に開催される商店街の企画、「大久保まつり」の「パレード」への参加という形で幕を開けた。大久保のメインストリート、大久保通りを河内音頭の演奏とともに西から東へと踊り歩き、そのまま明治通りを横断して、「アジアの祭」会場である都立戸山公園「すずかけの広場」へと雪崩れ込んだ。後に「共住懇」に加入し「アジアの祭」の「担い手」となる男性Oさんは、この日、大久保通りを河内音頭の演奏とともに踊り歩く人々の姿に衝撃を受けたという。そしてこの体験が「共住懇」と「祭」への参加のきっかけとなったと、Oさんは話す。

「河内音頭が流れてきて、何で大久保で河内音頭なんだ？って思ってさ、一緒に踊ったよ。その前から付き合いはあったんだけど、まぁそこからだね、今みたいに関わるようになったのは[3]」

しかし二〇〇五年の「アジアの祭」は、あいにくの雨天により、「パレード」参加も戸山公園での開催も断念せざるをえなかった。そして急遽、東新宿の専門学校の軒先で「音頭を聴く会」として開催された。二〇〇六年には再び「パレード」への参加が実現した。二〇〇四年には「大久保まつり」の範囲に限られていたのに対し、この年には「百人町まつり」の範囲まで参加範囲が拡大された。しかしこれを最後に、「パレード」への参加は実現しておらず、二〇〇七年は戸山公園を会場として開催された。

第一章で述べたように、大久保は、山手線の高架を挟んで「百人町明るい会商店街」と「新大久保商店街」の二つの商店街に分れている。そして字と町内会の境界はやや東にずれたかたちで、百人町と大久保という二つの小地域を分かつ。毎年「大久保まつり」が開催される体育の日には、百人町では「百人町まつり」が開催されているが、二つの「祭」はポスターやチラシすらも別々に作られ、交わることがない。しかしその当日の僅かな時間、一二時から一五時の三時間に行われる「パレード」だけは二つの商店街の境界を越えて、車両通行止めの大久保通りを小滝橋通りから明治通りまで、西から東へと横断する。Ｓさんは後に、二〇一一年の「アジアの祭」会場をめぐる話しあいのなかで、「百人町でやりたいというのはこだわりなんだよね。大久保通りは一本なんだということを伝えたい[4]」と話した。ＳさんやＯさんが「パレード」への参加の風景を思い出し、「祭」の願望として語るとき、その舞台となった大久保通りは、大久保を「一本」に結ぶ象徴として語られる。「もう一回「大久保まつり」でやるのが、私とＯさんの夢だからね[5]」と、Ｓさんは話す。「アジアの祭」には、旧村落の境界を資源として構成された「大久保」「百人町」という二つの〈象徴的空間〉を一つにまとめ上げるという願望が込められていたのである。

「ＯＫＵＢＯアジアの祭」の水脈

二〇〇四年から二〇〇七年まで、毎年一回行われた「ＯＫＵＢＯアジアの祭」では、河内音頭の他にも、「朝鮮伝統芸能」や「ミャンマー舞踊」「タイ舞踊」「インド舞踊」「児童虐待防止の市民団体Ｄ」「障害者自立支援団体Ｗ」の演奏など、様々な演目が披露された。出演者たちは、「共住懇」との組織的な協力関係の他に、Ｓさんが印刷業を通じて培ってきた人脈によって集められた。大久保内外から多様な出演者が参加した一方で、この四年間に出演した全一四団体のうち、「祭」に三回以上出演したものは「団体Ｄ」と「団体Ｗ」の二団体に留まっていることから、「出演」という形態での他団体との協力関係が安定的に継続してきたとは言いがたい。その協力関係はむしろ、Sさんの個人的な人脈によって維持されていた。Sさんの人脈は、各団体から印刷の仕事を引き受けることで、また各団体の企画に顔を出し交流を深めることで、成り立っていた。

他の出演団体が年度によって入れ替わる一方で、「団体K」を通じて関西から河内音頭の「音頭取り」が招待されることだけは変わらなかった。「アジアの祭」の象徴は何かと問われれば、「祭」のクライマックスに河内音頭を踊ることに他ならなかった。しかしなぜ、「流れるまち、人々」の「交流と防災」の象徴が、河内音頭なのか。Sさんは次のように記す。

> 私が河内音頭にはまったきっかけは、二〇年以上前。たまたま新聞で知った錦糸町の河内音頭の盆踊りの記事をみて一人で参加したことだった。そこで聞いた「さちこ」という曲。原爆で死んだ女の子の生涯を音頭にのせ、唄うのを聞いた。はじめてで踊り方も何も知らない私が誘われるように踊りの輪の中に入っていけた。
>
> 阿波踊り、ソーラン節などは参加するのに〝連〟を組まなければ参加できない。だけど河内音頭は誰でも、いつでも、踊りを知らなくても参加ができるのが最大の魅力だね。それと老若男女を問わず、小さな子も外国の人もすぐに輪の中に入れるのもいいんだよね。だから、みんなと仲良くなるきっかけには一番いいと思ったんだ[6]。

自分自身もまた「外」から大久保へやってきた「流れる人々」の一人であるSさんにとって、たまたま目にした記事に誘われてふらりと訪れ、「踊り方も何もしらない」ままに「踊りの輪に入っていけた」河内音頭は、目指すべき「祭」の原体験となった。「連」を組まなくても参加できる河内音頭は、諸組織・集団の垣根を越えて人々が寄り集まるという、Ｓさんの願いの象徴でもあった。印刷屋Ｓさんと映画監督Ａさんという二人の活動の水脈と、「共住懇」の大久保での活動の水脈とが交差し、またそこに新たな「担い手」が合流し、「ＯＫＵＢＯアジアの祭」が形づくられていった。

そしてこの「祭」を支えてきたのは、「共住懇」や「団体Ｋ」の組織的な協力関係や、当日結集した出演者や出店者たちだけではない。「祭」それ自体には物理的に居合わせずとも、当日パンフレットへの広告というかたちで資金を提供した人たちの存在がある。当日パンフレットの発行部数は数百部程度であり、広告を出すことは宣伝効果を目的とした行為とは言えないだろう。一口数千円の広告費は、「祭」に象徴化されたＳさんやＡさんの願望に共鳴し、あるいは「祭」の「担い手」たちとの個人的な交友関係に対して、支払われたものである。

二〇〇四年に二三件であった当日パンフレットの広告は、二〇〇七年には三二件にまで増加した。このうち大久保（大久保・百人町）に所在する広告主の数は一三件と横ばいである。ただし二〇〇六年には一九件にまで増加していることから、潜在的には大久保からの協力者は増加してきたと考えてよいだろう。四年間で最も増加したのは「実行委員会」関係者からの広告であり、これは二〇〇四年に五件であったものが二〇〇七年には一二件まで増加している。大久保通りでの「パレード」に衝撃を受けて参加するようになったＯさんをはじめ、少しずつ「実行委員会」の「担い手」を獲得していったことがわかる。

ＳさんとＡさんという新たな「担い手」、「団体Ｋ」の面々、他の組織・集団との協力関係による資源の獲得、「祭」の「担い手」たちの大久保への心象……。こうした諸要素が歴史的に交わり、「アジアの祭」の水脈を形づくってきた。しかしこの水脈は、実際にはたった一つの流れというべきものではなく、交わるとともに分かれ、時に行き詰まり、多方向の可能性を持つ、いくつもの伏流水の束であったはずだ。その水脈の湧泉の一つが、本章が記述する「しんじゅくアジアの祭」である。次節以降では、この一つの「集合的な出来事」に焦点を置き、それを構成する関係的、制度的、象徴的な諸要素がどのように噛み合って（あるいは対立して）いったのかを記述していく。

第二節　「しんじゅくアジアの祭２００９」の始動

「祭」の中止

「しんじゅくアジアの祭２００９」開催の一年前、二〇〇八年八月、「共住懇」事務所では「祭」に向けた準備が進められていた。この年は、「韓人会」との共催で「祭」を行う計画だった。これは二〇〇三年の「新宿盆ダンス」以来、五年ぶりのことである。Ｙさんの話では、「韓人会」に対し韓国大使館からの文化活動助成金が下りることになり、大久保での企画運営の実績のあった「共住懇」に、「祭」の共催が持ちかけられたのだという。その条件は「韓流祭」と「アジアの祭」とのダブルネームで開催することであった。こうして二〇〇八年の「祭」の名称は「しんじゅく韓流祭り＆アジアの祭２００８」となった。

「韓人会」とは二〇〇三年以降も協力関係が続いており、二〇〇四年から毎年開催されてきた「ＯＫＵＢＯアジアの祭」にも広告を提供し続けていた。しかし同時に、大久保という場所に焦点をおく「共住懇」と、大久保を拠点としつつも全国組織として展開を志向する「韓人会」との間には、計画当初から薄らとした隔たりがあった。「祭」の会場をめぐって、新宿区からは「地域活性化」を目的として、歌舞伎町にある大久保公園の使用許可を出してもよいという打診があったが、「韓人会」からは、新宿五丁目の空き地でやるのはどうかという提案がなされたという。「そこでやる意味については、あまり考えていないようだ」とＹさんは話した[7]。ＹさんやＳさんは、「韓流祭」共同開催に向けた取り組みを通じて、「祭」の原点にあった理念を再確認し続けていた。

その一ヶ月後、二〇〇八年九月に開催された「おおくぼ学校」で、Sさんは印刷屋としての半生を振り返った。学生運動をはじめ「活動家」の印刷を多く引き受けてきたSさんに対して、司会が「Sさんの活動には「楽しさ」が前面に出ていますよね」と言うと、Sさんはこう応えた。

「楽しいと表現はするけどね……。苦しいと捉えてもどっちでも同じだから。何も変わらなくても、続けていくしかない。楽しくやっていくしかない。諦めたら終わり。ほんのちょっとでも変わったという人がいればいい。学生運動はすぐに成果を求める。だからケンカする。「祭」もそうだけど、ちょっとくらい嫌なやつがいるとすぐ分裂する。それがダメ[8]」

SさんやYさん、「韓人会」との交渉役を務めたEさんは、「実行委員会」と「韓人会」との間に横たわる、「祭」の理念をめぐる差異を認識する一方で、なんとか協働の道を模索していた。

しかし一〇月、「しんじゅく韓流祭り&アジアの祭２００８」は急遽取りやめとなった。その経緯について、Yさんは次のように説明してくれた[9]。そもそも「韓人会」が共同開催を持ちかけてきたのは、この韓国大使館からの助成金が下りるという話がきっかけであった。しかし竹島領有をめぐる外交問題をきっかけに大使が呼び戻されるなどの流れのなかで、助成金の話は立ち消えになってしまった。また「韓人会」が目指していた職安通りでの「パレード」も、道路使用許可が下りなかったため実現不可能となった。これらの結果、「韓人会」は「韓流祭」の中止を決定することとなった。大使館からの助成金がなくとも、大久保に集積する韓国系ビジネスから協賛金を集めることもできたはずだと、Yさんは考える。しかし「韓人会」側には、予算規模を縮小しても、何とか工夫して大久保で「祭」を開催しようという発想はなかったという。Yさんは、この間の「韓人会」との協働の試みを振り返って、次のように話した。

「「韓流祭」側が、何を目指しているのかが明確でなかったことが、大きな問題の一つだった。打ち合わせは重ねていったが、彼らは大久保でのビジネス展開における販促効果を狙っていた。地元とどう関わっていくのかという姿勢が稀薄であった。このことは「共住懇」に任せていたのかもしれないが、外国人である彼らが地域とどう関わるのかという問題があった。結局、我々も距離を縮められなかった。〔…〕そもそも「韓人会」は本気で「コリアンタウン」を目指しているのか。単なるイベントやプロモーションであればどこでもよいではないか。なぜ大久保なのか。窓口となっていたLさんには、大久保へのこだわりがあって精力的に動いていた。しかし「韓人会」としてはどうなのか、どうしたいのかが見えてこない。「韓流ブーム」以降をどうするのか[10]」

協働の失敗の最大の要因は、「祭」を通じて「何を目指しているのか」「なぜ大久保なのか」という「祭」の理念をめぐる差異を、最後まで埋めきれなかったことにあった。「共住懇」と「実行委員会」にとって「祭」の中心テーマは「交流と防災」であった。しかし「韓人会」にとってのそれは、彼ら自身の「プロモーション」であったとYさんは感じていた。

「韓人会」がこだわった職安通りでの「パレード」というアイディアは、明らかに「大久保まつり」「百人町まつり」での大久保通りでの「パレード」を参照したものである。すでに述べてきたように、大久保通りは大久保のメインストリートであり、大久保を象徴する空間である。二〇〇四年と二〇〇五年の「アジアの祭」では「パレード」に参加することに成功した経験があった。しかし「韓人会」が大久保通りではなく職安通りに焦点をおいたのは、二〇〇八年当時、「コリアンタウン」と呼ばれた韓国系ビジネスの集積が職安通りとその路地を中心とするものだったためである。そもそも「実行委員会」と「韓人会」の間には、「祭」の会場となる空間――それは「祭」によって表象される〈象徴的空間〉をめぐる賭け金でもある――をめぐって、深い差異が横たわっていたのである。

ただし大久保に事務所を持つ「韓人会」は、定期的に大久保の清掃活動などに参加しており、既成組織や周辺住民との関わりを考慮していないというわけではない。二〇〇三年の「盆ダンス」に引き続き、「韓人会」側の交渉窓口となったLさんは、「韓人会」総会や「共住懇」主催のシンポジウムにおいて、全国展開を志向する「韓人会」と、大久保に焦点を置く町内会や商店街との狭間に立って声を発し続けていた。しかし組織全体としては、「なぜ大久保なのか」という問いへの答えを持ち得なかったのだ。

資金獲得という制度上の困難以上に、「祭」の理念をめぐる象徴的な差異が、「祭」の共催を断念させることとなった。そしてこの断念の背後には、もう一つの根深い問題が存在していた。それは「アジアの祭」がその後も直面し続けることになる問題、「祭」の会場をめぐる問題であった。Yさんは次のように話す。

「「アジアの祭」は大久保公園でやるつもりだったが、町内会の理解が得られなかった。新宿区の方針として、大久保公園でのイベントを推進しているはずだったのだが……。吉本興業には貸したが、我々には貸さない[11]」

大久保において、既成組織ではない新たな集団が活動を展開するのは容易なことでない。周辺的な位置に置かれた「余所者」が活動を進めていくためには、町内会や商店街振興組合などの既成組織との調整が必要となる。

人が集まることの出来る会場を確保することは、「共住懇」と「実行委員会」の活動に付いてまわってきた問題であった。

「しんじゅくアジアの祭2009」の「担い手」たち

二〇〇八年の一一月中旬、大久保通りの路地にある「共住懇」会員Oさんの「治療所O」で、「アジアの祭実行委員会」の少し早い忘年会が行われた。筆者はここで初めて「団体K」の面々と顔をあわせ、二〇〇九年の「祭」の「実行委員会」に加わることとなった。忘年会で語られた過去の「アジアの祭」の思い出、河内音頭の魅力、Yさんの地元の祭など、些細な会話のなかに、後に考察する「アジアの祭」の理念をめぐるモチーフが、すでに埋めこまれていた。しかしまずは「忘年会」という出来事の具体的な記述からはじめたい[12]。

百人町の路地裏にある「治療所O」に到着した時には、太極拳などを行うための広間に会議用の長机とパイプ椅子を出して、即席の宴会場がつくられていた。SさんとYさんの他に、中年の男性が三人いる。Yさんが出してくれたパイプ椅子に座り、グラスにビールを注いでもらう。

一分くらいの沈黙の後、「あの、自己紹介してもいいですか?」と声をかけ、立ち上がって自己紹介する。「年が明けたら「アジアの祭」のお手伝いをさせて頂きたいなと思っています」と話すと、「それは心強い」と男性の一人が言う。彼らは「団体K」の関係者、Wさん、Bさん、Tさんであった。二〇〇三年の「新宿盆ダンス」以来、「アジアの祭」を支えてきた立役者たちである。

さらに遅れて、治療所で開催されている「音頭教室」の「踊りの先生」の女性、施療を終えたOさんと娘さんが加わり、皆で寄せ鍋を囲む。Sさんが買ってきた生マッコリを空けながら、過去の「アジアの祭」の思い出を話す。

「ネコ」と呼ばれる、色々な祭に顔を出す「おじさん」の話。「でもあいつがいないと祭って感じがしないんだよな。いると邪魔なんだけど、いないと寂しい」。たしかに、と皆でゲラゲラ笑う。

話題は他の祭へと飛び、Wさんが河内音頭の魅力を力説する。「あそこのロックコンサートはだめだ、外から来たやつが盛り上がっているだけ。河内音頭のいいところは、そこら辺の人が入ってこれるところ。山谷でも舞台によじ登って歌いだすオッサンがいた。変なやつがついて来れなきゃダメ。それが祭の意味だ」

Yさんが、地元の西新宿で行われる熊野神社例大祭に参加した時の写真を見せてくれる。法被姿で提灯を持っている。写真をみたOさんが「Yさんもこういうことをするんですね、何となく外にいる印象がある。「共住懇」自体も、余所者というか」と言う。「いやー、新宿でネイティヴだ余所者だって言ったってしょうがないですよ、皆そうですし」とYさん。「いや、私だって余所者ですけどね」とOさんは応える。

やがて鍋が終わると、Sさんが「ちょっと踊ろう」と言うので、皆で机を片付けてCD音源にあわせて河内音頭を踊ることになる。「踊りの先生」の後ろについて、見よう見まねで私も踊る。「足を覚えれば踊れるのよ、そうしたら後はついてくる」

そうしているうちに時間が過ぎ、忘年会は二三時頃お開きになる。Wさんが、余った日本酒の一升瓶を手にとって私に渡し、にやりと笑う。「これでもうこの会から脱けられないからな」「なんだか手付け金みたいな……」それを見ていたYさんは、嬉しそうに「それは重い酒をもらいましたねぇ」と笑った。

こうして筆者は、はじめはSさんに引き入れられるかたちで、そして忘年会で共に鍋をつつき、踊りの輪に加わることで、二〇〇九年の「アジアの祭」の「担い手」の一人となった。会議に参加するだけでなく、一緒に食事をし、飲み、話すことを通じて、新たな「担い手」が加わっていくことは、「共住懇」においても「アジアの祭」においても、繰り返されてきた過程であった。

「中核」と「中心的な担い手」たち

この日、忘年会に集ったＳさん、Ｙさん、Ｏさん、Ｗさん、Ｂさん、Ｔさんの他に、「共住懇」のＥさん、二〇〇七年に「共住懇」を脱退していたＡさん、Ｓさんの紹介で新たに参加したＧさん、大学院生のＪさん、そして筆者を加えた一一人が、二〇〇九年の「アジアの祭」における「中心的な担い手」であった（図３‐１）。

彼らは月一回程度の会議に参加し、それぞれが「祭」開催に不可欠な仕事を受け持っていた。「実行委員会」における「中心的な担い手」たちの地位と役割は、二〇〇四年以来の「祭」運営のプロセスを経て構造化してきたものである。とりわけＳさん、Ｙさん、Ｅさん、Ａさん、Ｗさん、Ｂさん、Ｔさんの七人は、「中心的な担い手」たちのなかでも、さらに「中核」に位置していた。

Ｓさんは「アジアの祭」の発起人であり、実行委員長として象徴的にも制度的にも「実行委員会」の中心であった。Ｙさんと共に事務局を担当し、東京都への助成金申請書類の作成や、会計処理などを一手に引き受けた。また後述するように、「祭」の運営資金の収入源となる広告の大半は、Ｓさんの人脈を通じて集められてきた。さらに「祭」のチラシ、当日パンフレットなどは全て、Ｓさんの印刷所で印刷された。

ＹさんとＥさんは、「共住懇」の活動においても「中心的な担い手」であり、東京都や新宿区、地区協議会といった行政との交渉を一手に引き受けていた。また大久保付近に居住していることから、必然的に事務局関連の仕事や、「祭」のチラシ配布などの宣伝活動に携わる機会が多くなった。それ以外にも、備品の管理、当日の運搬も含めて、「中心的な担い手」たちが担当する役割の隙間を埋めるかたちで様々な雑務を引き受け、「実行委員

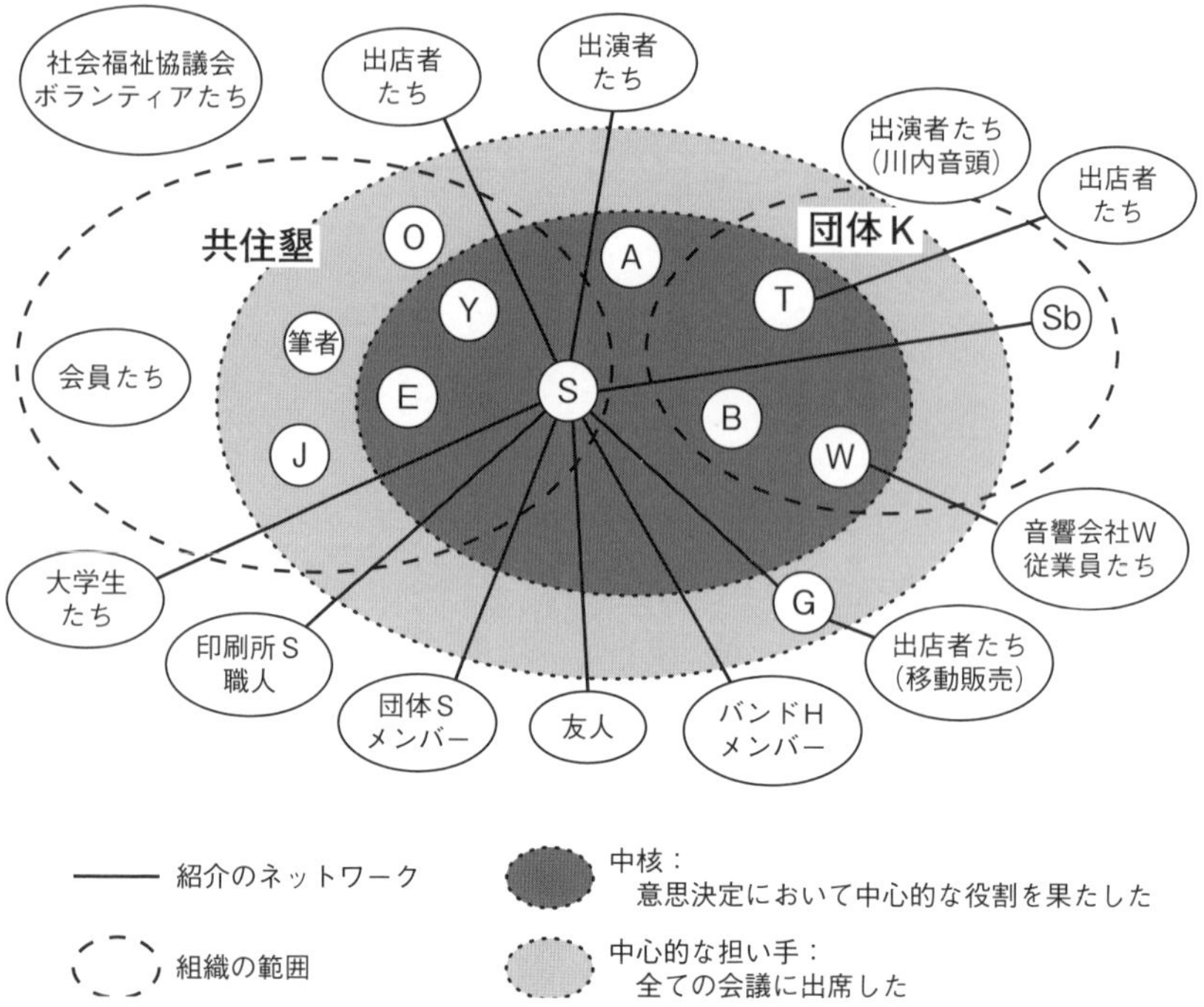

図3-1　「しんじゅくアジアの祭2009」の「担い手」たち

注：実線の円は基本的には「担い手」個人を表わすが、観察記録から追い切れなかった部分については集合的主体として表示されている。ただし記述の単位は個人（ないし諸個人）であり、組織ではないことは留意されたい。図を簡略化するため、組織内のネットワークについては省略してある。

出所：調査日誌および会議資料をもとに筆者作成。

会」の下支えをしていた。

Aさんもまた、二〇〇三年の「新宿盆ダンス」から一貫して、Sさんと共に「実行委員会」の中心であり、「実行委員会」の「中核」と言うべき人物である。すでに述べたように、そもそも「共住懇」が「祭」開催へと活動を展開したのは、SさんとAさんの加入をきっかけとしている。しかし「共住懇」を脱退した二〇〇七年頃からは、その位置取りをYさんに受け渡すかたちで、「実行委員会」への関わり方を変えつつあった。二〇〇九年の「アジアの祭」においては出演者との交渉を引き受け、毎回の会議では運営方針をめぐって厳しく発言する一方で、当日は仕事のため途中参加となった。

Wさんたち「団体K」の面々は、二〇〇三年の「盆ダンス」以来、「アジアの祭」の実質的な屋台骨をつくってきた。錦糸町での「大盆踊り」で蓄積してきた知識と経験をもとに、河内音頭の「音頭取り」グループとの交渉、音響機材の管理と設置、当日のタイムスケジュール作成など、「祭」運営のための土台となる仕事を一手に引き受けてきた。二〇〇九年の「アジアの祭」においても、「中心的な担い手」たちが一同に介した六月の会議に先立って、Yさん、Sさんを交えて打ち合わせを行い、議事録をまとめ、候補にあがっていた会場を下見し、今後の作業に必要な資料を整えていた。

すなわち「実行委員会」の「中核」は、Sさんを中心として、主に専門性の高い技術的な役割を「団体K」の面々が、行政や他の地域団体との交渉など大久保に焦点を置く役割を「共住懇」のYさんやEさんが担当するかたちで構造化していた。これは「アジアの祭」の前身である「新宿盆ダンス」の時点で成立した構造であり、その地位と役割は、他の「担い手」たちと比較して相対的に安定していた。こうした「中核」の安定性は、「中核」の担う役割が代替困難であることに起因する。例えば出演者交渉を一手に引き受けていたAさんに「祭」当日の仕事が入ったとき、舞台監督を誰にするのかで議論となったことがあった(13)。

当初、Sさんは新しく「実行委員会」に参加したGさんに任せようとしたのだが、Wさんは「ブカン（舞台監督）はかなり専門的だよ。雑多な集団と交渉して、仕切ったことあるの？」と言った。「当日パッと来てできるもんじゃない。本当にプロならできるかもしれないけど、相当できる人じゃないと、出演者を怒らせちゃったりするかも」

「祭」開催まで一ヶ月を切るという状況で、これまで出演者交渉と当日の仕切り役を引き受け続けてきたＡさんの代わりは、そう簡単に見つかるものではなかった。結局この日の会議では決まらず、最終的には、音響機材を担当し舞台関係の仕事を熟知していたＷさんが引き受けることになった。「中核」たちは「祭」の経験を重ねるなかで、運営に必要な知識と技術とを蓄積してきた。その役割は他の「担い手」が容易に代替できるものではなかった。

そしてこうした「中核」の周囲に、相対的に流動性の高い「担い手」たちが位置していた。これは年度によって参加の度合いが異なったり、新しく参加したり、離脱したりする層である。しかし彼らもまた、特定の年度においては「祭」運営に不可欠な仕事を担い、「中心的な担い手」となった。

Ｇさんは二〇〇九年に初めて「実行委員会」に参加したが、ほぼ毎回の会議に出席し、最終的には屋台出店者との交渉役となった。

Ｏさんは二〇〇六年に「共住懇」に加入し「祭」に関わるようになったが、毎回の会議に必ず出席していたわけではなかった。二〇〇九年の「祭」で初めてレクリエーション・プログラムの一部を担当することになった。

筆者もまた、毎回の会議に出席するうちに議事録を担当するようになり、大学院生のＪさんと共に、事務局の補佐を務めるようになっていった。

数年間にわたってその地位と役割が持続されてきた「中核」とは異なり、「中心的な担い手」の地位と役割は強固に構造化しているわけではない。それは年度ごとに、会議や準備作業のプロセスを経て、漸次的に構造化していく。裏を返せば、「実行委員会」は、「担い手」の入れ代わりや地位と役割の移動といった流動性を含み込んだかたちでの、緩やかな構造を持っていると言える。こうして「担い手」は「中心的な担い手」となっていく。

「周辺的な担い手」たち

そして彼ら「中心的な担い手」の他にも、彼らの知人や友人が当日の資材搬入や設営・撤収作業に駆けつけた。Ｓさんの印刷所の職人、錦糸町の「盆踊り」仲間、機関誌「ＯＫＵＢＯ」の取材に来た「共住懇」の会員、Ｏさんの治療所で「音頭教室」を開く先生たち、大久保の「路上生活者支援団体」の女性、Ｓさんの知り合いの学生たち、そして新宿区社会福祉協議会を通じて募集した一〇数名の「ボランティア」たちが、当日の作業に携わった。彼らもまた「祭」の「(周辺的な) 担い手」であった。

屋台出店者や出演者たちもまた、「祭」の「周辺的な担い手」であると言ってよいだろう。屋台出店者はキッチンカー三台の他、「共住懇」の協力団体、出演者関連の物販、二〇〇三年の「盆ダンス」以来の付き合いである「韓国料理店Ｋ」であった。出演者は、Ｓさんの妹が参加する「ちんどんバンドＨ」、「インド舞踊」、「バリ舞踊」、「タイ舞踊」など、これまでの「祭」にも出演してきたグループの他に、「八重山民謡」、「八丈太鼓」、「朝鮮民族芸能」のグループであった。

これらの出演者の大半は、Ｓさんがその印刷業の仕事を媒介にして、あるいは他の企画などで知り合い、関係を築いてきたものであった。例えば「朝鮮民族芸能」グループの出演が決まったのは、すでに「祭」の準備が進み出演者が固まりつつあった七月半ばのことであった。会議の数日前に新宿歌舞伎町のゴールデン街劇場で行われた、「朝鮮民族芸能」の代表者の単独ライブに出かけたＳさんとＡさんがその演奏に「惚れ込んで」、すぐさま出演を依頼したのである。この単独ライブのプロデュースを行っていた男性Ｎさんは、後に「アジアの祭」の「中心的な担い手」になることとなるのだが、その時のＳさんたちとの出会いについて、次のように振り返っている。

「あの時は、こんな人たちと出会えたらいいな、と思って、ゴールデン街劇場でやってたんだよ。そしたらAさんとSさんが見に来てくれてさ。「しんじゅくアジアの祭」のチラシもらって、出てくれないかって言われて。まさに自分が思い描いていたこと、やりたかったことがあるって思ったんだよ。あの時は本当に嬉しかったな[14]」

彼らを「担い手」として記すのは、単に「祭」を構成する不可欠な要素だからというだけではない。翌二〇一〇年の「アジアの祭」が、運営体制を大きく転換し、彼ら二〇〇九年の出演者とその関係者たちの手によって作り上げられていくことになったからである。二〇一〇年以降の「祭」の展開については次章で述べるが、この時期、「周辺的な担い手」から「中心的な担い手」、そして「中核」への早急な移動が行われた。つまり彼らは潜在的には「中心的な担い手」となる可能性を持っていたと言える。そしてその潜在力は、二〇〇九年の「祭」における「周辺的な担い手」としての地位において醸成されたのだ。

「担い手」たちの布置連関

ここまで記述してきた、「しんじゅくアジアの祭2009」の「担い手」たちの布置連関を図式化したものが、前掲の図3-1である。「中核」と「中心的な担い手」は、前述したように運営への参加のあり方の違いによって識別している。個人間を結ぶ実線は、誰が誰を「実行委員会」に連れてきたのかという、仲介（ないし動員）のネットワークを示している。

二〇〇九年における「祭」の「担い手」たちの布置連関は、大きく三つの特徴を持っている。第一に、「中核」および「中心的な担い手」たちのほとんど全てが、「共住懇」と「団体K」という二つの組織に包摂されていることである。とりわけ「中核」は、二〇〇四年の第一回「OKUBOアジアの祭」から、より正確には二〇〇三年の「新宿盆ダンス」からほぼ不動である。これらの特徴は、「中核」と「中心的な担い手」の地位と役割が構造的に安定していること、その一方でネットワーク構造としては相対的に閉鎖していることを表わしている。

　第二に、先ほどとは反対に、「周辺的な担い手」たちのほとんど全てが、二つの組織に包摂されていないことである。彼／彼女たちは組織的な動員によってではなく、「中核」「中心的な担い手」たちの個人的な人脈によって結集するところが大きい。これらの特徴は、「周辺的な担い手」たちを含むネットワーク構造が相対的に解放的であることを表わす一方で、その地位と役割の構造的な不安定さを表わしているとも言える。特定の個人がいなくなれば、「周辺的な担い手」たちとの協力関係も失われることとなるだろう。こうした不安定さは、出演者や出店者たちの多くが年ごとに入れ替わってきたことによっても傍証される。

　第三に、ネットワーク構造からみるSさんの特異性である。Sさんは「共住懇」と「団体K」という二つの組織を橋渡しするだけでなく、「周辺的な担い手」へと繋がる人脈の多さにも特筆すべきものがある。Sさんから派生する人脈は、「実行委員会」を中心とするネットワークの複数のクラスター（凝集）を結び合わせる、「局所ブリッジ」（Granovetter 1973=2006）の機能を果たしていたと言えるだろう。さらにSさんが二つの組織を結びあわせるだけでなく、それらの組織に包摂されないより多様かつ多数の「周辺的な担い手」を呼び込んだことで、ネットワーク構造が組織の内側に向かって閉じて断片化せずにすんだのである。Sさんを媒介としてネットワークが開かれることにより、「共住懇」単独では実現できないような規模の企画が為し得た。さらに言えば、こうした機能を果たしているのが主にSさんから派生する人脈であることから、前述したSさんの「実行委員会」における中心性もまた、傍証されるだろう。

　こうした諸特徴から、今後の論点にかかわる二つの問いを引き出しておきたい。第一に、本節で述べてきたような「担い手」たちの布置連関は、諸組織・集団の制度的な連関や「祭」の理念とどのように関係してくるのかということである。前掲の図３‐１は「中核」「中心的／周辺的」といった概念で構成された社会空間上に「担い手」たちを配置したものであるが、地理空間上に配置した場合にはまた別の様相を呈する。端的に言えば、大久保を居住または就業地とするのは、Ｓさん、Ｅさん、Ｏさんの三名のみであり、「担い手」たち全体のネットワークは地理空間的には拡散し解放的な構造を持つ。しかしその一方で、前述したように「中心的な担い手」とりわけ「中核」たちは二つの組織内に包摂されており、そのネットワークは社会空間的にはクラスターをなしている。こうした関係的位相の両義性は、制度的な連関や理念とどのように関係してくるのだろうか。

第二の問いは、「担い手」のネットワークを時間軸上で捉えた場合、どのような変動を見出せるのか、ということである。これまで述べてきた「担い手」の布置連関は、二〇〇三年の「新宿盆ダンス」以降の構造化の流れに位置づけられるとはいえ、あくまで「しんじゅくアジアの祭２００９」という「集合的な出来事」の一時点ないし極めて短期間の状態を表わしたものに過ぎない。「担い手」たちの脱退や加入によって、「担い手」たちの布置連関とネットワークにはどのような変動がもたらされるのだろうか。この問題については、次章の記述を踏まえて終章で検討することにして、次節以降では、二〇〇九年の「祭」運営の過程を具体的に記述していくなかで、第一の問いに取り組んでいく。

第三節　「しんじゅくアジアの祭２００９」の資源

「祭」の準備

「しんじゅくアジアの祭」にむけた動きが始まったのは、二〇〇九年五月末のことだった。第一回の会議は、

「共住懇」のＳさんとＹさん、「団体Ｋ」のＷさん、Ｂさん、Ｔさんら「中核」のみで行われた。この時すでに、新宿区を通じて「東京都在住外国人支援事業助成」を申請しており、会場として都庁前の区立新宿中央公園を利用する方針が決定していた。新宿区との交渉はＹさんが引き受けていた。会場が大久保から離れ西新宿となったことで、「祭」の名称はこれまでの「ＯＫＵＢＯアジアの祭」から「しんじゅくアジアの祭」へと変更されることとなった。会場の規模が二〇〇七年の「祭」と比べて三倍近くなったことから、企画段階から運営スタッフを増員すること、当日ボランティアを広く募集する必要などが懸案事項として上がった。

　六月中旬、Ｓさんの「印刷所Ｓ」で開かれた第二回の会議では、前回参加者のほか、Ａさん、Ｅさんを含めた「中核」が一堂に会した。筆者が会議に参加したのはこれが初めてのことである。この日、開催日が一〇月二四日に正式に決定し、これ以降「祭」の準備が具体的に進められていった。ただし役割分担について改めて議論されることはほとんどなく、「中心的な担い手」たちの地位と役割は、前回の運営体制から引き継がれていた。

　これ以降、会議は月二回、Ｓさんの業務が終了した一九時すぎから事務机を囲むかたちで行われた。五月から一〇月まで九回ほど行われた会議は、確かに「祭」の「裏舞台」ではあるのだが、準備作業全体のなかではむしろ「表舞台」であると言っていい。会議と会議の間には、それぞれの「担い手」たちによって、助成金と会場使用をめぐる行政との交渉、出演・出店者との交渉と打ち合わせ、広告の獲得、広報、議事録および会議資料の作成などの事務作業といった諸活動が進められた。当然のことながら、こうした活動は、それぞれの本業である仕事の合間に進められていった。そして会議では、その成果を持ち寄り、議論し、計画を修正しながら、「祭」の準備が進められていった。

　二〇〇四年以来の運営プロセスを経て役割分担は構造化していたとはいえ、準備を進めながら人手が必要なことがわかると、「担い手」たちが個人的に声をかけ、新たな「担い手」に加わってもらうこともあった。六月下旬の第三回会議には、Sさんがゴールデン街で知り合ったGさんが加わり、ちょうど人手が不足していた出店者との交渉窓口を引き受けることとなった。会議段階から参加しているスタッフが必要ということになった際には、Sさんの声かけで、前回の「祭」の手伝いをした経験をもつ大学院生のJさんが「実行委員会」に加わった。助成金申請のため増加した会計関係の事務作業は、Sさんの一声で筆者が担当することになった。こうして「祭」の「中心的な担い手」たちは、「中核」との個人的な人脈を通じて「実行委員会」に加わっていった。さらに当日の手伝いが不足していれば、「中心的な担い手」たちはさらに個人的な人脈を通じて「担い手」を集めた。前節で提示した「担い手」たちの布置連関（図3-1）は、所与の実体ではなく、過去の経験によって構造化された部分を含みつつ、実際の運営プロセスを経て形づくられていったものである。

二つの問題

しかし二〇〇九年の「祭」へむけた取り組みは、決して順調かつ単線的に進んだわけではない。運営のプロセスにおいて、「実行委員会」は大きく二つの問題に直面していた。

第一に、会場や運営資金および資材、そして当日の設営・撤収作業等のための労働力といった資源を、どのように確保するかという問題である。特に会場に関しては、後に当初予定されていた新宿中央公園からの変更を決断したため、代替地の確保が必要となった。そして会場の選択をめぐる議論において、「共住懇」や「実行委員会」が直面し続けてきた、大久保における周辺的位置という問題が表出することとなった。

第二に、「祭」を何のためにやるのか、「祭」にどのようなメッセージを込めるのかといった、「祭」の理念をめぐる問題である。「実行委員会」内において、SさんとAさんを起点とする「交流と防災」というテーマはある程度共有されていたが、その焦点と射程は必ずしも一致していたわけではなかった。「祭」の理念をめぐって、準備の間も、「祭」後の反省会においても、議論が繰り返された。どのような「祭」を目指すのか、どのような人々に「担い手」になってもらいたいのか、どのような人々に「お客」として来てもらいたいのかという議論の背後には、「祭」が焦点を置く〈象徴的空間〉をめぐる差異の問題があった。

これら二つの問題は、二〇〇八年に「韓人会」との共催を断念した時にも直面した問題であった。そして問題を乗り越え、あるいは折り合いをつけることで、二〇〇九年の「しんじゅくアジアの祭」は開催されたのである。図3－2は、「祭」運営においてどのような主体からどのような資源が「実行委員会」にもたらされたのかを、組織・集団を記述の単位として図式化したものである。まず本節では、こうした制度的な位相での協力関係はどのように形成され維持されてきたのか、こうした関係性にどのような特徴があるのか、実際の「祭」運営プロセスを追うかたちで記述していきたい。そして「祭」の焦点となる〈象徴的空間〉をめぐる第二の問題については、次節で検討することとする。

会場をめぐって

「実行委員会」が最初に直面した問題が、「祭」の会場の再検討であった。実際に計画を具体化していくなかで、当初の予定であった新宿中央公園では規模が大きすぎること、音響や照明のための電源確保の困難など、様々な懸案事項があがってきた。とりわけ問題となったのは、園内での「飲食提供の禁止」の規定であった。WさんやSさんは、この規定は路上生活者への炊き出し活動の排除を暗黙の目的としていると考えていた。このままでは「祭」での屋台出店も不可能となる。

代替地の候補に挙がったのは、大久保東部の都立戸山公園「スズカケの広場」、大久保北部の同「やくどうの広場」、そして区立西戸山公園の三ヶ所であった。「スズカケの広場」では、二〇〇四年から三度続けて「祭」を

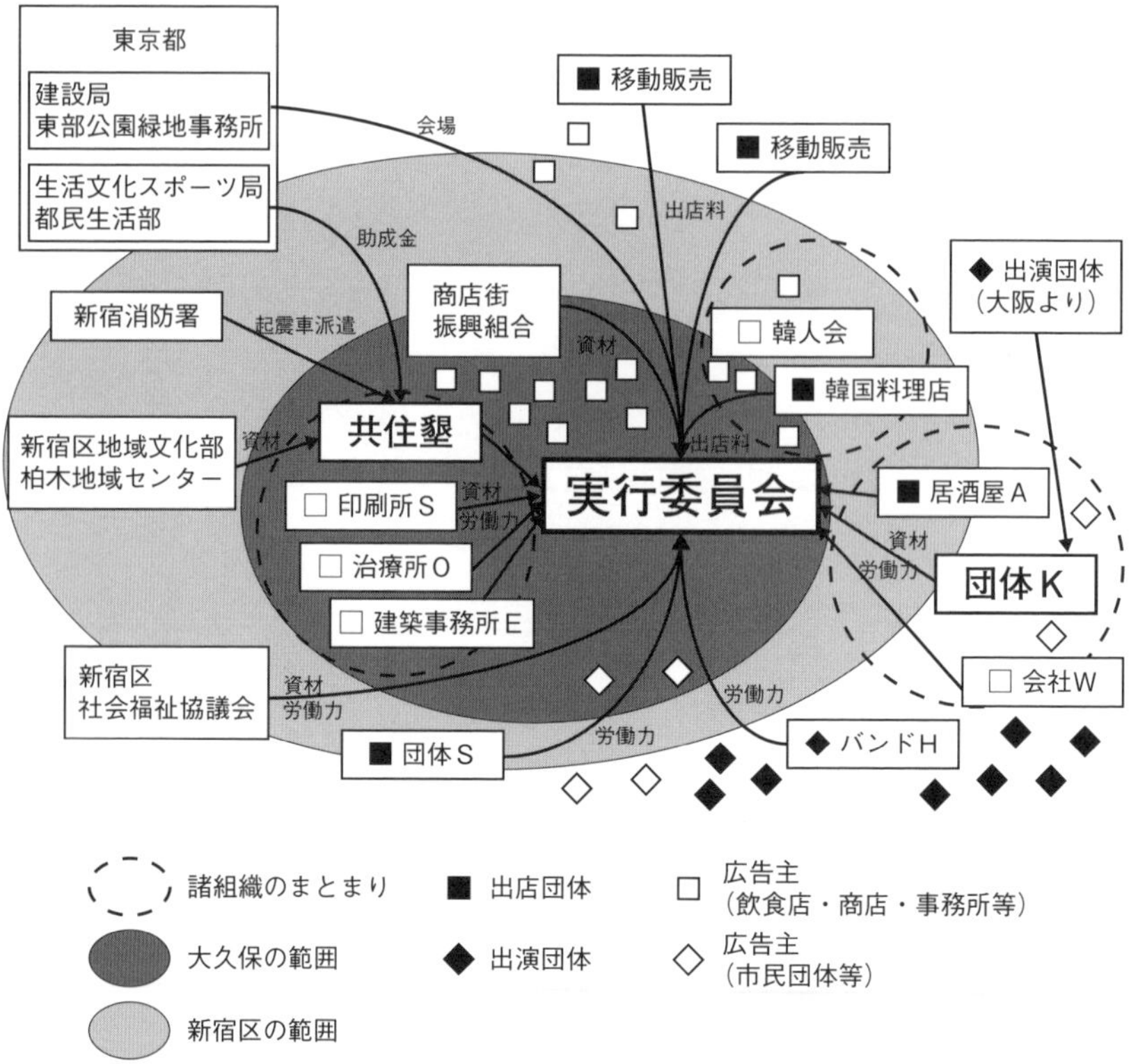

図3-2　「しんじゅくアジアの祭2009」における資源の流れ
注：点線の丸枠はそれぞれ、「共住懇」、「団体K」、「韓人会」を中心とした組織的なまとまりを表わしている。
　　図を簡略化するため、広告主および出演団体についてはチャートを省略している。
出所：調査日誌、会議資料、当日パンフレットをもとに筆者が作成した。

開催しており、会場設営に関する知識と経験があった。しかしその一方で、以前、近隣住民から苦情が来たことがあり、再び会場とすることは難しいのではないかとの懸念もあった。その結果、「やくどうの広場」を第一候補に検討を進めることとなった。

公園事務所との手続きは順調に進み、七月の第四回会議では「やくどうの広場」でほぼ決定となった。しかし交渉にあたっていたEさんは、公園周辺の住民から苦情が来る可能性について懸念していた[15]。

Eさんは「太鼓の大きさによっては住民からクレー

ムが来るかもしれない」と話しはじめる。「公園に隣接した高層住宅には、音が直接響く。次年度できなくなるかもしれない。音頭のことでクレームが来るなら諦めもつくが、そうでないなら……」

Aさんが口を挟む。「次年度のことも考えます？」

Eさんが応える。「同じ場所で安定的にやっていくためには考えないと」

こうしたやりとりの背後には、二〇〇七年の「アジアの祭」、二〇〇八年の「韓人会」との共催の失敗と、この数年はその都度、会場をどこにするのかという地点から話し合わなければならない状況があり、また住民からの苦情が多ければ同じ会場を使用するのが困難になるという事情があった。この年の「祭」後の反省会において、Eさんは次のように話している。

「毎年、場所を転々としているから、外から毎年楽しみでやってくる、今年もあそこでやっている、というふうにはなっていない[16]」

新しい「祭」を根付かせるための苦労が、Eさんの言葉の背後にあった。こうしたやりとりから、新宿区外で生活し「外」からやってくるAさんと、大久保で生活し「近隣」との関係性を重視するEさんとの差異を読みとることもできるかもしれない。しかしAさんが近隣住民との関係を軽く見ていたというわけではない。音漏れ対策と近隣住民への説明の重要性は、「実行委員会」のなかでも共有されていた。それは時に、次のような厳しいやりとりとなって現われた。一〇月の第八回会議のことである[17]。

ＡさんがＹさんに、公園に隣接する団地に挨拶にいったのかと訪ねる。しかしＹさんは、まだ挨拶に行っていないようだった。「挨拶に行くというより、やりますのでよろしく、とお知らせにいくかたちで考えている」とＹさん。

「直前になって来るのはケンカを売るようなものだよ、告知前に行っておくべきものでしょう！」と、Ａさんはかなり強ばった声で反論する。

「やっぱりね、そういうのは先にやっておくべきものだと思うよ」とＷさんも続ける。Ｙさんが身を小さくしたのを感じる。

九月末に他の地域で行われた「河内音頭」で、周辺住民からの怒鳴り込みがあったようで、Ｗさんをはじめ、音漏れ対策と近隣住民への説明に関しては、かなり神経が尖っていた。

Ａさんはさらに続ける。「きちんと挨拶に行くのは、こちらのモチベーションの問題にもなる。殴り込みに来られたときに対応の仕方が違う。どれだけやっても苦情は来るけど、それだけやっていれば胸張ってやれるじゃないか」

Ａさんの話は正論だった。しかしポスティング規制など管理が厳しくなった集合住宅に対し、実際に一軒ずつ挨拶まわりをすることは相当な困難である。管理人に伝えれば住民に届くわけでもない。Ｙさんは「……はい、すぐに対応します」と答え、周辺住宅へのチラシ配布、隣接する高校への事前挨拶などを行うことにした。それでも「祭」当日は数件の苦情があり、通報をうけた警察官が見回りにくることもあった[18]。しかし警察官から強く注意を受けることはなく、通報のため仕方なしにやってきた様子であった。

「祭」開催にあたって、周辺住民全てに説明し承諾を得ることは出来ないし、スピーカーの向きや出力などを調整し、どんなに音漏れ対策をしても、一定の苦情が来ることは避けられない。したがって「祭」の会場を安定的に確保し続けるためには、近隣の諸組織・集団との協力関係を築く必要がある。それはすなわち、「実行委員会」を中心とする諸組織・集団の制度的連関をめぐる問題であった。

資金の獲得

「祭」開催をめぐる諸組織・集団との協力関係を、どのような指標によって捉えることができるだろうか。その最も有力な道筋は、ドキュメント資料に記載された「共催」「協力」「後援」といった名目上の関係を追うことではなく、資金・資材・労働力などの資源が、実際にどのような諸組織・集団の連関によって調達されたのかを記述することである。はじめに資金の調達について見ていこう。

二〇〇九年の「祭」における「実行委員会」の運営資金の収入源は、大きく四つに分けられる。東京都の「在住外国人支援事業」助成金、当日パンフレットの広告費、屋台の出店料、そして参加者たちからの個人的な寄付（カンパ）である。都の助成金は事業に対する半額助成であり、残りの半分は主に広告収入と寄付によって賄われた。諸組織・集団との協力関係を記述する上では、このうち後者、とりわけ広告収入に着目するのがよいだろう。すでに述べたように、広告が掲載される当日パンフレットの発行部数は数百部程度であり、「祭」に訪れた人たちのみに配布されるものであるから、宣伝効果を狙ってというよりは「祭」への寄付（カンパ）、すなわち資金提供としての色が濃いと考えられる。

前掲の図3‐2は、「しんじゅくアジアの祭2009」における「実行委員会」への資源の流れを表わしている。このうち広告費を拠出したのは、フローチャート上に「広告」と明記された組織・集団と、「商店・飲食店・事務所等」および「市民団体、その他団体」である。後二者については図が煩雑になるのを避けるためチャートを省略している。さらにこれらの広告主の詳細をまとめたものが、表３－１である。全部で三五件ある広告のうち、実行委員自身の所属する組織のものが八件、出店・出演者関係の組織のものが五件であり、これら「実行委員会」関連団体を除く組織のものは二二件である。

広告の提供からみる「実行委員会」関連団体以外の組織・集団との協力関係には、大きく三つの特徴が見られる。

第一に、その三分の二が大久保（大久保・百人町）からのものである。これは例年の「祭」が「ＯＫＵＢＯアジアの祭」の名称で行われており、大久保に焦点を置いた企画であることから見ても当然の現象といえるだろう。これらの組織・集団との協力関係は、「共住懇」との組織的な結びつきに基づくものと、印刷所を営むＳさんの個人的な人脈に基づくものとに分けられる。「共住懇」との組織的な結びつきに基づくのは、例えば「保育所Ａ」や「日本語学校Ｋ」、「韓人会」との関係である。こうした組織的な協力関係は、「共住懇」の活動の歴史のなかで、初期の「勉強会」のゲストスピーカーとなったり、機関誌「おおくぼ／ＯＫＵＢＯ」の取材先となったり、他の企画を共同で行ったりするなかで、形成・維持されてきた。Ｓさんの個人的な人脈に基づくものは、それ以外の飲食店や専門サービス業、市民団体との関係である。それはＳさんの生業である印刷業を通じて、あるいはＳさんが常連客として店に通うことによって形成・維持されてきた。ここでもまた、「実行委員会」におけるＳさんの中心性が浮き彫りとなる。

第二に、エスニシティに着目した場合、「韓人会」を中心とした韓国系の組織・集団からの広告提供が見られる点である。すでに述べたように、「韓人会」との協力関係は、「アジアの祭」の前身である「新宿盆ダンス」以来、維持され続けてきたものである。そしてその橋渡し役となったのが、「韓国語学校Ｓ」を経営するＬさんであった。前年の共催の試みが失敗に終っても、Ｌさんを介した組織的な協力関係は崩れることはなかった。

表 3-1　「しんじゅくアジアの祭 2009」の広告主

広告主			2003	2004	2005	2006	2007	2009	2010	2011
実行委員	大久保	印刷所 S		■	■	■	■	■		■
		建築事務所 E				■	■	■		
		治療所 O				■	■	■	■	■
	新宿区	居酒屋 A		■	■	■	■	■		
	新宿区外	団体 K					■	■		
		団体 O	■		■		■	■		
		団体 F					■	■		
		音響会社W	■	■	■	■	■	■		
出店・出演者	大久保	韓国料理 K						■		
	新宿区外	移動販売 A						■		
		移動販売 S						■		
		歌手 T						■		
		バンドH				■	■	■	■	■
上記以外	大久保	保育所 A				■	■	■	■	■
		学童保育 A		■	■	■	■	■	■	■
		飲食 T				■		■	■	■
		飲食 S				■		■	■	
		有限会社 S		■	■	■	■	■	■	
		専門サービス A				■	■	■	■	
		専門サービス K					■	■		
		専門サービス S					■	■		
		日本語学校 K		■	■	■	■	■	■	
		韓人会		■	■	■	■	■		
		韓国料理 D					■	■		
		韓国語学校 S	■	■	■	■	■	■		
		団体 J						■	■	■
		団体 R						■	■	■
	新宿区	株式会社 A		■	■	■	■	■	■	
		韓国系物販 K					■	■	■	
		団体 S				■	■	■	■	■
	新宿区外	飲食N			■	■	■	■	■	
		物販 B						■		
		団体 A						■	■	
		団体M						■		
		団体 P	■	■	■			■	■	

出所：調査日誌、各年度の当日パンフレット、会計報告資料をもとに筆者が作成。

第三に、広告という形態での資金提供に、一定の継続性が見られる点である。表３－１の右側には、二〇〇九年の「祭」の広告主がどの年度に広告を提供したのかが示されている。例えばＬさんの「韓国語学校Ｓ」からは、二〇〇三年から二〇〇九年まで途切れることなく広告が提供されている。広告提供の継続性は、諸組織・集団の協力関係の強さ――すなわち構造化の度合いの指標となるだろう。大久保の組織・団体からの広告一四件のうち、二回以上前から提供されている広告は九件、前回からのものは三件、初めて提供されたものは二件であり、その大半が継続的な提供である。すなわち、二〇〇九年の「祭」における広告収入による資金は、他の組織・集団との既存の協力関係を活用することによって獲得されたといえる。

資材と労働力

資源の流れにおいて、次に注目したいのは資材と労働力である。「祭」を形づくるためには、会場と資金だけでなく、音響機材、照明機材、テント、机、椅子、その他様々な備品類の調達が必要となる。また当日の設営・撤収作業には、「実行委員」以外にも「当日手伝い」をする人手が必要となる。再び前掲の図３－２に即して記述していく。

資材の大半は、「実行委員会」関連団体から有償あるいは無償で貸与されたものであった。まず音響機材は、「団体Ｋ」のＷさんが経営する「音響会社Ｗ」から格安料金で調達されたものである。音響および照明機材に必要な電源もまた、同社を通じて発電機を手配することによって賄われた。これらの設置・運用のための人材もまた同様に確保されたものである。すなわち「祭」を形づくる上で不可欠な要素である舞台関係の資材は全て「音響会社Ｗ」を通じて調達されたものであった。照明機材や電源ケーブル、机や椅子、ブルーシート、その他様々な備品は、「共住懇」、「印刷所Ｓ」（Ｓさん）、「治療所Ｏ」（Ｏさん）、「建築事務所Ｅ」（Ｅさん）の所有物を持ち出したものであった。

こうした個人的な人脈に媒介された諸組織の協力関係は、二〇〇三年の「新宿盆ダンス」以来、「祭」を重ねるごとに形成されてきたものである。そしてまた、「祭」に必要な資材は何か、それを誰が、あるいはどの組織が持っているかという見通しもまた歴史的に蓄積されてきた。必要な資材および搬出先については、六月の第二回会議の時点ですでに資料にまとめられており、そこで参照されていたのは二〇〇七年に行われた前回の「祭」の作業進行スケジュール表であった。「祭」当日まで繰り返された会議において、資材の調達に関して集中的に議論されたことはほとんど無かった。

このように、大半の資材の確保は「実行委員会」の手弁当によるものであったが、自己調達が困難であったのは、「祭」本部および出店者のためのマーキーテントである。テント以外の資材が、個人的な人脈を介した組織連関によって調達されたのとは対照的に、テントの調達には既存の制度が活用された。マーキーテントは三つの組織、すなわち柏木地域センター、新宿区社会福祉協議会、そして商店街振興組合から借り受けたものである。またＥさんが担当した「防災ゲーム」の一環として、新宿消防署から起震車が派遣された。これもまた既存の制度を活用した事例の一つである。

既存の制度の活用は、労働力の調達においてもみられた。「当日手伝い」として参加した約二〇名のうち、半数は「印刷所Ｓ」、「団体Ｋ」、「バンドＨ」、「路上生活者支援団体Ｓ」の「担い手」たちなど、主にＳさんの個人的な人脈を通じて駆けつけた者であったが、残りの半数は新宿区社会福祉協議会を通じて「ボランティア」として公募された者であった。「当日手伝い」の募集は五月末の第一回会議の頃から検討されてきたものであったが、これは当初会場として予定されていた新宿中央公園が例年の会場よりも格段に広く、「祭」の規模も例年より大きくする計画が練られていたためであった。

屋台の出店もまた、ある種の労働力の提供といえる側面がある。出店者の中心となったのは、Ｇさんが発注した移動販売業者であったが、これらの業者との関係は、二〇〇九年の「祭」限りのものであり、「祭」への参加というよりも単純な商売の一環であるといってよい。これに対して、同様に屋台を出店した「居酒屋Ａ」や「路上生活者支援団体Ｓ」は継続的に広告提供を行い、「韓国料理店Ｋ」は二〇〇九年の「祭」において最大の広告主であることからも、単純な商売を越えた「祭」への労働力提供の側面がうかがえる。「居酒屋Ａ」は「実行委員会」の「担い手」が関わる組織であり、「団体Ｓ」はＳさんやＹさんとも日常の付き合いのある組織である。「韓国料理店Ｋ」とは二〇〇三年の「新宿盆ダンス」以来、「韓人会」を通じて「共住懇」との協力関係を築いてきた。

出店がある種の労働力提供という側面を持つのに対し、舞台への出演者には交通費を含めた出演料が支払われたため、単純な労働力提供とはいえない。ただし出演のための経費を除けば大きな利益は残らないため、相対的には小さいが労働力提供の側面もうかがえるだろう。二〇〇九年の「祭」には、河内音頭の「音頭取り」、「ちんどんバンドＨ」、「インド舞踊」、「バリ舞踊」、「タイ舞踊」など、例年の「祭」に出演してきた出演団体の他に、「八重山民謡」、「八丈太鼓」、「朝鮮民族芸能」、さらには二組のソロ・ミュージシャンが出演した。すでに前節で述べたように、出演団体との関係は主にＳさんを通じた個人的な人脈を発端とするものであるが、過去の「祭」参加者との間では「実行委員会」との組織的な関係が形成されており、その交渉にはＡさんがあたった。唯一の例外は河内音頭の「音頭取り」団体であり、その交渉は「団体Ｋ」を通じて行われた。これらの団体の全てが大久保／新宿区外に活動拠点をもつ点は特徴的である。

資材と労働力の流れに焦点を置くとき、「実行委員会」関係者を除いた協力組織の多くが大久保外部のものであることに気づく。この傾向は、出演および出店といったかたちでの労働に着目した際により顕著となる。二〇〇九年の「祭」への出演・出店者のうち、大久保／新宿区内のものは「韓国料理K」、「居酒屋A」、「団体S」のみであり、残りは全て新宿区外のものである。これは広告費を通じての資金提供が、大久保内部の組織・集団を中心とするものであったのと対照的である。こうした領域的な対照性については、本節の終わりに再び検討することとしよう。

制度化と領域性

本節では、「しんじゅくアジアの祭２００９」開催にむけて「実行委員会」が直面した二つの問題のうち、第一の資源の調達をめぐる諸問題をどのように乗り越えたのかを、場所、資金、資材、そして労働力の流れを指標として記述・分析してきた。すでに見てきたように、これらの資源は、「実行委員会」を中心とした諸組織・集団との協力関係を通じて調達されてきた。その全体像を、再確認しておこう。

資源の流れからみる諸組織・集団の連関は、まずは「共住懇」と「団体K」という二つの組織の協力体制として記述できる。「実行委員会」の「中心的な担い手」たちのほとんど全てがこの二つの組織の成員であり、彼／彼女らが代表を務める「印刷所S」、「治療所O」、「建築事務所E」、「居酒屋A」、「音響会社W」からは、資金、資材、労働力といった主要な資源がもたらされた。「祭」運営におけるこれら諸組織の結合は強固なものであり、二〇〇三年の「新宿盆ダンス」および二〇〇四年の第一回「ＯＫＵＢＯアジアの祭」以降、漸次的に構造化が進んできた。そのため二〇〇九年の「祭」への準備が始まった当初の段階から、「中核」たちの間では、どの組織が（あるいは誰が）、どのような資源を持ち、どの程度の提供が可能であるのかという見通しが、あらかじめ共有されていた。こうした諸組織・集団との協力関係を、「共住懇」と「アジアの祭」の活動を通じて歴史的に形成・維持されてきたある種の制度と見なすことができるだろう。

ただしこの制度は、明文化された規約に基づくフォーマルな制度ではなく、「実行委員会」の「中心的な担い手」たちの個人的な人脈を媒介としたインフォーマルな制度を基調としている。行政の制度など既存のインフラストラクチャーが活用されるのは、インフォーマルな制度の隙間を埋め自己調達が困難な資源を調達するためである。

インフォーマルな制度を維持しているのは、日常の時間と空間における「担い手」たちの相互行為である。挨拶を交わしたり、お客として通ったり、仕事を引き受けたり、活動に参加したりといった日常の些細な交流の積み重ねが、「祭」における協力関係を支えている。そして一年に一度、「祭」という「集合的な出来事」に際して、日常の諸関係は資源の流れをもたらし、「祭」を重ねることでその流跡を深くする。二〇〇九年の「祭」の地点から振り返るとき、二〇〇三年以降の「祭」の歴史は、ある種の制度化の過程という側面を持つことがわかる。既存の制度が資源をもたらしたのではなく、資源の流れが制度化をもたらしたのである。

最後に、本節で検討してきた「実行委員会」を中心とする組織連関の特徴から、今後の議論に関わる重要な論点を引き出しておきたい。それは歴史的に形成された制度が帯びる領域性の問題である。ここで着目したいのは、二〇〇九年の「祭」において、出店や出演といった形態での労働力の提供を行ったもののほとんど全てが、大久保外部のものであるという事実である。唯一の例外は屋台を出店した「韓国料理K」である。これに対して、大久保内部の組織・集団が提供した資源の多くが、広告費というかたちでの資金や、テントなどの資材であった。すなわち二〇〇九年の「祭」において、出演や出店といった形態での労働力の提供の度合いは、大久保を中心とする地理的近接性とは逆進的であるといえる。大久保に視界を狭める時、「祭」の現場に居合わせ、労働力を提供し、その体験を共有する組織・集団の少なさが浮き彫りとなる。こうした特徴はまた、「祭」の会場を安定的に確保することの困難さをも生み出している。

二〇〇三年から「祭」を積み重ねることで、「実行委員会」を中心とするインフォーマルな制度は繰り返し試され、結びなおされ、維持されてきた。こうした制度は二〇〇九年の時点で、詳細な議論や調整を必要としない程度にまで構造化しており、「祭」に必要な資金・資材・労働力などの資源の調達を支えていた。しかし領域性の観点から見直したとき、この制度が「共住懇」と「団体Ｋ」を土台として構造化していることの限界もまた見えてくる。逆説的になるが、この二つの組織とその関連団体のなかで、ある程度の資源の自己調達が可能であるがゆえに、資源の流れが二つの組織構造内に向かって閉じ、大久保における新たな主体の参入の導因を欠いてしまうのではないか。「実行委員会」を中心とする諸組織・集団の制度的連関とその構造の持つ領域性については、二〇一一年の「祭」との比較を通じて、終章で再び検討することにしよう。

第四節　分立する「祭」

趣意書をめぐる三つの対立軸

「実行委員会」が直面した第二の問題は、「祭」の理念をめぐる問題であった。二〇〇三年の「新宿盆ダンス」以来、「実行委員会」の中心はＳさんであり続けてきた。その水脈の起こりは阪神淡路大震災後のＳさんの経験にあり、「交流と防災」という「祭」のテーマは「実行委員会」のなかでもある程度は共有されていた。しかしより具体的な実践の水準では「実行委員会」のなかでも差異があった。「祭」の準備段階で、また「祭」が終わった後も、「祭」を何のためにやるのか、どのような人々に「担い手」となってもらい、「お客」として来てもらいたいのか、そのためにどのような範囲に、どのように呼びかけるのか、議論が繰り返された。

もちろん、こうした一つ一つの論点について「担い手」たちの間で完全な一致がなければ「祭」運営が成り立たない、ということではない。しかし、二〇〇八年の「韓人会」との共催の失敗が物語るように、「祭」の理念をめぐる差異があまりに大きければ、「実行委員会」での協働は困難となる。二〇〇九年の「祭」の「担い手」たちは、どのように一致点を見いだしたのだろうか。あるいは一致点を見いだせずとも、どのように理念をめぐる差異を抱えて、協業を成り立たせていったのだろうか。

「祭」の理念は、趣意書やパンフレットの文言、当日のプログラム、告知先の選択といった形で具体的に表象される。そして後に考察するように、理念の選択の背後には、「祭」の焦点となる〈象徴的空間〉が存在している。すなわち「祭」の理念をめぐる差異の問題は、大久保における〈象徴的空間〉の複数性をめぐる問題でもある。しかしまずは、「祭」の具体的な運営プロセスを追いながら、「祭」の理念をめぐる問題をいかにして乗り越えたのか記述していくこととしよう。

最初に「祭」の理念をめぐる問題に直面したのは、七月末の第五回会議において、広告主や出演・出店者に協力を呼びかけるための趣意書を作成していた時のことであった[19]。それは「しんじゅくアジアの祭２００９趣意書」という見出しのついた、次のような文章であった。

> 新宿区は住民の一割が外国人という未来型多民族都市です。その中でも大久保〜歌舞伎町地区には韓国人をはじめ多くのアジア系外国人が居住し、エスニックレストラン、食料品店、ブティックなどの商業施設や、韓国語学校、日本語学校、専門学校などの教育施設が混在する、文化・芸能の情報発信基地として多くの日本人・外国人観光客が集結する日本有数の国際交流スポットです。〔…〕
>
> 「ＯＫＵＢＯアジアの祭」は、阪神大震災の教訓として「平時から地域住民がつながりを深めておき、災害時にはお互い助け合う、災害に強いまちづくり」を目的に七年前に始まりました。〔…〕

この事業を拡大し、民間団体、市民団体が集結して国際交流の原点として食と舞踊の祭典「しんじゅくアジアの祭２００９」を開催する運びとなりました。このイベントは、単なる文化交流の事業ではありません。参加者の交流を通して日常の地域コミュニティを見直し、災害時などには互いに助け合える関係を作ることが目的です。

Ｙさんが趣意書の説明をすると、資料に目を通したＡさんが不服そうに話しはじめた。

Ａさん「趣意書には目を通したが、ほんとうにこれでいいのか。作り方や書き方が行政向けすぎる。一般向け、出演者向けとしては、もっと「祭っぽさ」を出さないとダメだ。説明文も大久保に限定されていて、お客は関東全域が視野に入っているはずなのだから、狙いがよくわからない」

Ｓさんが「一般のお客さん向けには別のものをつくる」と答える。

Ｗさんも、Ａさんの意見に賛同する。「もっと盛り上がるふうにつくってほしい」

私は、Ａさんの言っていることはわかるが、イメージばかり言われてもＹさんは困るばかりだろうと思う。Ａさんと目が合う。では具体的にどうすればよいのか。

その時ちょうど、Ｔさんが話しはじめる。「具体的には何を入れたらいいか。出し物と実績を強調して、「防災」は全面に出さないほうがいい」

Ａさん「とにかく書きぶりが違う」

Ｗさん「とても楽しんでもらえる、というような雰囲気を入れ込めばいいんじゃないか。「防災」も中心に入れてもいい」

趣意書の文言をめぐる議論のなかで、何が対立軸となっていたのだろうか。ここでは趣意書の文体、「祭」の目的、「祭」の射程の三点に着目したい。

第一に、趣意書の文体をめぐる対立である。はじめにＡさんは「作り方や書き方が行政向けすぎる」「もっと「祭っぽさ」を出さないとダメだ」と、Ｙさんの草案の「書きぶり」を批判した。Ｗさんも同様に、「もっと盛り上がるふうにつくってほしい」「とても楽しんでもらえる、というような雰囲気を入れ込めばいいんじゃないか」と述べている。そもそもＹさんの草案は、東京都の助成金申請のために作成した申請書を土台にしており、「行政向け」を意識して、説明的に書かれたものであった。ＹさんとＡさん、Ｗさんとの間には、趣意書の用途自体に、そもそもの食い違いがあったのである。結局、Ｙさんは批判を受けいれ、行政向けの「趣意書」と一般向けの「案内文」の二種類を作成することになった。

趣意書の文体の選択には、「祭」が目指す「交流と防災」の内実が現われている。ＡさんやＷさんが志向していたのは、説明のための言語的なコミュニケーションではなく、「祭」の場に居合わせ「盛り上がる」「楽しむ」ことを通じた身体的なコミュニケーションであり、それを表象する「文体＝書きぶり」であった。しかし助成金の申請や会場の確保など、行政制度を活用する際にはむしろ「祭」の目的や意義が明確に述べられた言語的なコミュニケーションが求められる。「趣意書」と「案内文」という二種類の文章は、「祭」の理念と制約との間で折り合いをつけるものであった。

Ｔさんの発言には、第二の対立軸が現われている。Ｔさんは、ＡさんとＷさんの批判に続けて、修正の具体案として、「出し物と実績を強調して、「防災」は全面に出さないほうがいい」と述べた。これは文体の問題を提起するだけでなく、「祭」の目的をも問い直すものであった。「団体Ｋ」の「担い手」として活動するＴさんにとって、「防災」よりも「出し物と実績」に焦点を置くのは、むしろ当然のことであった。これに対してＡさんは

「防災」は全面に出さないほうがいい」という提案には応えずに、「とにかく書きぶりが違う」と、Yさんの草案の文体のみに論点を絞り込んだ。

震災後の神戸での経験を活動の軸とするSさんやAさんにとって、「祭」の目的の中心は「交流と防災」であり、河内音頭は都市空間において「流れる人々」が集うことの象徴であった。そのため彼女たちにとって、趣意書の文言においても「交流と防災」を重視することは当然だったのだが、それは必ずしも「実行委員会」内で共有されていたわけではなかった。

Tさんと、AさんやSさんとの重心の置き方の差異は、「団体K」と「共住懇」という二つの組織の立場の違いを反映していると見なすこともできる。しかしWさんは、こうした「祭」の目的をめぐる対立を埋めあわせるように、最後に「（文体を変えれば）「防災」も中心に入れてもいい」と述べた。むしろ翌月の第五回会議において、「防災」色が薄くなった修正案に対して、Wさんは再び「もう少し「防災」のことを入れ込んだほうがいいのでは」と発言している[20]。Wさんたちにとって「祭」に協力する理由は、無論、河内音頭の振興にあるのだが、こうして両者のバランスをとることによって、「祭」の目的をめぐる差異を、組織間の対立軸とすることを回避したのである。

趣意書の文言をめぐる第三の対立軸は、「祭」の射程をめぐる問題である。Aさんは文体に対する批判に続けて、こう言っている。「説明文も大久保に限定されていて、お客は関東全域が視野に入っているはずなのだから、狙いがよくわからない」。確かに当初の草案は、「新宿区」と「大久保～歌舞伎町地区」の具体的な記述からはじまり、「日常の地域コミュニティを見直し、災害時などには互いに助け合える関係を作る」ことを目指すと書かれているため、「祭」への参加を呼びかける射程は、新宿・大久保に設定されているように読める。これに対しAさんは「関東全域」を視野に入れていた。

呼びかけの射程には、「祭」が焦点を置く〈象徴的空間〉が結びついている。大久保で生活するＳさん、Ｅさんや、西新宿に住むＹさんにとって、「祭」の舞台となる大久保には「近隣」の心象が投影されている。例えばＳさんは次のように語ったことがある。[21]

「アジアの祭」の雨天対策について話しあっていると、Ｓさんが「大久保通りのＴ教会はどうか」と話す。新しく来た牧師さんとすでに知り合いで、道ばたで会うと「一緒にやろうよ」と声をかけられるという。Ｓさんは「地域のなかでやる意味がある」と言う。

Ｓさんの「地域」という表象は、地理的近接性や定住性といった観念と結びついている。ここでは、こうした観念のまとまりを「近隣＝地域」と呼ぶことにしよう。Ｓさんは「祭」を地理空間上の大久保の内側でやること、また大久保の他の諸組織・集団と協力関係を築くことを重視していた。ただし、ここで留意しておきたいのは、Ｓさんの語る「地域」もまた、複層的／多面的で（実際には）脱領域的に広がる「場所としての地域」そのものではなく、「近隣＝地域」という心象によって抽象された〈象徴的空間〉の一つだということである。これに対して千葉県で生活するＡさんにとっての大久保は「多民族・多文化の街」という心象に基づく〈象徴的空間〉であり、具体的な地理空間からは相対的に切断されている。それは「場所」の脱領域性や移動性といった観念と結びついており、それゆえ「祭」の射程は「関東全域」に広がっていたのである。

もちろん、こうした大久保に対する両義的な認識は一個人のなかにも併存しており、Ｓさんたちが大久保に「多民族・多文化の街」の心象を投影していないわけではない。それは「共住懇」の活動において前提として共有された心象であり、それゆえ「ＯＫＵＢＯアジアの祭」は、実在の地名である漢字表記ではなくローマ字表記を貫いてきたのである。「祭」において主要な演目でありつづけてきた河内音頭もまた、「流れるまち、人々」の寄り集まりの象徴であった。しかし「近隣＝地域」という〈象徴的空間〉に、どの程度重心を置くのかという点において差異があり、それが「祭」の射程をめぐる象徴的な対立となって現われたのであった。

最終的に採用された「趣意書」と「案内文」という二つの文章には、こうした両義性が刻印されている。「趣意書」は当初の草案に沿って、「新宿区」「大久保」「歌舞伎町」の記述から始まるのに対し、「案内文」には「ＯＫＵＢＯ」以外の具体的な地名は現われない。結局のところ、呼びかけの射程をめぐる対立は、埋め合わされることなく、両義性を内包したまま、「祭」の準備が進められていった。「祭」の射程を規定したのは、「趣意書」や「案内文」の文言ではなく、実際に誰に告知し、誰が「祭」に参加したのかという相互行為の次元であった。そして後に「祭」の射程をめぐる問題は再び対立軸となって現われることとなる。

「祭」の日

「担い手」たちの間では、「祭」の理念の認識には——その基軸は「交流と防災」であるが——差異と複数の対立軸があった。「祭」の理念を表象する「趣意書」や「案内文」の文言は単一だが、「実行委員会」は必ずしも一枚岩ではなかった。しかしこうした差異を抱えながらも「中心的な担い手」たちは準備を進め、二〇〇九年の「祭」は無事に開催されることとなる。

八月に入ると、助成金と会場が正式に決定し、また趣意書と案内文の文言が決定したこともあって、ようやく「祭」の準備作業が本格的に始まった。河内音頭の「音頭取り」との交渉は「団体Ｋ」の面々が、他の出演者との交渉はＡさんが、出店者との交渉はＧさんが担当し、分業体制で準備が進められた。Ｅさんは新宿消防署と交渉して「防災ゲーム」を担当し、Ｏさんは舞台演目の合間に行う「綱引き」を企画した。そして会計処理をはじめとする事務作業は主にＹさんとＳさんが担当した。七月末にＯさんの「治療所Ｏ」ではじまった「音頭教室」にも十数人が参加していた。

「祭」の理念を表象するのは、趣意書や案内文の文言だけではない。「祭」の演目や企画もまた「祭」を形づくり、その理念を表象する。「インド舞踊」、「バリ舞踊」、「タイ舞踊」、「八重山民謡」、「八丈太鼓」、「朝鮮民族芸能」といった演目は、「多民族・多文化の街」としての「ＯＫＵＢＯ」「しんじゅく」を演出する。ここに「ちんどん」やフォーク、演歌、そして河内音頭といった演目が合わさることで「アジアの祭」を形づくることが目指されていた。そして「祭」の当日に寄り集まった人たち、様々な「担い手」たちと「お客」としての参加者たちとの間で交わされる相互行為によって、「しんじゅくアジアの祭」が生起する。

「祭」の日、実際にどのような人たちが「担い手」として集まり活動したのだろうか。そして、どのような人たちが「お客」として参加したのだろうか。[22]

早朝の五時四五分ごろ、Ｓさんから「祭」決行の電話がある。音響関係の設営作業は七時すぎから始まったが、私を含めた他のスタッフは九時前に集合する。Ｙさんと共に、「やくどうの広場」に隣接するスポーツセンターの会議室の準備を始める。出演者のための控え室として借りておいたのだ。

九時半すぎからスタッフ会議が始まる。社会福祉協議会の紹介で来た「当日手伝い」のボランティアは一〇人ほど。出店・出演団体からも数人「当日手伝い」に駆けつけた。「ＯＫＵＢＯ」の取材に来ていた「共住懇」メンバーも、いつのまにか「当日手伝い」の輪に加えられる。

やがてテントを載せたＥさんのトラックが到着する。大学院生のＪさんも一緒だ。「当日手伝い」のボランティアの人たちと一緒にテントを下ろし、さっそく設営にかかる。Ｙさんの指揮で、一つのテントを七、八人がかりで作る。

Ｓさんの印刷所の職人と錦糸町の「音頭」で一緒だった男性も来て、一緒に手伝う。二人とも年配なのだがとても元気で、手順は間違っていたりもするのだけれど周りの人たちをどんどん使いながら働いている。

設営がひとしきり終ってから、屋台のテント位置が計画図通りだとやや奥まってしまうことに気づいた男性たちは、どうしようか思案していたＹさんを尻目に、「あれ前に出したほうがいいな」と話しあい、「よし前に出そう！」と言ってぱっと走っていった。

「実行委員会」の会議にほぼ毎回出席してきた「中心的な担い手」たちとは異なり、「当日手伝い」のメンバーシップは相当に流動的である。出店・出演団体から駆けつけた人たちは、主にＳさんが個人的に声をかけ、自身の出店・出演の合間に必要な仕事を請け負った。「共住懇」メンバーの一人も当時再刊を進めていた機関誌の取材に来たのだが、その場で声をかけられ「当日手伝い」に加わった。

設営作業を率先して手伝っていた職人の男性は、この前日にも「祭」の立て看板の設置を手伝っていた。もう一人の男性は根っからの河内音頭好きであり、毎年、錦糸町の「大盆踊り」でＳさんと一緒に呑む「音頭仲間」である。彼らは「実行委員会」の一員ではなく、Ｓさんの個人的な人脈によって集まった「当日手伝い」なのだが、「周辺的な担い手」たちのなかでリーダーシップを発揮し、設営作業に取り組んでいた。実際の作業において「担い手」たちの「中心性／周辺性」は時に転倒する。設営作業を指揮するＹさんよりも早く、独自に判断し「ぱっと走ってい」く。

参加者たち

彼ら「周辺的な担い手」たちの活躍によって、設営作業は順調に終わり、お昼過ぎからいよいよ「祭」が始まった[23]。

一二時五〇分ごろ、「バンドＨ」の「ちんどん」の音が会場に鳴り響く。隊列の先頭はＳさんの妹さん。「ちんどん」の隊列は広場の外周をまわり、会場へ入ってくる。そのまま隊列は舞台へ上がり、二歳くらいの男の子が真似して拾った木の棒を振り回す。

やがてＳさんが開会宣言を行う。「皆さん、お待たせいたしました！　いよいよ「アジアの祭」が始まります！　防災のこと、震災のこと、楽しく学んで、皆で踊って、盛り上がっていこう！」と叫ぶ。まだお客は少なく「実行委員会」関係者がほとんどだが、拍手が湧く。そして再び「ちんどん」の演奏へ。

「当日手伝い」のボランティアたちは、パンフレットやチラシを会場周辺で配っている。高田馬場駅まで足を伸ばす人たちもいる。印刷職人の男性は途中で「祭」を抜け、新大久保駅までチラシをまきに出かける。演目が進むにつれて、はじめは疎らだったお客も次第に増えてくる。「韓国料理Ｋ」の友人たちもお客としてやってくる。

屋台を出店していた「路上生活者支援団体Ｓ」の働きかけがあったのか、何人かの路上生活者の男性たちもやってきて、会場で「ビッグイシュー」を売りはじめる。後で聞いた話では、売り上げは好調で足りなくなって在庫をとりに帰るほどだったという。ボランティアの女子学生が、買ってきた「ビッグイシュー」を見せてくれる。御礼にと、屋台でフランクフルトを買ってくれたそうだ。「元がとれてしまった」と言って笑う。

Eさんが担当した「防災ゲーム」のコーナーでは、消防署に依頼して起震車を呼んだこともあって、親子連れの姿が多く見られるようになる。延べ五〇人ほどの参加者で、三割ほどは外国人住民だったという。Oさんが企画した「綱引き」は、ほぼぶっつけ本番だったのだが、予想以上に公園で遊んでいた子どもたちの参加者が多く、盛り上がる。「シニアの部」として、お客として来ていた中年の男性女性たちも綱引きに加わる。挨拶に来ていた区議会議員の姿もある。最後にもう一回戦やろうということになり、会場を通りかかった高校生たちも参加する。運動部らしく大きな身体で綱を引き、その迫力に会場が盛り上がる。

綱引きの効果もあってお客も増え、通りがかった周辺住民たちが屋台でランチをしたり、「韓国料理K」の屋台で夕食のおかずを買って帰る姿も見られる。子どもたちもあちこちを走り回っている。

はじめは「実行委員会」や出演・出店者の友人・知人たちが中心で、疎らだった「お客」は、演目と企画が進むにつれて次第に増えていった。土曜日と言うこともあって、公園に散歩に来た親子連れや高齢者をはじめ、近隣住民たちの姿が多く見られるようになっていった。「防災ゲーム」に参加した親子連れの三割ほどが外国人住民だったのは、大久保の人口構成を反映していると考えてよいだろう。通りがかりの高校生たちもまた、「綱引き」に参加し、予定時間を越えて企画が続けられた。

「祭」にやってきた住民たちの姿をみて、Sさんは後に、次のように話している。

「今年は地域の人がはじめて参加してくれたのが嬉しかった。「音頭教室」に来ていた人とか、商店街で知り合った人が顔を出してくれた。それが嬉しかった。今までは全然参加してくれなかったから[24]」

この日の会場には、Ｓさんが日常的に付き合っている商店街の人たち、七月から継続していた「音頭教室」の参加者たちの姿もあった。「祭」のたびに声をかけつづけていたＳさんの願望が、少しずつ実現しつつあった。戸山公園で生活する路上生活者たちも、「ビッグイシュー」を売りに「祭」会場へとやってきた。売れ行きは好調で、「在庫をとりに帰るほど」売れたという。学生は「ビッグイシュー」を買った「御礼」にと、屋台でフランクフルトを買ってもらって「元がとれてしまった」。それは交換ではなく贈答に近い。「祭」の日、ほんの小さな「出来事」の瞬間ではあるが、「担い手」たちと同じく、ここでもまた関係性は転倒している。彼らもまた、「祭」の参加者であった。

「祭」の頂点

小さな問題は多々起こりつつも、順調に進んでいた「祭」であったが、やがて懸念されていた天候が怪しくなってきた[25]。

一五時半すぎ、予報よりも早く雨がぱらつきはじめる。音響スタッフたちは大慌てで機材にブルーシートをかける。Ｓさんは、これ以上は客足が伸びないと判断し、まだ梱包されたままの当日パンフレットを印刷所に戻すことにする。さっきまで「祭」を楽しんでいて、木陰でギター演奏を聴いていた職人は、「Ｓさんが呼んでます！」と声をかけられると、ぱっと立ち上がってすばやく本部へ走り、あっという間に自転車の荷台に梱包されたパンフレットの束を括りつけ、運んでいく。

雨脚は次第に強まっていく。次に出演する「朝鮮民族芸能」チームのために、余っていたテントをステージ前に運ぶ。サムルノリの演奏で使う革製の太鼓を濡らさないためだ。「当日手伝い」のボランティアたちがすぐに集まる。

　雨対策のため、舞台の上の藤棚にブルーシートをかけることになる。私も本部を出てシートを持って走る。助走をつけて飛び上がり、なんとか藤棚によじ上る。Ｂさんが下からブルーシートを投げてくれる。折りたたみ机を梯子の代わりにして、音頭好きの男性もよじ登ってくる。足場はかなり悪く、幅五センチほどの梁が三〇センチ間隔で並んでいるだけなので、踏み外したらそのまま落ちる。私はシートの端を摑んで四つん這いで這うように進むのだが、さっきまでビールを飲んでいたはずの男性は大胆に軽々と移動している。二人で協力して、どうにか四枚のシートを張り終わる。

　ここでも活躍したのは、職人の男性をはじめとする「周辺的な担い手」たちであった。「中心的な担い手」たちは、それぞれの担当箇所の仕事で手一杯だったためだ。雨脚が強まり、「お客」たちの数も減っていってしまったが、ここからが「祭」のクライマックスとなった[26]。

　小雨が降るなか、サムルノリの鐘の音が鳴り響く。太鼓と鐘を打ち鳴らし、祈るように踊り歩く光景は幻想的だ。やがて薄もやのなか、会場から舞台裏へと、鐘の音を残してフェードアウトしていく。会場からは拍手と歓声が沸き起こる。

　続く「八丈太鼓」チームは、雨をよけて会場中央の木の下に太鼓を設置し演奏している。日が少しずつ暮れていくなかで、太鼓の音が公園に響き渡る。やがて「朝鮮民族芸能」チームが帰ってきて、サムルノリと太鼓の即興セッションが始まる。

　そして一七時半ごろ、最後の演目である河内音頭の演奏が始まる。冒頭の曲はアップテンポで「音頭」を待っていた会場が盛り上がる。最後まで残っていたお客は十数人ほどだったが、そのほとんどは河内音頭のファン達だ。雨が降るなか、「音頭取り」たちは舞台上に設置したテントの下で演奏を続ける。舞台の下に移動したテントでは立ち見の客たちが演奏に耳を傾け、その外側には踊りの輪が広がる。「お客」以外にも、「当日手伝い」のボランティアたち、「バンドＨ」、衣装姿のままの「八丈太鼓」や「朝鮮民族芸能」チームの出演者たち、Ｓさんをはじめとする「実行委員会」の「担い手」たちもまた、踊りの輪に加わる。私もＳさんから預かった荷物を抱えたまま輪に入る。踊りの輪は数十人に広がる。これがそのまま「祭」の「打ち上げ」のようだ。

河内音頭が始まると、小雨が降るなか、「祭」の「担い手」も「お客」も、「当日手伝い」も出演者も出店者も、ひとつの輪となった。陽はすでに暮れ、屋台と舞台の明かりが広場を薄らと照らしていた。踊りの輪の外で、「音頭取り」たちの演奏に耳を傾ける者もいた。Ｓさんの「祭」の原風景である錦糸町の「大盆踊り」とは、規模の上では比ぶべくもないが、この日の「祭」のクライマックス、その一瞬の風景には、Ｓさんの「流れるまち、人々」の「交流と防災」の願望が象徴的に表れていた。

「祭」の理念をめぐって、「中心的な担い手」たちのなかでさえ、その重心には差異があった。そして「祭」の理念は、「周辺的な担い手」や「お客」たちにまで必ずしも共有されていたわけではない。しかしある特定の時間と空間で生起する「集合的な出来事」のなかで、こうした差異は棚上げされ、溶けていく。

こうした過程は、「祭」の理念を説得的に伝えるという言語的なコミュニケーションによってではなく、同じ時間と空間に居合わせ、体験を共有するという身体的なコミュニケーションに媒介されて引き起こされたものである。そしてこの場に居合わせた者たちの身体には、雨のなか輪になって踊った記憶が、そして「祭」の後、びしょ濡れになりながら暗闇のなかで撤収作業した記憶が刻まれる。この日、はじめて「祭」に参加し、アドリブでセッションを行い、出演後も残って踊りの輪に加わった「八丈太鼓」と「朝鮮民族芸能」チームの「担い手」たちは、翌二〇一〇年の「ＯＫＵＢＯアジアの祭」の「中心的な担い手」となっていった。

反省会にて

「祭」の後、一一月から一二月にかけて、Ｓさん、Ｙさん、そして筆者で会計作業が進められた。助成金の対象から「音頭取り」を大阪から招致した費用が除外されてしまったため、大幅な赤字が懸念された。一二月に入ってようやく会計作業が終り、最終的には二〇万円ほどの赤字となった。

一二月の初め、会計報告を兼ねて「実行委員会」の反省会が行われた。年の瀬ということもあって参加者は限られた。そして反省会の議論において、「祭」の理念をめぐる差異と対立軸が再び浮きあがることとなる。それぞれの担当箇所について順々に振り返るなかで、はじめに大きな反省点としてあがったのは「祭」の演目をめぐる問題だった[27]。

Ｗさん「出演者と演目が多すぎた。時間配分に四苦八苦して演出的なことは何もできなかった。とにかく長かった」

Ｅさん「たしかに、全部いる人にとっては長かった」

Ｗさん「もうちょっとふるいにかけても良かったんじゃないか。お客さんを持っている人、初めて見る人を説得できるような人、もう少し楽しませることができる人を連れてこないといけない。もう少し絞り込んで、じっくりやってもらったほうがいい。もう少し求心力のある人がやらないといけない」

Sさん「あれもこれもになっちゃったからね」
Wさん「母体が無いのに、あれもこれもになってしまった」
Gさん「あれだけの長さを持たせるのは大変」
Wさん「やってるわりに定着がない。ジプシーでやってるからってのもあるけど、これまでの活動と継続していかない。だから客が少ない」

「祭」当日には周辺住民たちの参加も見られたのだが、その数は延べ三〇〇人程であった。「祭」の演目が多く開催時間が長かったことと、「祭」会場となった「やくどうの広場」を目一杯使用してテント等を配置したことが重なって、単位時間あたりの参加者の数はより少なくなった。また雨天によって客足が伸びず、「祭」のメイン企画でありはずの河内音頭まで残っていたのは、ほとんどが「実行委員会」の関係者たちであった。

Wさんはこれらの要因以上に、「演目」が「求心力のある」ものではなかったと話す。こうして再び、「祭」の理念をめぐる問題が浮きあがってきた。個々の振り返りが終わり、「全体的なこと」を総括する時間になったとき、Wさんは再び問題を提起した。

Wさん「全体的なことで言うと、やっぱり告知が不足してた。人が少なすぎる」
Eさん「いや、あれは日程の問題で、三連続だったから」（同じ会場で三週連続でイベントが開催されていた）
Wさん「周りの人はそうかもしれないけど、あれ目当てに余所からやってくる人はほとんどいなかった」
Eさん「でも、やれるだけのことはやりましたよ。もっと強制力のあるようなやり方があるのかもしれないけれど」

Wさん「いや、強制してやるものじゃないと思いますけど、もっと告知しなきゃダメだと思いますよ」
Eさん「もっとと言っても、やれることはやった。他に何ができたか」
Wさん「もっと遠くから人を呼ぶとか。周辺の人が来ればいいという祭ではない」
Eさん「地元以外というと、他にどんな方法がありますか？」
Wさん「新聞とか。テレビとは言わないけれど。私は「地域の祭」という考え方はない。もっと広い範囲から人を集めたい。もっと集客力のある演者がいる」〔…〕
Gさん「やっぱり「祭」のメインが何なのかが見えなかったと思いますよ。私もずっと見てましたけど、メインは何なのか、「音頭」は中心じゃないのか」
私「たぶん先ほどの演目が多すぎたっていうWさんのお話と、皆さんが感じていた「祭」が長かったっていう話と、今のメインは何なのかっていう話は重なると思うんですよ」
　Wさんは大きくうなずいて言った。「だから私は、あえて「音頭」じゃなくてもいいんじゃないかと思いますよ。「音頭」だけをやるのならともかく、あれを引っ張ってくるのが大変」
Yさん「今回は「アジアの祭」と「防災」と「音頭」と三本立てになっちゃって、膨らみすぎましたよね」
Wさん「「防災」でやるのも手だと思いますよ。自分たちの手でできることをやっていく」
Eさん「でも「防災」は今回おまけみたいなもんで、助成金のために入れた部分もありますから」
私「いやでも、「祭と防災」はSさんの「祭」の意味で核ですよね？」
Eさん「もちろんそうだけど、「防災」は防災訓練じゃなくてもできる。「祭」で繋がりをつくって、それが「防災」になるということだから」
Wさん「それなら地域の祭はないの？　町内会とか」

Eさん「それで地域がなかなか合体できないから、何かやろうということ」

Wさん「それは難しいことじゃない？　それをやるならそれで絞り込まないと。俺は「防災」悪くないと思うよ。綱引きとかやってさ」

私「あの、僕は今年はじめて準備に参加させて頂いて、その前のことは想像するしかないのですが、やっぱり「地域の祭」なのか「外から人を呼びこむ祭」なのかってことが課題なんじゃないでしょうか。もしも「防災」を中心にすえるのなら、それは地域にとってのもので、外から人を呼ぶためのテーマではないですよね。もし外から人を呼ぶのであれば、さっきお話に出ていましたが、「音頭」など集客力のある演目をやらないと、ということになると思います。もしかしたら、どっちかということではないのかもしれませんが……」

Eさん「「アジアの祭」と「防災」は、うまく結びつくかもしれない。あるいは「音頭」を独立するということもありうる。実は、「韓人会」からやるんだったら声をかけてほしかったという話もあった」

私「もしそれで地元の店がたくさん出店するのであれば、いいかもしれないですね」

　Eさんは、「でもそれで去年エライ目にあったからね」と言って笑う。

Wさん「「外国人と防災」ということなら、すばらしい「祭」になると思いますよ」

　反省会においてWさんがまず提起したのは、「祭」の射程をめぐる問題であった。Wさんは演目に関して「もう少し求心力のある人がやらないといけない」と話し、参加者の少なさについて「告知が不足していた」と言った。これに対しEさんは、「やれるだけのことはやった」と反論した。実際にEさんは、大久保の語学学校や教会など、外国人住民の集まる場所への告知を精力的に行ってきた。「他に何ができたか」とEさんが言うだけの理由が、その言葉の背後にはあった。

しかしここでWさんが指摘している「求心力」や「告知」の少なさは、単に参加者の量に対して向けられているわけではない。Wさんは「余所からやってくる人」の少なさを問題にしていた。Wさんにとって、そしておそらく「団体K」の面々にとって、「アジアの祭」とは、「周辺の人が来ればいいという祭」「地域の祭」ではなかった。「もっと広い範囲から人を集めたい」とWさんは言う。そのために「もっと集客力のある演者がいる」のである。反省会には出席していなかったが、Aさんもまた、「祭」の準備段階の会議において、「お客は関東全域が視野に入っているはず」と言っていたことを想起したい。ここで問われ直していたのは、「祭」の運営において棚上げにされていた、それぞれの「担い手」たちが認識している「祭」の射程をめぐる差異であった。

「祭」の射程をどう認識するかは、「祭」の目的をどう解釈するか、ということに関わってくる。「祭」の基本的な理念である「交流と防災」のうち、前者は誰と誰との「交流」なのか、という問いをはらんでおり、それは「祭」の射程と相互に規定される。これに対し「防災」という理念は、はじめから大久保を中心とする「近隣＝地域」を焦点としている。そして「防災」に重心を置くとき、河内音頭という招致費用の高い、「引っ張ってくるのが大変」な演目の必然性は弱まる。だからWさんは、「あえて「音頭」じゃなくてもいいんじゃないか」と言ったのだ。

理念と領域性

「祭」の目的＝射程の設定は、「祭」の焦点となる〈象徴的空間〉と分かちがたく結びついている。「防災」という目的の設定は、大久保（ないし新宿）という「近隣」の心象によって抽象された〈象徴的空間〉を焦点とし、「場所としての地域」を「近隣＝地域」として分節化する。その一方で、大阪・河内という「地域」の文脈から切り離され、錦糸町に根付いた河内音頭はむしろ、「近隣＝地域」に対してその脱領域性を強調する。二〇〇三年の「新宿盆ダンス」以来、「アジアの祭」の主要な演目でありつづけてきた河内音頭は、「流れる人々」の寄り集まりの象徴であった。すなわち、二〇〇九年の「祭」が最後まで抱えていた最大の問題は、「祭」の焦点となる二つの〈象徴的空間〉が「場所としての地域」の分節化をめぐって両義性をはらんでいることであった。

筆者は反省会の当時、こうした両義性は両立不可能なものだと考えていた。そして「地元の店がたくさん出店するのであれば、いいかもしれない」という発言からも明らかなように、「アジアの祭」は「地域の祭」を目指しているのだと考えていた。しかしEさんが言うように、「「祭」で繋がりをつくって、それが「防災」になるということだ」とするならば、「防災」とはメタレベルの目的であって、ことさら明示的に告知する必要はないのかもしれない。そうであるならば、「交流と防災」以外の「祭」の理念を設定する必要があったのだろうか。

限られた地理空間を基礎とした「近隣」という心象に基づき、大久保の内にある諸組織・集団や住民たちを呼び込むことのできる理念と、地理空間から相対的に解放された「多民族・多文化の街」という心象に基づき、大久保の外からやってくる人々を呼び込むことのできる理念とは、いかにして両立可能なのか。これは「近隣＝地域」と「多民族・多文化の街」という二つの〈象徴的空間〉の分立をめぐる問題である。大久保の住民と非住民を、「近隣＝地域」の「内」と「外」を、そして移動する者たちを含み込む領域性を産出することの困難が、二〇〇九年の「アジアの祭」の運営プロセスから見えてくる。

ただしこうした「祭」の理念をめぐる両義性は、あくまで言説レベルにおける問題であることにも留意すべきであろう。実際の「集合的な出来事」の時間と空間において、「近隣＝地域」の「内／外」のどちらに重心を置くのかという「担い手」間の差異は、棚上げされ、時に溶けあう。「実行委員会」の「中心的な担い手」たちが、幾度も議論を重ね、対立しつつも折り合いをつけて、趣意書や案内文の文言を決定しようとも、実際の「集合的な出来事」においては意図せざる関係性が結ばれ、また転倒が起こる。しかし差異を無化するだけでは、「祭」の理念は見失われてしまうだろう。その都度再検討され、対立しつつ議論し、着地点を見いだすという相互行為のなかでしか、理念は理念として存在できないからだ。

本章では、「集合的な出来事」の事例として、「しんじゅくアジアの祭２００９」の運営プロセスの記述と分析を行ってきた。本章の最後に辿り着いた、「祭」の焦点となる〈象徴的空間〉の複数性が、すなわち近接性と脱領域性、定住性と移動性といった相矛盾する観念が併存しうる条件については、もう一つの事例である「ＯＫＵＢＯアジアの祭２０１１」の運営プロセスを記述・分析した後に、終章で考察することとしよう。

第四章 「場所」をかちとる——「OKUBOアジアの祭」、二〇一〇‐一一

「三〇年いてもまだ「余所者」だからね。それでもようやく少し付き合いが変わってきた。ここまで八年かかった。三〇年かかったって言ってもいい。今年は無理だなって思っていたけど、花屋さんで、お客さんに今年は終ったのってきかれたって話をきいて、やろうって決めた。出演者の人たちにも、やろうやろうって言われていた。音頭には、もういっかい再生して、力をつけてからやるから待っていてくれって言った。小さくても「種火」を残しておきたい」

——二〇一〇年一一月二九日、Sさん

第一節　運営体制の大転換

「祭」の休止

二〇〇九年一〇月の「祭」の後すぐに、Sさん、Yさん、筆者で会計作業が進められた。一一月中旬には三人で集まり、Sさんが作成した収支費目のリストをもとに、助成金の制度枠組のなかで計上可能なものを仕分けていった。YさんやOさんが個人的に寄付を行うなど持ち出しをしていたが、それでも赤字が大きくなりそうな状況だった。助成金を申請した際、「音頭取り」の予算を他の出演者と分けたため、十数人からなる「音頭取り」への謝礼が見かけ上大きくなり、助成対象から外されてしまったのだ。大阪から招聘するための交通費や宿泊費ももちろん対象外だ。

そして会計作業は一一月中ずっと続いた。Sさんは本業である印刷所の仕事の合間に作業を進めていた。赤字はやはり大きくなった。ただしそれだけの価値はあったと、Sさんは感じていた。

「でも、「祭」の評判はすごくいいんだよね。やっぱりずっと続けてきたってのもあるしさ……。でも、来年もやろうって言われて、どうしようってさ[1]」

大久保の住民たちがお客として「祭」に来てくれたことを、Sさんは何よりも喜んでいた。出演者たちからも評判で、「来年もぜひやろう」と言われたという。しかし同時に、今回の赤字によって「共住懇」の活動そのものが難しくなり、次年度の「祭」開催が危ぶまれることを、心配していた。

こうした状況を察知するように、Ｓさんは二〇〇九年の「祭」を進めるなかで、すでに次年度の運営体制を見直しはじめていた。「祭」開催直前の準備作業中のことである。[2]

作業がひとしきり終った頃、Ｓさんが「来年は「アジアの祭」のやり方を考え直そうと思っている」とつぶやくように言う。「昨日の会議でうんざりしちゃったんだよね……。あれだけやって、全然まとまんないじゃん」

前日の会議では、「祭」開催前の最終的な打ち合わせが行われた。当日の進行表を元に設営から撤収までの作業の流れを確認したのだが、役割分担が構造化し担当ごとに相談することが多く、全体の話しあいの流れが度々中断してしまい、Ｓさんが「はい集中！」と声を上げなければならない場面がみられた。

Ｓさんは続けて、「反省会で爆弾発言しようかと思ってるよ……。来年は実行委員長やめますってさ」と言って笑う。

「そしたら誰も「祭」やらないと思いますよ」と私は答える。

「そうだろうな」と言って、Ｓさんはまた笑う。「お金もかかりすぎるしさ、何だかんだって言うわりにみんな全然お金とってきてくれないじゃん」

「そうですよね……。たしかに、他のＮＰＯなんかでも、助成金とるのに精一杯で、何のためにやってるか、わからなくなっちゃうこともあるみたいですし」

「うん、だから、来年は東京の人だけでやろうかなと思う。Ｗさんも考えてはくれてるんだけどさ……」

前章で述べたように、二〇〇三年の「新宿盆ダンス」以来、「アジアの祭」は「共住懇」と「団体Ｋ」とい二つの組織を土台として運営されてきた。行政との交渉を含め、新宿・大久保を中心とする諸組織・集団との協力関係を「共住懇」の面々が支え、「音頭取り」の招致、運営上のスケジュール管理、音響をはじめとする専門技術など、「祭」の屋台骨となる部分を「団体K」の面々が支えてきた。しかし二〇〇九年の「祭」を終え、こうした二大組織による運営体制を見直す時期が来ていたのである。

　こうした状況のなか、「祭」の直後には、Sさんは「祭」の開催を「一年おきにする」ことなども検討しており[3]、翌二〇一〇年の「祭」は休止するという流れになっていた。二〇一〇年八月の「共住懇」総会では、「今年は「アジアの祭」はやらないのか」という質問に対し、Yさんは次のように応えている。

「お金の問題が大きい。成立させるのでいっぱいいっぱいになってしまう。新宿区が同様のイベント、「ふれあいフェスタ」を始めたことも大きい。「共住懇」としてやる意味を考えなおす時期がきている[4]」

　Yさんが話のなかで触れた「ふれあいフェスタ」は、新宿区主催の企画であり、二〇〇九年は「アジアの祭」のちょうど一週間前に、同じ会場で開催された。そのプログラムは「大久保太鼓」「世界の踊り」「中国の二胡演奏」「ミャンマーの楽器演奏と踊り」「サムルノリ」であった。起震車体験も行っており、この年は特に「アジアの祭」と内容が重なっていた。当時、チラシをみたSさんは、「無いのは河内音頭くらいだね。うちの「祭」いらないんじゃないって思っちゃうね」と話していた[5]。行政が同様の企画をやるのであれば、「アジアの祭」として独自に企画する必要があるのか、考えなおす時期が来ていた。

突然の開催

しかし二〇一〇年一一月の末、「共住懇」のメーリングリストを通じて、Ｓさんは突如「アジアの祭」開催を宣言した。この年の後半、筆者は「共住懇」元代表のＦさんの本作りという企画に集中しており、「祭」が水面下で準備されていたことを知らなかった。しかしこれはＹさんも同様であったようである。二〇一〇年の「祭」は、「共住懇」という組織を中心としたものではなく、Ｓさんを中心として急遽開催が決定され、準備が進められた。この時の運営に関わり翌二〇一一年の「祭」の「中心的な担い手」となった男性、Ｎさんによれば、八月にＳさんと会ったときに「祭」の話題が上がったが、実際に準備が始まったのは一〇月に入ってからだったという。二〇一〇年の「祭」は、「団体Ｋ」の面々の助力なしに、わずか二ヵ月でつくり上げられたことになる。

これは前年の「祭」の出演者たちが、運営の「中心的な担い手」となったことで成り立っていた。あの日、雨のなか即興でセッションを行い、河内音頭の輪に加わった、「朝鮮民族芸能」と「八丈太鼓」の面々である。「朝鮮民族芸」や「八丈太鼓」の他にも、Ｏさんが知り合いになった「ハラール食品Ｊ」に務めるバングラデシュの青年たち、三月に開催された「共住懇」企画「おおくぼ学校」でゲストスピーカーを務めたＳｋ牧師の「牧師ハンド」などが、出演者として「祭」に参加した。バングラデシュの青年たちの人脈を通じてキッチンカーも出店し、ケバブサンドを販売していた。

特別企画として、阪神淡路大震災の記録映像の上映と、Ａさん司会の「首都圏大地震に備える多民族トーク」も行われた。バングラデシュの青年、ミャンマーと中国の女性、そして「共住懇」のＥさんが、災害時の不安や心配について語り合った。そして特別企画とライブの後には、生演奏ではなくＣＤ音源であったが、やはり河内音頭を踊った。

会場となったＲ会館とは、Ｓさんが印刷の仕事を通じて協力関係を築いており、音響や照明機材は会館の設備を使用することができた。またR会館を中心に活動する「市民団体F」の面々も、Sさんの声かけで「祭」の「中心的な担い手」となり、事務局を務めた。資源の流れという側面からみると、二〇一〇年の「祭」は、Sさんが培ってきた個人的な人脈を媒介とする、インフォーマルな制度を最大限に活用することで成り立っていた。

　二〇一〇年の「祭」では、それまで欠かすことのなかった「団体K」の面々は抜け、河内音頭の「音頭取り」の招致も行っていない。これにより予算規模も縮小し、また当日の寄付（カンパ）もよく集まったため、次年度への繰越金を用意できるほどの黒字会計となった。

　翌二〇一一年の三月二六日には、東日本大震災を受けて、T教会の礼拝堂を会場にチャリティー企画「OKUBOの集い」が開催された。そしてこの時の「担い手」たちの手によって、二〇一一年の「祭」が運営されていくこととなる。

「OKUBOアジアの祭2011」の「担い手」たち

　二〇〇九年の「しんじゅくアジアの祭」から二〇一〇年の「OKUBOアジアの祭」までの間に、運営の「中心的な担い手」たちは入れ代わり、運営体制は大きく転換した。それに伴って、運営主体の名称は「実行委員会」から「運営委員会」へと変更された。この年の事務局を務めたNさんは、後に次のように語っている。

> 「運営に関わるそれぞれが日々の活動をしていく、そのなかで、二〇一〇年には「祭」をやるのか、やるとしたらどうやるのかというところから話しあうつもりで、「実行委員会」から「運営委員会」に変わりました[6]」

　二〇〇九年までのように「音頭取り」招致を中心にして逆算するかたちではなく、新たな「担い手」たちが集

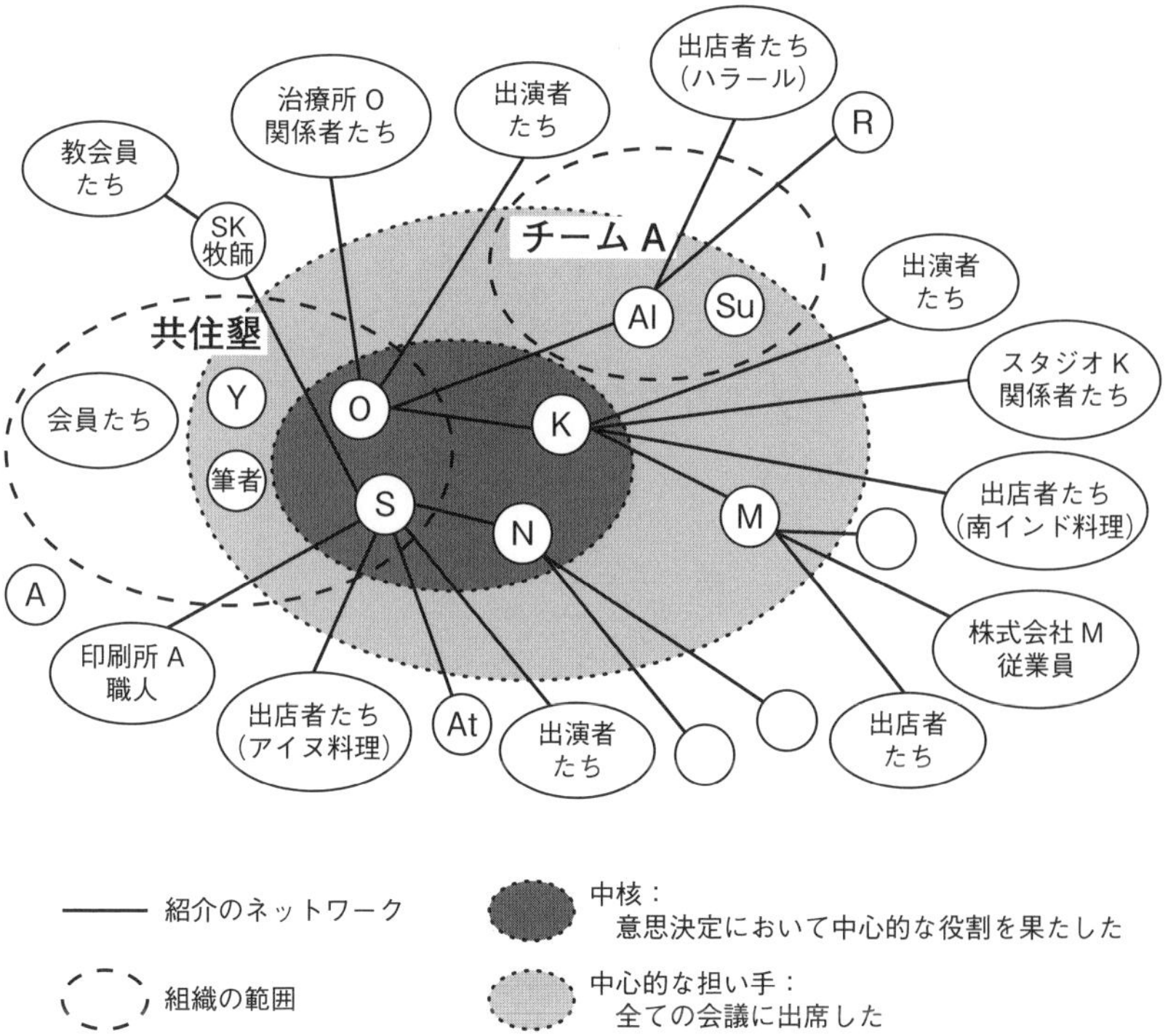

図4-1　「OKUBOアジアの祭2011」の「担い手」たち

注：実線の円は基本的には「担い手」個人を表わすが、観察記録から追い切れなかった部分については集合的主体として表示されている。ただし記述の単位は個人（ないし諸個人）であり、組織ではないことは留意されたい。図を簡略化するため、組織内のネットワークについては省略してある。

出所：調査日誌および会議資料をもとに筆者が作成。

い、「祭」をゼロから作りあげていくという形へと、運営体制が転換していったのである。Sさんは新しい運営体制について、次のように話している。

「「アジアの祭」も委員長は私だけど、毎回議長も書記もおまえがやれって渡して、役目はぐるぐる変わっていた。忙しいのはわかるけど、やる人が決まっているとそこで止まっちゃうんだよ。忙しいのは皆一緒なんだから、外から人を入れていかないと[7]」

Sさんが「外から人を入れていかないと」と話すように、二〇〇三年の「新宿盆ダンス」以来、運営の「中核」であり続けてきた「団体K」の面々の空白を埋めるかたちで、新たな「担い手」たちが運営に携わっていった。これまで相対的に安定した地位と役割分担を維持してきた「中核」は、「担い手」の入れ代わりによって流動化の局面を迎えていた。

こうした状態は二〇一一年においても継続しており、「担い手」たちが友人・知人に声をかけ、新たに会議に参加したり、途中で離脱したりといった過程が繰り返された。二〇一〇年の「祭」を支えた「朝鮮民族芸能」と「八丈太鼓」の面々もまた、その中心人物が震災ボランティアの活動や転居などの事情を抱えたため、二〇一一年の会議および「祭」には参加していない。そのため以下では、二〇一一年の「祭」運営プロセスの最終段階における「担い手」たちの布置連関（図4-1）を基準に、記述していくことにする。

「中核」たち

二〇一一年の「祭」運営の「中核」を担ったのは、二〇一〇年の「祭」を「中心的な担い手」として支えた面々であった。

Sさんは、運営体制の転換後も一貫して運営委員長であり続け、同時に会計も務めた。また彼女の個人的な人脈によって、二〇一一年の「祭」においても、複数の「周辺的な担い手」たちが出店・出演、「当日手伝い」として駆けつけた。二〇一〇年の「祭」会場となったR会館も、二〇一一年の「祭」会場となったT教会も、ともにSさんの築いた協力関係によって利用が可能となった。

Oさんは、二〇〇六年ごろから「共住懇」に加わり、「中心的な担い手」として「運営委員会」に関わってきた。二〇〇九年の「祭」では、彼自身が参加する「綱引連盟」の取り組みを生かした企画を行った。翌二〇一〇年の「祭」では、「バンドY」の一員として出演も果たした。二〇一一年は出店者との交渉窓口となった。また

「綱引」の活動で知り合ったバングラデシュ出身の男性、Alさんとの人脈を通じて、大久保のハラール食品店とも親しくなるなど、彼の個人的な人脈は大久保に広がっていった。これまで「中核」を担い、大久保での活動の中心であったEさんが都外へ転居したことによって空いた穴を、Oさんが埋めたといえる。

Nさんは、二〇一〇年の「祭」から新しく参加した男性である。建設業と「唄活動ユニットN」での音楽活動を行ってきた。二〇〇九年に出演した「朝鮮民族芸能」チーム代表のプロデュース活動を行っていたことから、Sさんと知り合い、二〇一〇年には「運営委員会」の事務局として運営の下支えをした。横浜・寿町や、中野でのイベント運営にも関わった経験を持ち、その知識は「団体K」の面々が抜けた空白を埋めた。二〇一一年にも引き続き事務局を務め、毎回の会議の司会進行および資料作成を行った。

Kさんもまた、二〇一〇年の「祭」から新しく参加した男性である。百人町で「スタジオK」を経営しており、そこで知り合いになったOさんが声をかけて運営会議に参加するようになった。二〇一一年の「祭」では、音響機材の設置や運用を一手に引き受け、「団体K」の面々、とりわけWさんが抜けた空白を埋めた。また出演者との交渉および当日の舞台進行を引き受けた。

「中核」の指標をその地位と役割分担の持続性に求めるならば、二〇一一年の「運営委員会」における真の「中核」はSさんただ一人であった。しかし、それまで「中核」であり続けた「共住懇」のEさんが都外へ転居し、また「団体K」の面々も運営から離脱したことから、彼らが果たしていた役割を埋めたOさん、Nさん、Kさんの三人もまた、「中心的な担い手」のなかで「中核」を構成していたと見なすことが出来る。

「中心的な担い手」たち

会議への出席者が固定せず、「担い手」の流動性が高かった二〇一一年の「運営委員会」において、「中心的な担い手」と「周辺的な担い手」との境界は曖昧である。しかし「運営委員会」に参加した時期、会議への出席数、準備作業において果たした役割の上で識別することは可能であるし、こうした分節化は「担い手」たちの布置連関を把握する一助となるだろう。

Ｙさんおよび筆者は、二〇一〇年の「祭」には主に「当日手伝い」として参加するに留まっていたため、新たな運営体制には遅れて参加したことになる。二〇一一年の「祭」においては、Ｙさんは事務局の仕事をＮさんに譲るかたちでやや距離をとった関わり方となった。地元の西新宿の「祭」運営にも関わっていたため、「アジアの祭」運営会議の全てに出席したわけではなく、会計作業などにおいてＳさんのサポートを行っていた。筆者は第二回会議から全ての会議に参加し、当初は議事録を作成していたが、次第にＮさんと共に事務局の仕事を分担するようになり、「祭」当日は「座談会」企画の司会を担当することとなった。二〇一一年の「運営委員会」における筆者の位置取りは、「中心的な担い手」と「中核」の間、あるいは前者から後者への移行過程にあったといえる。

Ａｌさんは、Ｏさんが「綱引」を通じて知り合ったバングラデシュ出身の男性である。電気工事業「チームＡ」の代表であり、二〇一〇年には彼の人脈を通じて、キッチンカーで飲食業を営むバングラデシュの青年たちが屋台出店した。Ａｌさん自身も、二〇一〇年の「アジアの祭」と二〇一一年三月の「ＯＫＵＢＯの集い」において、「トークライブ」に出演していた。二〇一一年の「祭」においても、会議に友人たちを招いたり、大久保のハラール食品店の出店を実現させたりと、彼の個人的な人脈が活かされた。

Ｓｕさんは、「チームＡ」で働く女性であり、Ａｌさんの仕事を支えている。Ａｌさんが出席できない時にも会議に参加し、Ａｌさんの代理人を務めた。ＡｌさんとＳｕさんはひとつのチームとして捉えたほうがよい。

Ｍさんは、二〇一一年に新しく参加した百人町在住の男性である。Ｋさんが声をかけて、第三回会議から

「祭」の「担い手」となった。百人町には祖父の代から居住しており、両親は物販業とテナント貸業を営んでいる。三世代前から居住するという「旧住民」としての属性は、その「担い手」のほとんどが移住第一世代か大久保外の居住者である「運営委員会」において、極めて稀な要素であった。二〇一一年の「祭」においては、ほぼ毎回の会議に参加し、友人を招き、新たな「担い手」たちの参加をもたらした。これまで一貫してＳさんがデザインしていたチラシやパンフレットのデザインもＭさんが引き受けた。

彼／彼女らを「中心的な担い手」として捉えるのは、彼／彼女たちが二〇一一年の「祭」運営において、初期の会議から継続的に参加し、後述するように、新たな「担い手」の加入、資源の獲得、そして「祭」の理念をめぐる議論において、決定的な役割を果たしたからである。

「周辺的な担い手」たち

会場が正式に決定し、二〇一一年の「祭」準備が本格的に始動したのは、九月の第六回会議のことだった。これ以降に「運営委員会」に加入した人たち、あるいは運営に直接関わるようになった人たちを、出店・出演者や「当日手伝い」と同じく、「周辺的な担い手」として把えたい。ここではひとまず、「運営委員会」の成員に絞って記述していく。

Ａｔさんは、二〇一〇年から「運営委員会」に参加した女性である。二〇〇六年と二〇〇七年の「祭」では出演団体の一員として参加していたが、Ｓさんとはアイヌ文化を伝承する活動を通じて、以前から交流があった。二〇一一年の会議にはほとんど出席していないが、メールでの情報共有の他、ブログ作成などの広報活動を行った。「祭」当日は「アジアの伝統芸能」コーナーを企画し、朝鮮民族楽器の演奏や「民族衣装」体験などを行った。

Ｒさんは、バングラデシュ出身の青年でＡ１さんの友人である。キッチンカーで飲食業を営んでおり、二〇一〇年の「祭」ではケバブサンドを販売していた。二〇一一年の「祭」にも当初は出店予定であった。

Ａさんは、二〇〇三年の「新宿盆ダンス」以来、「祭」の「中核」であり続けたが、二〇一一年には、阪神淡路大震災後の記録映画の上映活動に関わった教師たちに呼ばれるかたちで、宮城県・石巻へと撮影に入った。そのため、第二回会議以降は出席せず、メールでの情報共有に留まった。「祭」当日は一人の「お客」として参加した。

また、Ｍさんが声をかけた在日コリアンの女性、Ｎさんが横浜・寿町での「コンサート」運営を通じて知り合った二人の女性もまた、運営会議の途中から参加するようになり、会議後の食事会で韓国料理を振る舞ったり、「祭」当日の設営・撤収作業、物販や記録撮影の仕事に携わったりした。

彼女／彼らのほかにも、「祭」の当日には、「運営委員会」の「担い手」たちの個人的な人脈を通じて、「共住懇」の「担い手」たち、Ｔ教会の牧師や教会員たち、Ｏさんの「治療所Ｏ」の関係者たち、Ｓさんの印刷所やＭさんの会社の従業員たちなど、多様な「周辺的な担い手」たちが集まり、出演・出店者や「当日手伝い」として「祭」に参加した。

「担い手」たちの布置連関

ここまで記述してきた、「ＯＫＵＢＯアジアの祭２０１１」における「担い手」たちの布置連関を図示したものが、前掲の図４－１である。その特徴は、次の三点にまとめられる。

第一に、「中核」を含む「中心的な担い手」を包摂する組織が存在しない点である。「共住懇」には相対的に多くの「担い手」が包摂されているものの、「中核」の半数が所属するに過ぎない。「中心的な担い手」にまで視野を広げれば、その傾向はより顕著である。すなわち、二〇一一年の「祭」における「担い手」たちの布置連関を組織体として記述するのは困難であり、ネットワークの集群として記述した方がその特徴を捉えやすいということである。こうした特徴は、以下のNさんの情報共有の戦略からも裏打ちされる。五月の第二回運営会議でのことである(8)。

運営会議の後、Nさんに「今回は議事録を阪口さん（筆者）とYさんにも送りますね」と言われる。「メーリングリストなどがあるんですか？」と聞くと、メーリングリストはつくらず、同報メールで送っているという。「メーリングリストだと一度だけ来た人にも送られ続けることになり、毎回来なきゃいけないのかと思わせてしまうから」とNさんは言う。

メーリングリストに登録されることは、成員の指標としての意味合いを不可避的に伴ってしまう。そのことへ注意を払い、「担い手」の緩やかな繋がりのなかで活動を作っていこうという狙いが、このNさんのメーリングリストをめぐる戦略のなかに現われていた。「今回は」という言葉に表れているように、この時、筆者とYさんは、「運営委員会」の成員になる一歩手前にいたということになる。

組織に包摂されない諸個人が、緩やかにネットワークを形成し、「担い手」となっていくという点に、二〇一一年の「祭」における「担い手」の布置連関の特徴がみられる。先に述べた、「中心的な担い手」と「周辺的な担い手」の境界の曖昧さも、こうした特徴に起因する。

第二の特徴として取り上げたいのは、ネットワーク構造からみる多極性である。これは「担い手」たちが誰の人脈を介して「祭」に参加したのか、という点に着目することで見えてくる。まず目を引くのは、最も多くの

「担い手」たちを結びつけているＳさんの存在である。Ｓさんは同じく「中核」であるＮさんと結びついているだけでなく、Ｔ教会のＳｋ牧師および教会員たちや、アイヌ料理の出店者たちとも結びついており、こうしたネットワークは相対的に孤立した複数の「クラスター」を結びつける「局所ブリッジ」の機能を果たしている。

しかし同時に着目すべきなのは、Ｏさんから派生し、Ｋさん、Ｍさんへと繋がるネットワークである。ＯさんはＡｌさんのエスニック・ネットワークを通じてバングラデシュの青年たちと結びつき、さらにＫさんは「スタジオＫ」の関係者やインド料理店の家族たち、そして「中心的な担い手」であるＭさんとも結びついている。つまりＯさんから派生するネットワークもまた、「局所ブリッジ」の機能を果たし、こうした結びつきによって、多くの「周辺的な担い手」たちを「祭」に呼び込んでいるのである。

二〇一一年の「祭」における「担い手」の布置連関は、ネットワーク構造に着目した場合、「局所ブリッジ」の機能を果たす多くのネットワークの結節点となる人物が複数存在する、多極的な構造を持っているといえる。そしてその多極的なネットワーク構造は、ＳさんからＮさんへと至る系統と、Ｏさんを起点としＫさんを経てＭさんへと至る系統の、二系統からなる。

第三の特徴は、領域性の観点から浮かび上がってくる。第一、第二の特徴が示しているのは、二〇一一年の「担い手」の布置連関が組織に包摂されず、多極的なネットワーク構造を持ち、社会空間上では拡散しているということである。しかしその一方で、「担い手」たちを地理空間上に再配置した場合にはいかなる様相を示すのか。「中核」を含む「中心的な担い手」のうち、大久保を居住または就業地とするのは、Ｓさん、Ｏさん、Ｋさん、そしてＭさんの四名である。「祭」運営への参加の度合いが大きい「中心的な担い手」に限定してみた場合、Ｓさんから派生する系統は地理空間上でも拡散しているのに対し、Ｏさんから派生する系統は相対的に「クラスター」をなしているといえる。こうして地理空間上では、Ｓさんの系統とＯさんの系統の非対称性が見えてくる。

こうした特徴をもつ「担い手」の布置連関を土台として、二〇一一年の「祭」は運営され、そして一一月に開催されることとなる。こうした特徴は、資源の調達をめぐる諸組織・集団の制度的連関や「祭」の理念をめぐる議論と、どのように関係してくるのだろうか。

第二節　いくつもの「祭」

運営方針の転換

二〇一一年の「祭」の準備は、これまでの「祭」の運営方針を見なおすことから始まった。すなわち、一年に一度、河内音頭の「音頭取り」を招聘して「祭」を行うために、必要な会場、予算、人手などを逆算し準備するという方針からの転換であった。これはすでに二〇一〇年の「祭」運営において準備されてきたプロセスでもあった。

筆者が二〇一一年の「祭」の準備が始まったことを知ったのは、その年の四月中旬のことだった。Ｓさんは前日に行われた第一回会議を振り返り、今年の「祭」の方向性について次のように話した。

「震災だからといって自粛せず、今までずっと言ってきたことを、今年も続けていこうということになった。三月二六日のＴ教会での集まりみたいに、誰かがやりたいことがあったら、声をかけてはじめて、ああそれだったら「アジアの祭運営委員会」でやろうとか、それで皆で集まって立ち上げるとか、そういう柔軟な形でやっていこう、ってことになった[9]」

二〇〇九年の「しんじゅくアジアの祭」の反省会において一番の課題となったのが、演目の多さであり、それは「多文化」「防災」「河内音頭」といった、「祭」の目的＝射程の複数性を一つの「祭」に盛り込むことの困難であった。そしてこうした困難に対して、二〇一〇年の「祭」と二〇一一年三月のチャリティーイベント「ＯＫＵＢＯの集い」を経て、「誰かがやりたいことがあったら、声をかけて」協力を募り、各自の企画を立ち上げていくという方針へと転換が図られたのだった。

こうした方針転換が具体的な企画案となって現われ始めたのは、四月中旬のことだった。Ｓさん、Ｙさんと共に機関誌「ＯＫＵＢＯ」の発送作業をしていた時のことだ[10]。

> 「アジアの祭」関連の新しい企画の話になる。昨年一二月の「祭」と先月のＴ教会での集まりに関わっていたＫさんが、何か新しいイベントをやりたいと言っている、とＳさん。そして、「何かはやりたいけど、何をしたらいいのかわからないので、Ｙさんにアイディアをもらって、行政との交渉などもどうすればいいか、一緒に組んでやってほしい」とＹさんに話す。

百人町でスタジオを経営するＫさんは、その周辺で「新しいイベント」を企画したいと考えていた。「共住懇」のＯさんもまた、百人町で「バザールをやりたい」と夢を語ったことがあった（第二章）。二〇一〇年一一月の「共住懇」の集まりでは、Ｏさんは自身の「ゆめプラン」について次のように語っていた[11]。

> Ｏさんは、「町内会と商店街に「百人町ゆめプラン」を提案しようと思っている」と話し、奥の部屋から百人町エリアの地図を持ってくる。総武線ホームに沿って高い壁がある道路を指さし、「ここはかなり使え

ると思うんですよ」と言う。彼は、「百人町ウォールストリート」として、土曜の午前中だけ歩行者天国にして、朝市や朝カフェをやるのはどうかと考えていた。「午前中には百人町エリアに来てもらって、腹ごしらえして、午後は大久保エリアの韓流の店にいくという流れをつくりたい」

百人町の商店街活性化を目指すＯさんの「ゆめプラン」は、確かに「夢物語」のようであった。しかしＫさんとＯさんの出会いは、お互いの願望を重ねあわせ、具体的な活動へと展開していく契機となりつつあった。また行政との交渉などの知識を補う役割が、Ｙさんに期待された。

そして五月、Ｏさんの「治療所Ｏ」の広間にて、第二回会議が開催された。集まったのは、「共住懇」のＳさん、Ｙさん、Ｏさん、映画監督のＡさん、昨年から「運営委員会」に加入し事務局を務めるＮさん、百人町のＫさん、バングラデシュ出身の男性Ａｌさん、その仲間の女性Ｓｕさん、そしてその仲間たちであった。会議は、Ｓさんが話していた「新しいイベント」についての話題から始まった[12]。

Ｋさんから、百人町の路地で行う企画が提案される。

「路地でイベントを考えているが、「共住懇」の人たちの力を借りたい。役所の人たちとか、警察とかから許可をとるのが一番の問題で、俺はわからないから聞きたい」

Ｙさん「「大久保まつり」「百人町まつり」の時間帯であれば話がつけやすいと思う。最小単位でやるならまず「スタジオＫ」の一画から。何年かかけて通りに広げていく」

Ｋさん「行政はいいとして、住民はわからない。文句言われたらその都度対応するしかない」

Ｏさん「百人町の人たちは、本当は商売をやりたいと思っている。やろうとしたら乗ってくれるんじゃないか」

そして司会のNさんの提案で、「イベントはKさん中心でやってもらって、「主催」で「アジアの祭」の名前を使う」こと、「手伝える人が手伝う」という方針で一致した。[13] この「新しいイベント」は、「アジアの祭」の「本祭」と区別とするため、これ以後「プレイベント」と呼ばれることになった。そして二〇一一年の「アジアの祭」は、小さな「プレイベント」の連なりと「本祭」の組合せという、新たな形態へと変化してくこととなる。

こうした「祭」の形態の変化は、二〇〇三年の「新宿盆ダンス」以来継続してきた河内音頭を中心にした「祭」からの転換を意味していた。すなわち、助成金をとって大きな規模で「祭」を開催するのではなく、「運営委員会」に集った「担い手」たちの力量と資源の範囲で「祭」を行うということである。これは二〇一〇年の「祭」運営プロセスにおいて用意された方針であり、出演者への謝礼や交通費を支出しない「参加型の祭」（Nさん）を目指すものであった。こうした方針は、Kさんの「出店だろうが出演だろうが参加するのは一緒で対等」という言葉に、端的に表れていた。[14] この結果、「本祭」の予算規模は、二〇〇九年の「祭」の五分の一ほどとなった。

Aさん去る

五月の第二回会議では、「本祭」の会場案も検討された。当時工事中であった補助第七二号線の空き地、ロッテ工場跡地、専門学校の校舎といった提案がなされた。屋内の会場案が出されたことに対して、Aさんが口を挟んだ。[15]

Ａさん「外でやるってことでＲ会館をキャンセルしたんじゃないのか」

Ｎさん「会場は公園、屋外がいいのではないか。理想を追求していくとそうなる。その上で提案なんですが、Ｒ会館はどうか。コンサートとトークショウを行い、そのまま交流会をする。各団体との交流、出会いの場にする。「祭」をやるには場所が必要。理想だけあってずるずるいってしまうのじゃしょうがない」

Ｋさん「外でやると通りがかりの人がふらっと来れる。イベント自体は交流が中心であって、コンサートは付属物だと思う。大久保という街にはスクウェアっていうか、中心がない。その時どうするかは、どれだけ周りの人を巻き込めるかにかかってくる」

Ａさん「アイディアの裏打ちがなくて、いつも次回次回になってる。一つ一つ決めていかないと。消去法でいくか、あるいは絶対ここっていうのを攻めていくか」

会場案について、各々の願望ばかりが提示されて具体的な交渉の目処が立っていないことに対して、Ａさんは釘を刺すように、「一つ一つ決めていかないと」と言った。二〇〇九年の「祭」運営においても、作業の遅れやスケジュールの曖昧さに対して、「こんなことでいいのか！」と人一倍厳しい声を発したのはＡさんだった[16]。

この日、Ａさんが再び声を荒げる場面があった。新しく「運営委員会」に参加したＳｕさんに、これまでの「祭」がどのようなものだったのかを、Ｋさんが説明しようとした時のことだ[17]。

Ｋさんが「祭」のイメージについて説明する。「去年やった「フォーラム」のことは置いておいて」と言ったところで、「多文化防災フォーラム」を担当していたＡさんが吠える。「置いておいてってどういうことだ！」

Ｋさんは、「今は説明のために言っただけで、Ａさんの「フォーラム」の形も継承するけれど、「祭」は屋外イベントでずっとやってきた。両方必要だと思っている」と話す。

Ａさんは「両方やることが必要だというならいい、同意する」と矛を収めた。

Ｋさん「だからといって同日開催でなくてもよい」

Ｎさん「同日でやらなくてもよい。「フォーラム的要素」は、Ｒ会館かどうかはともかくやっていくし、別に「アトラクション的要素」も必要」

Ｎさんが整理した「フォーラム的要素」と「アトラクション的要素」との対比は、この後も運営会議のなかで形を変えて、「祭」の理念をめぐる対立軸として現われることとなる。二〇〇〇年に「映像祭」企画を持ち込み「共住懇」に加入したＡさんにとって、「フォーラム的要素」には強い思い入れがあった。

しかし、Ａさんが声を発したのにはもう一つの理由があった。この日、会議の終わりにＡさんは石巻の小学校に撮影に入ることを報告した。一年は常駐する計画だという。すでに述べたようにＡさんは、阪神淡路大震災後にも神戸に通い、一〇年にわたって復興過程を撮影し続けてきた経験を持つ。「作品」が完成した後も、毎年一月一七日には神戸へ赴き、当時の協力者たちの元を巡っている。Ａさんは当初、東北へ撮影に入るつもりはなかったという。しかし神戸の映像作品の上映活動を支えた人たちが石巻で教師をしており、彼らに「なぜ来ないのか」と声をかけられ、呼び寄せられて、石巻へ向かうことになったのだった。Ａさんは、「運営委員会」への直接的な参加は困難となったが、最後に自身が支えてきた「祭」へのこだわりと、具体的な運営課題に対する注意を伝え残したのだった。

こうして、二〇〇三年から「祭」を支えてきたＡさんは「運営委員会」の「中核」を去り、石巻へ旅立った。

Aさんが「中核」から去ったこと、そして河内音頭を中心にしない「祭」へと方針を転換したことは、「アジアの祭」の歴史において大きな転機となっていった。

「祭」の両義性

Aさんが去った「運営委員会」では、「祭」の理念をめぐる議論が再燃していた。二〇〇三年以来、不動の「中核」によって運営されていた二〇〇九年までの「祭」においても、「祭」の目的＝射程をめぐって、地理空間を基礎とした「近隣＝地域」という心象に基づく「地域の祭」と、地理空間から解放された「多民族・多文化の街」という心象に基づく「外から人を呼び込む祭」のどちらに焦点を置くかという点で、「中心的な担い手」たちの間にも差異があり、それは時に対立軸となって現われた。しかし屋外の会場で河内音頭を招聘してライブを行い屋台を出店するという、「祭」の形態そのものが問われることはなかった。「中核」たちの間ではあらかじめ薄らとした暗黙の了解が存在しており、それは新しく参加した「担い手」たちにとっては所与の事柄であった。

しかし二〇一一年、「祭」の「中心的な担い手」たちの入れ代わりによって、また「祭」の運営方針の根本的な転換によって、「祭」の理念をめぐる差異は「祭」の具体的形態の選択と不可分に結びついていた。その議論の端緒は五月末の第三回会議であった[18]。

Nさんが、自身で企画した「多文化フォーラム」案について話す。「今年は二つの「祭」として考えている。一つは外でやる「路地の祭」。もう一つはR会館でのライブパフォーマンスとトーク」

A1さんが、複数の「祭」を展開していく案に賛同する。「せっかく来てくれた人たちと横の繋がりをつくりたい。顔を合わせていく。友達を連れていく。一年に一回とかではないかたちで」

Ｋさんが続ける。「「祭」の趣旨は、日本人と外国人の「防災」、それから老人たちのこと、繋がりをつくること、大久保以外のエリアの地域の再生。ここには二つのことがあると思う。一つはＡ1さんが言っていたように、大久保以外のエリアから外国人たちが来るということ。もう一つは、ここの地域の老人たちも含めて、支持政党が違ったり、宗教が違ったりして、まとまれないということ。でも震災の時には関係ない。災害の時に繋がれるようにしないと。隣の人たちとは付き合いがない。外国人たちも同国人では繋がりがあっても、隣の店の人たちとは繋がりがない」

Ｎさんの提案した「多文化フォーラム」は、「フォーラム的要素」と「アトラクション的要素」とを形態的に併せ持つものだった。ここで重要なのはＮさんが、Ｋさんが主導する百人町エリアでの「路地の祭」と、自身の「多文化フォーラム」とを「二つの祭」として併存させたことである。これは結果的にみれば、「近隣＝地域」と「多民族・多文化の街」という「祭」の焦点の両義性を、二つの形態の「祭」によって併存させる試みであったといえる。

Ｋさんもまた、こうした両義性を理解していたが、彼の関心はむしろ「隣の人たちとは付き合いがない」という、「近隣＝地域」としての「大久保の再生」をめぐる問題に向けられていた。これはＮさんの（そしてＡさんの）関心が「多民族・多文化の街」という〈象徴的空間〉に向けられていたことと、対照をなしていた。そしてこの時点では、「路地の祭」と「多文化フォーラム」のどちらが「本祭」となるか未決定であった。二〇一一年の「祭」運営は、こうした「二つの祭」のせめぎあいの過程でもあった。

「祭」の理念と形態をめぐる差異は、六月末の第四回会議において、より顕著な対立軸となって現われた。この日の会議の冒頭、Ｋさんは次のように話した。

「前々回の会議では、「祭」について二つイメージがあったと思う。一つは「祭」を中心に人が集まるということ。もう一つは外国人たちが集まるということ、これはAさんの「トークイベント」のイメージ。色々なイメージがあるけど、全部一緒じゃなくてもいいと思うんだ。どっちも大事だと言うことは確かだけどね。

　これまでの「祭」は、Sさんのキャラクターを中心に人が集まってきた。今大変なのは、これまでのやり方が堅くなっていくことだと思う。ゆるさを持つこと。どういうふうにやっていくか。思うんだけどさ、個々の人たちがつくってきた繋がりを基盤に「祭」になる。Sさんは、それをふんふんって聞いてくれればいい。全部やらなくていい。大変になっちゃうからさ。

「大久保まつり」と一緒にやるって話も、七二号線の場所が使えるかっていう話も不透明。じゃあこの路地はどうかということで、自分とMさんが中心にやっている。だけどAさんの「トークイベント」の形もある。全部を同時に一緒くたにやるのは無理だと思う。ただひとつ大事なことは、今後続けていくためにあさらめないってこと。どんな形であれ、やっていくことだと思っている[19]」

　Kさんは、自身の考える「路地の祭」と「トークイベント」とを腑分けした上で、Sさんを中心とした「これまでのやり方」からの転換を提案した。既存の運営体制が構造化し、それによって経済的・人員的な負担が大きくなっていたことについては、二〇〇九年の「祭」の時点でSさんがすでに指摘していたことでもある。Kさんの加入と、Oさん、Mさんとの「路地の祭」企画の立ち上げは、運営方針の転換のもう一つの契機となっていた。

　これに対して、Nさんは次のように話した。

「僕自身は、ライブ、映像、トークに興味があって、同時に、日常的に活動をやっているOさんや、Sさんや、Kさんたちから学びたいと思ってここに来ています。だからKさんの企画はいいなと思う。それとは別に、「トークイベント」をやりたい。同時開催にはこだわってはないです。それでもやりたいと思って、「OKUBO多文化フォーラム」案をつくってきた。「祭」の日とはずらしたほうがいいと思っていて、一二月くらいに今年のまとめのようにできればいいと思っています。三月二六日の「チャリティーイベント」の続編みたいな感覚です。引き続き提案していきたい[20]」

Nさんは、Kさんの「路地の祭」との「同時開催」でなくてよいと述べた上で、ライブ、映像を含んだ「トークイベント」の実施を改めて提案した。これは「OKUBO多文化フォーラム」と題された。ここでNさんが「「祭」の日とはずらしたほうがいい」と述べたことは決定的に重要であった。これにより「本祭」から「トークイベント」が切り離されていったからである。ただしこれは「トークイベント」を組みこんだ二〇一〇年の「祭」からの形態的な変化であって、二〇〇三年以降の「アジアの祭」の歴史からみれば、元の形態へと回帰したにすぎない。

Kさんは、こうして再規定された「本祭」の形態を確認する形で、次のように話した。

「Atさんが「祭」と「イベント」は違うと言っていた。「祭」は、日々の暮らしがあって、それぞれが積み上げてきたことが一年に一回「収穫祭」になる。「多文化防災イベント」というのは、本当は「祭」ではない。それは日々やってきていることのはず。ライブパフォーマンスも本当はいらないんだ。「上映会」をやるならそれはそれでやればいい。だけどやるなら「収穫祭」としての「祭」だと思う[21]」

二〇一一年の「運営委員会」において、「本祭」の形態には当初、二つの可能性が併存していた。一つはＫさんの言う「収穫祭」であり、「日々の暮らし」「日々やってきていること」が積み上げられた結果として形づくられる「祭」である。Ｋさんが「ライブパフォーマンスも本当はいらない」と言うように、「収穫祭」においては、外から人を呼び込むための「フォーラム的要素」「アトラクション的要素」のどちらも副次的な要素である。「祭」の形態は「プレイベント」の積み重ねによって、後から決定されるものだからだ。もう一つの可能性は、Ｎさんが提案した「多文化フォーラム」であり、ライブ、トーク、上映会を軸として、大久保の外からも人を呼びこみ、新たな交流のきっかけをつくる「祭」である。これは二〇一〇年の「祭」を範型とし、「フォーラム的要素」と「アトラクション的要素」とを併せ持つものであった。

しかしこの日の議論によって、「本祭」から「多文化フォーラム」が切り離され、「収穫祭」の色を濃くしていくこととなった。

「プレイベント」という発明

ただしここで留意しておきたいのは、「収穫祭」という「祭」の形態が、すなわち「近隣＝地域」に焦点を置く理念を呼び込む、というわけではないことである。この日の議論の一ヵ月前の運営会議において、ＹさんはＮさんとＫさんの議論を総括するかたちで、次のように話した。

「この街には二面性がある。昔からいる人たちにとっての大久保。そして外国の人たちが作っていく、外から来た人たちによる街。日常の繋がりが大切で、そのためにずっと「祭」を仕掛けてきた。「プレイベント」を積み上げていくのがよい形だと思う[22]」

ここでＹさんが「この街」の「二面性」として指摘しているのは、大久保という「場所」の複層的／多面的な要素から抽象された、「昔からいる人たち」が暮らす居住空間としての「近隣＝地域」と、「外国の人たち」「外から来た人たち」の移動の焦点としての「多民族・多文化の街」という二つの〈象徴的空間〉であった。小さな「プレイベント」の連なりと、その「収穫祭」としての「本祭」の組合せという新たな「祭」の形態には、〈象徴的空間〉の複数性を横断し、複数の目的＝射程を併存させる可能性が秘められていた。

「プレイベント」企画が具体的に動き出したのは、七月に入ってからのことであった。この時期、「本祭」をいつ、どこで開催するのか、そもそも開催するのか否かも、宙に浮いたままであった。六月末の会議の後、ＮさんとＳさんは運営会議そのものも「プレイベント」として設定し、運営委員以外の人たちも自由に参加できるようにしてはどうかと考えていた。そして以後、運営会議は「ＯＫＵＢＯアジア・ミーティング」と呼ばれ、友人や知人にも広く声をかけることとなった。[23] こうしたプロセスを経て、大久保内外から、新たな「担い手」たちが続々と「運営委員会」に参加していくこととなる。

七月末の第五回会議では、複数の「プレイベント」企画が提示された。[24] Ｋさん、Ｏさん、Ｍさんの三人は、百人町エリアを舞台とした企画を練り、「ＯＫＵＢＯアジアの祭計画」と題されたチラシを作成していた。Ｍさんが自宅の庭で友人達と例年開催している「流しそうめんパーティ」や、Ｏさんの治療所で毎月開催されている「ランチ会」を、「アジアの祭」の「プレイベント」として連動させる計画であった。Ｋさんは「チラシを配りながら、ここでも何かやりませんかって勧誘したいんだよね」と話していた。

またＳさんからは、一〇月の「大久保まつり」と連動して、Ｔ教会から「何かイベントをやってほしい」と依頼を受けたと、報告があった。例年Ｔ教会ではバザーを行っているのだが、今年はそれに加えて「カフェ」と「チャリティーコンサート」を行いたいとのことだった。「何か派手なのを」との依頼に応えるため、毎回「アジアの祭」に出演している「ちんどんバンドＨ」に依頼したという。そしてこの「チャリティーコンサート」は、Ｔ教会と「アジアの祭運営委員会」の共同開催の企画として行われることとなった。

Ｓさんは、「Ｔ教会の人には、できれば毎月やってよって言われてる。継続してくれたらいいなって。百人町はこっちで火が付いて、新大久保はＴ教会でやっていけたらいいな」と言う。「Ａさんの石巻の映画もできていれば礼拝堂の下でやってもいいし、下でトーク、上でライブやって、お店も出せるならおもしろいかも」

Ｎさんがそれに応える。「例えばＲ会館でやっていたようにできるかもしれないですね。「祭」は確かに一つの場所でやるのが理想なんだけど、Ｔ教会でやれるなら面白いかも。トークやりたい人はこっち、ライブやりたい人はこっちみたいに」

そして会議の末、まずはＴ教会を会場候補として「本祭」の企画を進めることになった。またＴ教会を会場として、Ｋさんも企画を用意しており、彼自身が関わっていた九月のコンサート・イベントを、Ｔ教会の礼拝堂で開催できないか交渉中とのことだった。

この日の会議の後、Ｏさんの呼びかけで、Ａｌさんの友人のバングラデシュ出身の青年の送別会が開かれた。送別会には、彼の友人たちも駆けつけた。

二〇一〇年の「祭」に出店していたＲさんのキッチンカーから、巨大な炊飯器とカレー鍋を運び込み、送別会の準備をする。Ａｌさんの友人たちが次々に到着する。さらに遅れて、Ｏさんが講師を務めていた鍼灸学校の生徒たちも到着する。皆でわいわい話しながら、Ｒさん特製のカレーを食べ、Ｎさんが買ってきたビールを飲む。やがて順番に自己紹介をする。そして最後に、バングラデシュの青年たちの代表格であるＡ１さんが立ち上がる。

「私は二〇年以上日本に住んでいます。日本は良い国です。何より安全です。この辺りにもアジア人いっぱいいます。バングラデシュやミャンマーの人たち、三〇人くらい知っています。だけどみんな、それぞれの集まりでやってる。中国人なら中国人で。みんな、こういう場所があるってことを知らないんです。知っていても、行ってもいいのかなって思う。やっぱり言葉の問題があります。彼にとっては、言葉の問題が一番大きかった。さっき、Ａ１さんのまわりの日本人が、はじめてちゃんと付き合った日本人だって言ってくれました。彼は帰るけれど、きっと帰ったら日本は良い国だって言ってくれる」

その横で、Ｒさんたちが「話長いよ！」とヤジを飛ばす。二二時半頃、食事会は終わったが、ＮさんやＯさんが大久保をテーマにした歌を即興で弾き語ったり、Ａ１さんのリクエストで「北国の春」を合唱したりと、引き続き宴会になる。Ａ１さんたちはバングラデシュ国歌を、てんでばらばらな調子で歌う。

この日の集まりは、すでにひとつの「収穫祭」のようなものだった。数年前まで顔も知らなかった者たちが集い、手作りのカレーを食べ、ビールを飲み交わし、大声で歌い、笑った。

そして、この小さな「収穫祭」をきっかけに、運営会議は「ＯＫＵＢＯアジア・ミーティング」と名前を変え、会議後には持ち寄りパーティ形式の食事会、通称「イーティング」が行われることとなった。こうして会議もまた、「プレイベント」の連なりの一部となっていった。

「プレイベント」の連なり

八月と一〇月には、Ｍさんの自宅で「流しそうめんパーティ」と「火鍋パーティ」が開催され、Ｍさん、Ｋさん、Ｏさんの家族、友人、知人を中心に数十人が参加した。そして毎月Ｏさんの治療所で行われていた「ランチ会」では、こうした百人町エリアでの企画と連動するかたちで、Ｋさんが声をかけて出演者を集めて演奏会を開催した。Ｍさんはこうした「プレイベント」を「ＯＫＵＢＯアジアの祭計画」としてまとめ上げ、チラシを配布し、「プレイベント」や「本祭」への協力を呼びかけた。そして「プレイベント」の参加者たちは、実際に「本祭」のお客となったり、「当日手伝い」となっていった。

繰り返し「プレイベント」を開催することで、周辺の住民や事業主たちにも、声をかけやすい状況がつくられた。Ｋさんは「プレイベント」を告知するチラシを手に、「スタジオＫ」の周辺エリアの個人商店・飲食店・事務所などに飛び込みで入り、参加や協力を呼びかけた。例えば、八月上旬の「流しそうめんパーティ」の時のことである[25]。

Ｋさんが声をかけた南インド料理店の家族たちが、仕事の合間にやってくる。七年前に家族で店をはじめ、四年前にお姉さんが、四ヵ月前に妹さんが来日し、店を手伝っているという。

私はＳさんに、「Ｋさんはすごいですね、一人であちこち顔を出して、人を繋いで」と言う。

Ｓさん「そうなんだよ、震災の時にも、「Ｓさん、何かできることないかな」って飛んできて、「計画停電になったらびっくりするよな」って外国人の店に説明してまわって、「俺の日本語で通じたかな」ってさ。音響の話になるとこだわりあるからうるさいけど、そこがあるからさ、頼りにしてるよ。Ｋさんが動いて、Ｍさんが計画して、あの二人でやってくれてる」

「流しそうめん」の後、Ｋさんは、九月の「コンサート・イベント」の出演交渉をするため「歌舞伎町のアフリカ人コミュニティ」の人たちに会いに行くと言って、自転車でさっそうと去っていった。

この日、Kさんが交渉したクラブ経営者のナイジェリア人青年は、実際に九月の「コンサート・イベント」に出演し歌った。そして彼は、「イーティング」や「火鍋パーティ」にも顔を出し、一一月の「本祭」でも出演を果たすこととなった。南インド料理店も、Kさんをはじめ「運営委員会」の面々が通うなかで出演と出店が決まった。「プレイベント」をきっかけに新たな出演・出店者が生まれていった。

八月から一〇月にかけて、「OKUBOアジア・ミーティング」と題された運営会議の後には月一回「イーティング」という食事会が開催された。八月末の「イーティング」では、Rさんがキッチンカーで焼いたグリルチキンを振る舞った。A1さんはバングラデシュ出身の友人達を招いていた。この日、初めて「イーティング」に参加した、「ハラール食品J」の青年は、自己紹介の際に次のように語った。

「A1さんとは五、六年前に知り合った。日本に来て、生活のことばかりいっぱいで、楽しくないし、本当によくない状態になってた。バングラデシュではボランティアとかをやっていたから、何かしたいと思っていたけど、なかなかできなかった。それで、今日はA1さんから、こういうコミュニティ、ソサエティがあると聞いて、来ました。ボランティアとか、何かできることがあればぜひやりたいと思っています[26]」

そして「ハラール食品J」もまた、一一月の「本祭」への出店を果たすことになる。「プレイベント」は、彼のように、この街で「何かしたい」と思う人が出会う機会にもなっていた。

一〇月末には、Sさんの伝手を頼りに大久保に開店したばかりの「アイヌ料理H」の料理が取り寄せられた。

この料理店もまた「本祭」への出店が決まった。

「プレイベント」の連なりという、「祭」の形態的変化は、「共住懇」と「団体Ｋ」という二つの組織とＳさんの個人的人脈を基盤とする、二〇〇九年までの運営体制からの決定的な転換を表わしていた。「プレイベント」が繰り返されることによって、「中心的な担い手」たちが友人や知人に声をかける機会が増え、「プレイベント」の参加者からは、新たな「担い手」となる者や、「本祭」のお客として訪れる者が現われた。「祭」の形態的変化のプロセスのなかで、「担い手」たちの布置連関の流動性は高まり、次々に新たな「担い手」たちが参加する状況がつくられたのである。前節で記述した「担い手」たちの布置連関は、こうしたプロセスを経て再配置されたものである。

また「プレイベント」を宣伝するためのチラシを作成することによって、周辺の商店・飲食店・事務所などにも協力を呼びかける機会が増え、実際にこうした働きかけによって、出店・出演や広告の提供といった複数の協力関係が、新たに築かれていった。これもまた、二〇〇九年までの運営体制からの転換を特徴づけている。二〇一一年の「アジアの祭」における諸組織・集団の協力関係については、次節で詳細に検討することとしよう。

さらに「プレイベント」の連なりは、「祭」の理念をも再構成していった。一年に一度の「祭」とは異なり、繰り返し開催される「プレイベント」はその都度、目的＝射程を再設定することができる。ＫさんやＭさんが中心となり、百人町エリアを舞台に開催された「流しそうめんパーティ」や「ランチ会」は、明らかに近隣住民を呼び込むことが意図されていた。しかし一方で、運営会議に併せて開催された「イーティング」では、ＮさんやＡ1さんを通じて、大久保の外からも人を呼び込むことが目指されていた。「プレイベント」の複数性には、「祭」が焦点とする〈象徴的空間〉の複数性の間を、揺れ動きながら、横断する契機が織り込まれていたのである。しかしやがて、「収穫祭」として「本祭」の理念は、「近隣＝地域」という〈象徴的空間〉に大きく傾いていくこととなる。こうした「祭」の理念をめぐるプロセスについては、第四節で検討することとしよう。

第三節　「ＯＫＵＢＯアジアの祭２０１１」の資源

会場をめぐる問題

二〇一一年の「本祭」開催が正式に決定したのは、九月上旬の第六回会議のことだった。八月の下旬には、すでにＮさんより「運営委員会」の成員たちにメールが送られ、Ｔ教会を会場として利用することが決定していた。歌と舞踊、屋台の出店、打ち上げをかねた交流会といった「祭」の内容が決定したのもこの会議のことであった。後にＫさんの提案で「座談会」という「トークイベント」も組みこまれたが、基本的な構成は二〇〇九年以前の「祭」を踏襲するものであった。

これにより、「本祭」に向けて「中心的な担い手」たちの役割分担も決定した。Ｓさん、Ｎさん、そして筆者が事務局を務め、各作業の進行状況をとりまとめ、会議資料や議事録の作成、会計などを行うこととなった。Ｙさんは、Ｓさんの補佐についた。出演者との交渉および当日の舞台監督をＫさんが、出店者との交渉および当日の会場レイアウトをＯさんが、チラシやパンフレット等の広告物作成および当日の記録をＭさんが主に担当した。「本祭」を開催するために必要な場所、資金、資材、労働力といった資源は、二〇〇九年の「祭」と同様、「担い手」たちの個人的な人脈を媒介にした諸組織・集団の協力関係を通じて調達された（図４－２）。しかし「担い手」たちの布置連関の変動と同様に、二〇〇九年の「祭」までに制度化しつつあった諸組織・集団の協力関係にも大きな変動がみられる。したがって本節では、再び資源の流れを指標として、「運営委員会」を中心とする諸組織・集団の協力関係とその特徴を把握しなおすことにしよう。

まず着目すべきは、会場をめぐる問題をどう乗り越えたのか、ということである。Ｓさんは、大久保における

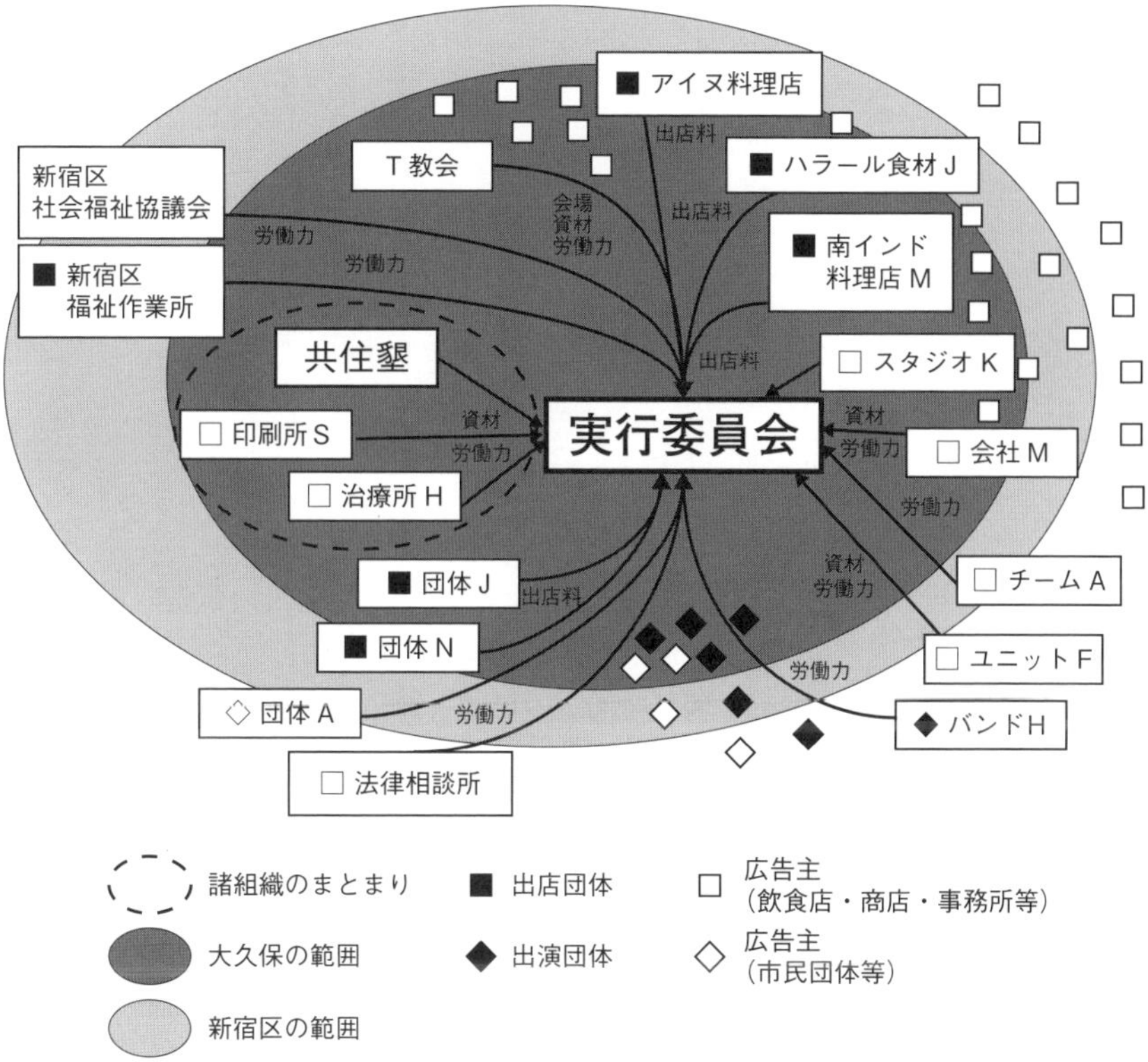

図 4-2　「OKUBO アジアの祭 2011」における資源の流れ

注：点線の丸枠は「共住懇」を中心とした組織的なまとまりを表わしている。図を簡略化するため、広告主および出演団体についてはチャートを省略している。
出所：調査日誌、会議資料、当日パンフレットをもとに筆者が作成。

会場の確保の困難さについて、次のように話す。

「会場とのコンタクトが取れてないのが一番の問題なんだよ。ミニコンサートでも何でも、普段の付き合いをつくること。普段の繋がりをつくること。それが大きな「祭」になる。そこからだんだん他の会場に広げていく。そこの人が、あっ面白そう！って思ってくれるのが大事なんだ。それで広がっていけば会場が使えるようになる[27]」

これは二〇〇三年の「新宿

盆ダンス」以来、繰り返し直面してきた問題であった。制度的に利用が保証された行政施設には火気使用や飲食に関する厳格な規則があり、「祭」会場としての利用は難しい。都立公園や区立公園の利用も制度的に保証されてはいるが、二〇〇八年に大久保公園が「地区住民側への配慮」により利用できなかったように、実際には周辺住民との関係性、とりわけ「地域」を代表する町内会・自治会との関係性に左右されることがある。

　しかし二〇一一年の「本祭」は、こうした会場の確保をめぐる問題を、Ｔ教会の全面協力によって乗り越えたのであった。「本祭」当日は、礼拝堂、会議室、調理室、応接室など全館を有償で貸し切り、机や椅子などの備品も使用することができた。エントランスの柱に飾られたイエス・キリスト像までも、設営時には取り外してよいことになった。Ｔ教会は、その事業の一環として、礼拝堂をコンサートホールとして貸し出したり、会議室を集会用に貸し出したりすることはあったが、他団体にここまでの利用を許したのは、前代未聞の事態であった。

「出来事」の連なり

　Ｔ教会の利用を実現したのは、Ｓさんだった。しかし、そもそも教会員ではないＳさんは、どのようにしてＴ教会を会場利用させてもらえるようになったのだろうか。Ｔ教会との関係について、Ｓさんは次のように語る。

> 「はじめは、「おおくぼ」を置かせてもらってたんだよ。それを事務局の女の人が読んで知っててくれたみたいで。それで教会で印刷したいものがあるっていう話が出たときに、それならここに頼んだらどうかって言ってくれたんだよ。ちゃんと覚えてくれててさ。それからだんだん、教会のものも仕事でくるようになって[28]」

Ｓさんが一九九七年に「共住懇」に加入し、彼女が提案して機関誌「おおくぼ」を発行し、教会へ配布し、事務局の女性がＳさんの印刷所を覚えていたことで、Ｔ教会との仕事が生まれた。そして仕事を通じて信頼関係を築いていった。「おおくぼ」は一九九九年に発行を開始し、二〇〇六年に休刊となったが、それを通じて築かれた関係性は維持されていた。

二〇〇八年、もう一人のキーパーソンとなるＳｋ牧師が赴任してきた。その出会いについて、Ｓさんは次のように振り返る。

「それからＳｋさんが来て、面白そうな人がいるから紹介してもらって。「あっホストみたい！」って言ったら、本当に「神のホストです」って自己紹介するようになってさ。だけどあそこの人たちがいいのは、絶対に「信者になれ」って言わないところだね。〔…〕Ｓｋさんはそれでも付き合ってくれてるからね、それでいいんだよ[29]」

Ｓｋ牧師は「人の集まる場所」としての教会を目指しており、同じように考えていた何人かの教会員たちと意気投合した。彼らはＳさんと顔をあわせる度に、「この街で何かやろうよ」と声をかけ続けていた。

そして二〇一〇年三月、「共住懇」主催の地域セミナー「おおくぼ学校」で、Ｓｋ牧師がゲストスピーカーを務めることとなった。「おおくぼ学校」は通常、大久保地域センターで行われていたが、この日は教会の礼拝堂が会場となった。Ｔ教会を「共住懇」やＳさんの活動の会場として利用したのは、これが初めてだった。第二章で登場した、去りゆく老牧師の「地域に貢献する教会に、教会を、大いに、無料で使ってもらいたい」という「遺言」は、この日の終わりに発せられたものだった。老牧師が思い描いた、「音楽会に行くように」足を運ぶことのできる、開かれた「地域に貢献する教会」は、その後、彼と入れ代わりに赴任してきたＳｋ牧師と、あるべき教会の姿への願望を共有する教会員たちの手によって、少しずつ実現していった。

二〇一一年三月には、「運営委員会」がＴ教会の礼拝堂をコンサートホールとして使用し、東日本大震災被災者へのチャリティー企画「ＯＫＵＢＯの集い」が開催された。

五月からは、地域サロンとしての「カフェ」企画という新たな試みが始められた。これは教会員を対象に続けてきた「ヌーンサービス」を、教会員以外にも開放しようという試みだった。「カフェ」の店長を務めるのは、施設管理を担当する教会員の男性である。「もともと教会っていうのは、いろんな人が集まってきていい場所なんです。ここが、地元のヒーリングの場所になれば」と彼は語る[30]。毎月二回、昼の三時間、教会のエントランスホールを解放し、珈琲と紅茶を販売する。福祉作業所にも声をかけ、パンの販売に来てもらっている。教会員に限らず、誰でも自由に立ち寄り談笑することができる「場所」となっている。

一〇月には、新大久保商店街主催の「大久保まつり」にあわせて、Ｔ教会と「アジアの祭運営委員会」の共催で「チャリティーコンサート」が開催された。これまで「アジアの祭」に参加してきた、「ちんどんバンドＨ」が出演者だった。Ｔ教会の前には「大久保まつり」の出店が並んでいたこともあって、「アジアの祭」関係者や教会員だけでなく、通りがかりの人たちもお客として集まった[31]。

「ちんどんバンドＨ」の演奏は、まさかの「アメイジング・グレイス」から始まる。「たぶん教会で「ちんどん」をやるのは世界初ではないでしょうか」と女性が言い、会場が盛り上がる。「ちんどん」の演奏にあわせて、お客が礼拝所のなかを踊り歩く光景は、普段の教会とは全く異質である。コンサートの終盤では牧師も巻き込んで、一緒に太鼓を打ち鳴らし踊る。Ｓｋ牧師が「たぶん牧師が「ちんどん」をやるのも世界初でしょう！」と言って、会場はさらに盛り上がる。

この日、会場の盛況ぶりを目にした教会関係者の女性は、「今日はこんなふうに教会に人が来てくれて、こんなの初めてです。うれしいですね。本当は教会はこんなふうに使っていい場所なんですよ。どんどん使ってくださいね」と語った[32]。「チャリティーコンサート」そのものは、一時間ほどの極めて短い時間の出来事であった。しかしそこに居合わせた人たちにとって、この日の出来事は「こんなの初めて」であるような経験として記憶され、こうした記憶と経験が、また次の「出来事」へと繋がっていく。

そしてこの「チャリティーコンサート」の実現の背後には、もう一人の教会員の男性の尽力があったと、Ｓさんは語る。

「「ちんどん」の時には、ずいぶん上の偉い人たちとぶつかったみたいだよ。それで、「ここで開放しなきゃ教会は終る！　やりましょう！」って言い放ったんだって。それで無事に終わって、人がいっぱい来てくれて盛り上がってさ、「よかった〜俺の首つながったよ、ありがとう！」って言ってたよ[33]」

一〇月の「チャリティーコンサート」は、こうして実現した。この日、教会員の男性の尽力で「コンサート」が実現しなければ、またその盛況ぶりがなければ、一一月の「本祭」における全館開放は実現しなかっただろう。二〇〇三年の「新宿盆ダンス」以来、会場の確保は最大の懸案事項であり続けてきた。一一月の「アジアの祭・本祭」会場となる「場所」は、機関誌「おおくぼ」配布というＳさんの小さな行為を発端として、Ｓｋ牧師、二人の教会員、それをとりまく人々の行為の積み重ねによって、また「おおくぼ学校」「ＯＫＵＢＯの集い」「チャリティーコンサート」という「出来事」の連なりによって、勝ちとられたのであった。

資金の獲得

二〇一一年の「本祭」開催のための運営資金のほとんど全ては、当日パンフレットへの広告費と参加者個人からの寄付（カンパ）によって賄われた。二〇〇九年の「祭」とは異なり、東京都などの外部団体からの助成金は得ていない。屋台出店者からは売上の一割を出店料として徴収したが、その金額は収入全体の一割に満たない。したがって、「運営委員会」を中心とする諸組織・集団の協力関係を捉える指標としては、収入全体の半分以上を占める、当日パンフレットへの広告提供に着目するのがよいだろう。

前掲（二二九頁）の図４－２は、「ＯＫＵＢＯアジアの祭２０１１」における「運営委員会」への資源の流れを表わしたものである。このうち広告費を拠出したのは、フローチャート上に「広告」と明記された各組織・集団と、「商店・飲食店・事務所等」および「市民団体」である。後二者については、図を簡略化するためチャートを省略している。そして、これらの広告主の詳細をまとめたものが表４－１である。全部で四〇件ある広告のうち、運営委員自身の所属する組織のものが八件、出店・出演者関係の組織のものが八件であり、これら「運営委員会」関連団体を除く組織のものは二四件である。ここでは、「運営委員会」をとりまく諸組織・集団の協力関係を捉えるため、最後の二四件に着目していこう。

広告の提供からみる「運営委員会」関連団体以外の諸組織・集団との協力関係には、大きく三つの特徴がある。第一に、その半数以上が大久保からのものである。新宿区内のものも含めればその割合は七割に達する。こうした全体的な傾向には、二〇〇九年の「祭」と比較しても大きな変化はみられないが、その内実には変化がみられる。大久保からの一四件の広告のうち、Ｋさんの個人的な人脈を介して提供されたものが八件と半数以上を占

表 4-1　「OKUBO アジアの祭 2011」の広告主

広告主			2003	2004	2005	2006	2007	2009	2010	2011
運営委員	大久保	共住懇		■	■	■	■		■	■
		多文化学校							■	■
		印刷所 S		■	■	■	■	■		■
		治療所 O				■	■	■	■	■
		株式会社M							■	■
		スタジオ K							■	■
	新宿区外	ユニット N							■	■
		チーム A								■
出店・出演者	大久保	アイヌ料理 H								■
		南インド料理M								■
		ハラール食材 J								■
		バンド Y							■	■
		団体 J						■	■	■
	新宿区外	団体 A							■	■
		株式会社 C								■
		専門サービス R								■
上記以外	大久保	保育所 A				■	■	■	■	■
		学童保育 A				■	■	■	■	■
		飲食 A								■
		飲食 K								■
		飲食 O							■	■
		飲食 V								■
		飲食 U							■	■
		飲食 T		■	■	■	■	■	■	■
		物販 C								■
		物販 O								■
		専門学校 E								■
		団体 R						■	■	■
		その他								■
	新宿区	飲食W							■	■
		団体 C								■
		団体 S				■	■	■		■
		その他								■
	新宿区外	有限会社 Y								■
		治療所M							■	■
		治療所 G							■	■
		治療所 S								■
		治療所W							■	■
		治療所 Y							■	■
		その他								■

注：調査日誌、各年度の当日パンフレット、会計報告資料をもとに筆者が作成。

めているのである。これは二〇〇九年の「祭」における大久保からの広告の大半が、「共住懇」の組織的な協力関係かSさんの個人的な人脈によるものであったのと対照的である。

第二に、新宿区外からの広告提供に着目した場合、治療所からのものが大半を占めることに気づく。これらは全て、治療所Oを経営するOさんの個人的な人脈に基づくものである。二〇〇九年の「祭」における広告提供と比較したとき、大久保ではKさんの人脈が、新宿区外ではOさんの人脈の働きが目立つ。

第三の特徴は、広告提供の継続性に着目すると浮かび上がってくる。すでに第三章で述べたように、複数年度をまたいだ広告提供の継続性は、諸組織・集団の協力関係の構造化の度合いの指標となる。二〇一一年の「本祭」における「運営委員会」関連団体以外の広告提供二四件のうち、三年以上継続しているものは五件、前回からのものが七件、今回からのものが一二件であり、既存の協力関係よりも、新たに築かれた協力関係に基づく資金提供が圧倒的に多い。そして、先に述べたKさんおよびOさんの個人的な人脈に基づく広告提供の全てが、運営体制が大きく転換した二〇一〇年以降のものである。

すなわち、二〇一一年の「本祭」における広告費という形態での資金は、「共住懇」およびSさんの人脈を介した既存の協力関係を基礎としつつも、それ以上に、二〇一〇年の運営体制の転換を契機として新たに「運営委員会」の「中核」を担った、KさんやOさんの活躍によってもたらされたのである。こうした新たな事態は、前述した「担い手」たちの布置連関の構造的な多極化とも、明らかに重なっている。

資材と労働力

資源の流れにおいて、次に着目したいのは資材と労働力である。二〇一一年の「本祭」運営において、主な資材は、「共住懇」、「印刷所S」（Sさん）、「治療所O」（Oさん）、「株式会社M」（Mさん）、「ユニットN」（Nさん）等の「運営委員会」関連団体からもたらされた。音響機材は「スタジオＫ」（Ｋさん）から格安で貸与された。「団体Ｋ」のＷさんの音響会社が抜けた空白を、「スタジオＫ」の存在が埋め合わせた。

しかし資材の調達において最大の存在は、会場を全館開放という形態で貸与したＴ教会であった。Ｔ教会からは調理室および調理器具、会議室の机、椅子、舞台用の平台、照明等、会場設営に必要なあらゆる備品が貸与された。屋外で開催した二〇〇九年の「祭」と比較してテントなど必要な資材がそもそも少なかったという事情もあるが、二〇一一年の「本祭」においては、Ｔ教会の全面協力によって既存の制度を利用せずとも資材の調達が可能であった。

労働力の提供はその内容によって三つに分けられる。第一に、出店という形態での労働力の提供である。飲食や物販の屋台を出店したのは、「アイヌ料理Ｈ」、「南インド料理Ｍ」、「ハラール食材Ｊ」、「市民団体Ｊ」、「市民団体Ｎ」であった[34]。これらの組織との関係は、二〇〇九年の「祭」に出店した移動販売業者とは異なり、「本祭」のみの限定的なものではない。「プレイベント」への参加や、過去の「祭」への持続的な広告提供など、単純な商売としての側面を越えた、「ＯＫＵＢＯアジアの祭」という企画への共感や賛同に基づく労働力提供の側面を持っている。これは出店団体の「担い手」たちが屋台の営業が終了した後も残り、「打ち上げ」を兼ねた「交流会」に参加していたことから見ても、傍証されるだろう。

第二に、出演という形態での労働力の提供である。「参加型」という運営方針によって、出演者たちには交通費や謝礼は支払われなかったことから、二〇〇九年の「祭」と比較して、より純粋な労働力提供であるといえる。二〇〇九年以前の「祭」にも出演した「インド舞踊」、「バンドＨ」の他にも、二〇一〇年の「祭」や二〇一一年のチャリティーイベント「ＯＫＵＢＯの集い」から出演するようになった、Ｓｋ牧師の「牧師バンド」、Ｏさんの「バンドＹ」、「アイヌ舞踊」などの団体、そして「プレイベント」を通じて関係を築いてきた「南インド料理

Ｍ」の一家、Ｋさんの友人であるナイジェリア人青年もまた、「本祭」に出演した。出演団体との協力関係は、過去の「祭」を通じて形成・維持されてきたものだけでなく、二〇一一年の「プレイベント」の連なりにおいて築かれ、また強化されてきた。

第三に、「当日手伝い」という形態での労働力の提供である。二〇〇九年の「祭」では、その約半数が、社会福祉協議会のボランティア公募制度を活用することによってもたらされたが、二〇一一年の「本祭」の「当日手伝い」となった「担い手」たちのほとんど全てが、「運営員会」の「中心的な担い手」たちの所属する組織・集団からもたらされた。「印刷所Ｓ」の職人、「治療所Ｏ」や「スタジオＫ」の関係者、「株式会社Ｍ」の従業員などが、「当日手伝い」として「本祭」に結集した。社会福祉協議会からの「当日手伝い」もまた職員の個人的な参加であった。彼／彼女たちの多くは、「本祭」に至る「プレイベント」においても「当日手伝い」として運営を支えてきた経験を持つ。

資材と労働力の流れに焦点を置くとき、二〇〇九年の「祭」とは対照的に、そのほとんどが大久保内部のものであることに気づく。とりわけ出店団体の全てが大久保に実店舗を構えるという事実は、特筆すべきものであろう。

流動化する制度

本節では、「ＯＫＵＢＯアジアの祭２０１１」の「本祭」運営における資源の流れを、場所、資金、資材、そして労働力の流れを指標として記述・分析してきた。二〇〇九年の「祭」同様、二〇一一年の「本祭」における資源もまた、「運営委員会」を中心とする諸組織・集団との協力関係を通じて調達されてきた。その全体像を、再確認しておきたい。

第三章において、こうした諸組織・集団の連関は、歴史的に形成されてきたインフォーマルな制度として捉えられる、と述べた。しかし二〇一〇年から二〇一一年にかけての「中心的な担い手」の入れ代わりと運営体制の転換というプロセスを経て、こうした制度的連関もまた大きく変動することとなった。資源の流れからみる諸組織・集団の連関において、その全体を支える土台となる組織は、もはや存在しない。二〇〇九年の「祭」における助成金やテントなど、「共住懇」を経由して調達される資源も無くなっている。すなわち二〇一一年の「本祭」運営における実践上の課題は、歴史的に形成されてきた制度的連関の流動化という局面において、新たな諸組織・集団の連関をいかにつくりなおすのか、とりわけ「団体Ｋ」関連団体の空白をいかに埋めるのか、ということであった。

この空白を埋めたのは、二〇一〇年以降に参加した「中心的な担い手」たちが所属する「運営委員会」関連団体であった。とりわけ「スタジオＫ」や「ユニットＮ」からは、音響機材や照明機材、電源ケーブルなど、「本祭」を形づくる上で欠かせない資材がもたらされた。こうして「団体Ｋ」関連団体の空白は、新たな諸組織・集団の連関によって埋められた。逆説的に言えば、「団体Ｋ」関連団体が離脱し資源の自己調達が困難になったことによって、別系統の資源の流れが形成される余地が生まれ、新たな諸組織・集団の連関が築く契機が生じたのである。

「運営委員会」関連団体と同様の重要性を持つのが、会場の貸与を行ったＴ教会である。常時貸出を行っている礼拝堂や会議室のみならず、調理室や応接室、エントランスホールを含んだ全館開放、机や椅子、調理器具などの貸与といった、Ｔ教会の全面協力が無ければ、二〇一一年の「本祭」は実現しえなかった。二〇〇九年の「祭」とは異なり、Ｔ教会の協力によって、行政や商店街振興組合などの既存の制度を利用する必要も生じなかった。その意味で、二〇一一年の「本祭」は、ほぼ全面的に、インフォーマルな制度のみで運営が果たされたと言える。

　こうした諸組織・集団との新たな制度的連関を形づくる動因となったのは、明らかに、七月から一〇月に繰り返し開催された「プレイベント」の連なりであった。第三章で筆者は、「祭」という「集合的な出来事」が日常の諸関係を活性化させ、資源の流れをもたらし、そして資源の流れの積み重ねが諸組織・集団の連関の制度化をもたらす、と述べた。二〇一一年の「プレイベント」の連なりは、まさにこうしたプロセスを短期間で繰り返すものであった。一つ一つの「プレイベント」を開催する度に、「中心的な担い手」たちは、誰が（どの組織・集団が）、どのような資源を持ち、どの程度の提供が可能かという見通しを共有していく。そして新たな「担い手」との出会いによって、その「担い手」が、あるいは彼／彼女が所属する組織・集団が提供可能な資源をもとに、新たな「プレイベント」を企画する。「プレイベント」とは、「担い手」たちの相互行為を活性化させ、新たな「担い手」たちの参入の機会を増やし、資源の流れを生み出し、諸組織・集団の連関の制度化をもたらす「社会的発明（social invention）[35]」であった。

　二〇一一年の「本祭」は、「中心的な担い手」の入れ代わりによる制度の流動化と、「プレイベント」の連なりによる制度化との両義的なプロセスのなかで開催された。制度の流動化の過程において、大久保／新宿区外から労働力を調達するという、二〇〇九年の「祭」までの傾向は崩れつつあった。そして新たな制度の重心は、領域性の観点からみると、場所、資金、資材、労働力の流れ全ての面で、大久保の内側に傾いていた。こうした過程で、「本祭」の理念はどのように再設定されていったのだろうか。次節ではこの問いに取り組んでいく。

寄せ集めの制度化

　しかし「本祭」の理念をめぐる問題に着手する前に、二〇一一年の「本祭」における諸組織・集団の制度的連関の流動化と再構造化という両義的な過程が持つ、もう一つの側面を記述しておきたい。それは運営体制の不安定化である。「本祭」を終えた一一月末、「運営委員会」の事務局を務め、その下支えをしてきたNさんは、次のように語った。

「運営については反省がたくさんあると思うよ……。俺自身もさ、色んな「祭」に関わってはきたけど、ゼロから組み立てるのは初めての経験だったんだよね。やってみて、今さらだけど何が足りなかったのかもわかって、反省すべきことがたくさんある。出店してくれてる人たちは色んなところに出てる人たちだから、今の運営じゃ信頼してもらえなくなっちゃうと思うんだよ[36]」

すでに述べたように、二〇一一年の「本祭」へと繋がる「プレイベント」の連なりは、「団体K」関連団体が離脱した空白を埋める形で、諸組織・集団の新たな連関を生み出し、インフォーマルな制度を形成してきた。しかしその制度は、二〇〇三年以降の「祭」の歴史的展開のなかで繰り返し試され、修整され、維持されてきた、「共住懇」と「団体K」の二大組織体制とは対照的に、不安定で「隙間」の多いものであった。Nさんが指摘していたのは、そうした運営体制の不安定さであった。

例えば「本祭」開催が決定した九月の第六回会議では、出演団体との交渉方法をめぐって議論が紛糾する場面があった[37]。

Nさん「ひとつだけこれは反省点として、三月のとき、途中で軸がブレるのはよくなかったと思うんですよ。最初、Kさんはチラシの出演者欄にいたのに、実際には出なくなったじゃないですか」

Kさん「そんな細かいことはバカバカしいよ！　大事なのは俺たちが実際に何をするかであって、その時うまくいくかじゃない。あの時は出演者もまだ決まってなくて、とりあえずってことで名前出したわけ。その後、出演者も決まってきて、最初に目指してたものを実現できそうだったから、自分が出なくてもいいなっていうことになったのよ。だから俺のなかじゃ全然ブレてない。ブレてるって言われるのは正直すげームカつくな」

Nさん「そんなこと言ってんじゃないですよ！　これは大事なことなんで、皆さんも言ってくださいよ。Kさんがどうとかじゃなくて、チラシに最初名前出して、それを見に来て実際来たら出ないとか、そういうのはやめましょうってことですよ」

Kさん「でも実際、客集めのために出す出演者とかは今回いないわけだから、そんなことになんないでしょ」

Nさん「そうじゃなくて、ちゃんと一本化しようよってことですよ。議事録とかで候補にあがったくらいじゃチラシに出さないようにしようってことです。Kさんのブレなさはわかってるし、すごい尊敬してますよ。そうじゃなく、今日言ってるのは、運営体としての反省ですよ、個人じゃなくて。Kさんのことは尊敬しているし、学ばせてもらってますよ、それだけはわかってもらいたい」

Kさん「わかったわかった」

Nさん「あとさっきから勝手にKさんにプロデュースを全部任せるって言ってますが、責任は運営体が負うということですよ」

Kさん「まぁそこはさ、運営体が負うっていっても結局誰よってなっちゃうからいいんだけどさ。ただひとりでライブコーナー全部仕切るのはどだい無理な話なわけよ。少なくとも、去年みたいにタイトにはできない。Ｏさんの言うみたいに、ゆるゆるでいいんじゃないか。ぶっちゃけ、現場で口論になったりもしたよ。二、三組、やめろってさ。時間すぎちゃってるから」

Ｎさん「それは市民活動のイベントとかでもよくありますよね。最後の方のグループ一〇分しかないとか。それで、ライブエリアのプロデュースをＫさんがやるっていうのは提案なんですが、推薦したいバンドがある人は、バンドに言う前にＫさんに伝えることにしましょう。それで正式に決まったら、事務局のＮまで言ってください」

Ｋさん「それぞれの人たちと、俺が直にやるよ。その方が結局楽だと思う」

事務局を務めていたＮさんは、運営団体としての組織化の必要性を感じ、組織間の関係として出演交渉を行うよう、その方法を取り決めようとしていた。Ｎさん自身も「ゼロから組み立てるのは初めての経験」であり、毎回の会議資料を用意するなど、膨大な労力を費やして事務局の仕事に取り組んでいた。そして運営体制の不安定さや「担い手」の役割の曖昧さと「隙間」の多さは、他の組織・集団からの「信頼」に関わると感じていた。これに対しＫさんは、「本祭」の内容自体も決まっていないという状況のなかで、組織としての取り決めの厳密さよりも個人としての身動きしやすさを重視していた。

結局、ＮさんがＫさんのやり方を尊重する形で運営団体としての取り決めを確認し、出演団体との交渉窓口をＫさんに「一本化」することが「運営委員会」のなかで合意されたことで、この議論には決着がついた。このＮさんとＫさんとのやりとりには、流動化と再構造化のせめぎ合いという、二〇一一年の「本祭」の運営プロセスが、象徴的に現われていた。

Ｎさんが、運営体制の弱さ、役割分担と手続きの曖昧さに対して、危惧を抱いていたことには理由がある。

「本祭」会場となったT教会との関わりにおいて、Nさんは屋内での火気使用について管理責任者に繰り返し確認をとっていた。こうした行為の意味について、Nさんは次のように振り返っていた。

「公園だったら全部責任はこっちが持つことになるけど、〔…〕会館は、結局会館が責任取ることになるんだよ。だから借りる側としては、できるだけ会館に責任取らせないかたちでやって、どうしてもってことだけをお願いしてやらせてもらうのが筋でしょ。そうしないと、続けられなくなっちゃうじゃない。〔…〕

今年は何となくできちゃうかもしれないけどさ、「アジアの祭」は、SさんやAさんや、Yさんや「共住懇」の蓄積のなかで成り立ってるわけじゃない。去年R会館が借りられたのだって、今年T教会が借りられたのだって、Sさんが三〇年かけてつくってきた繋がりなわけでさ。それを自分たちの力でできた、何か奇跡的にできたって思っちゃったら、危ないと思うんだよね。「プレイベント」だって言ったってさ、「ランチ会」はOさんがつくってたものだし、「コンサート・イベント」だってKさんの積み重ねがあってさ、それからMさんも毎年「流しそうめん」やってるから乗っかっちゃおうってなったわけじゃない。それぞれがやってきたことの積み重ねの上でできてるわけでさ、当たり前にあるわけじゃないんだよ。だからそこはきっちりケジメを持って、関係を大事にしていきたいんだよ[38]」

これまで述べてきたように、二〇一一年の「プレイベント」の連なりは、「中心的な担い手」の入れ代わりと「団体K」関連団体の離脱による制度の流動化のなかで、インフォーマルな制度を再形成していくプロセスであった。しかし、これは決して滑らかな単線的プロセスではなかったし、諸組織・集団の連関とそれを媒介する「中心的な担い手」たちの関係性は「当たり前にある」のではなかった。それは、Oさんの「ランチ会」や、K

さんの「コンサート・イベント」、Ｍさんの「流しそうめんパーティ」、あるいはＴ教会の「カフェ」など、個々の先行する企画とその背後にある諸組織・集団の連関、「担い手」たちのネットワークという、小さな制度（ないし制度化の萌芽）を寄せ集め、時に対立しながらも、緩やかに繋ぎ合わせていくプロセスであった。

第四節　もうひとつの「祭」

「ご近所づきあい」という理念

二〇一一年の「本祭」は、「運営委員会」名義で繰り返される「プレイベント」の「収穫祭」として準備された。すでに述べたように、「プレイベント」の連なりという「祭」の形態的変化は、その度ごとに小さな「祭」の目的＝射程を再設定することを可能とし、「祭」が焦点とする〈象徴的空間〉の複数性を横断する契機となる可能性があった。こうした過程のなかで、「本祭」を何のためにやるのか、どのような人々に「担い手」や「お客」として参加してもらい、どのような関係性を築いていくのか、そのためにどのような範囲に、どのように呼びかけるのかといった、「祭」の理念もまた再構成されていったのである。

その端緒となったのは、「プレイベント」企画が具体的に動きはじめた、七月の末の第五回会議のことであった[39]。この日の会議では、まず「運営委員会」のブログについて話し合いが行われた。このブログは三月のチャリティイベント「ＯＫＵＢＯの集い」にむけてＡｔさんが立ち上げたもので、広報活動用というよりも、「運営委員会」内部での連絡用としての色が濃かった。そのためＮさんは、「もっと外から来た人がみて、「祭」のことを深く知ってもらえるようにしたい」と言った。これに対してＭさんは次のように話した。

「ブログは、ニューストピックスみたいな内容じゃなく、もっとリアルタイムで情報を出すもの。「ご近所づきあい」や「防災」のことを載せて、こんな楽しいことやってますっていうのを伝えたい。「ご近所づきあい」の延長として、お店紹介とか、アジア人の紹介とかをしていってはどうか[40]」

この頃から、Ｍさんの提示した「ご近所づきあい」という言葉が、会議のなかで繰り返し現われることになる[41]。Ｍさんが作成した「プレイベント」を紹介するチラシには、「ＯＫＵＢＯで取材アジアの祭計画」という題名のもと、「命をまもる「ふだんのおつきあい」」がテーマとして掲げられている。そしてその目的は「日本人も外国人もみんなが安心して暮らせる、多民族共住・多文化共存のまち（地域）づくり」であるとされている。Ｍさんが作成したチラシは、彼自身の企画だけでなく、Ｏさんの「ランチ会」での演奏会、Ｋさんの「コンサート・イベント」、そして運営会議や「イーティング」など、複数の企画を「ＯＫＵＢＯアジアの祭」の「プレイベント」として再編するものだった。そしてこうした「プレイベント」を貫く理念は、Ｍさんによって「ご近所づきあい」「ふだんのおつきあい」と名付けられたのであった。

二〇〇三年以降「祭」の基本的な理念であり続けた「交流と防災」という目的は、Ｍさんのチラシにも踏襲されている。運営体制と方針の大転換を経てもなお、阪神淡路大震災を契機としてＳさんが提起した「祭」の基本的な理念は、共有され続けていた。しかしその具体的な内容は、呼びかけの射程の認識と関わってくる。すでに第三章で述べたように、「交流と防災」という理念のうち、前者は誰と誰との「交流」なのかという点で射程の設定と相互規定関係にあり、後者は「近隣＝地域」を焦点とする射程の設定と分かちがたく結びついているからだ。「ご近所づきあい」や「まち（地域）づくり」という文言から明らかなように、その射程は特定の地理空間を基礎とした「近隣＝地域」に設定されていた。

「本祭」の射程

一〇月の「チャリティーコンサート」の際には、Ｍさんが作成した「本祭」のチラシが配布された。そこには次のような文言があった。

> 広げよう・ご近所の〃ふだんのおつきあい〃
> 近所に住む知らない人…。声をかけずらかった国の違う人…。〃ＯＫＵＢＯアジアの祭〃は、そうしたご近所さんどうしが、食べて、語らい、唄って、踊って…、ふだんのおつきあいのきっかけを作ることを目的としています。
> 「ＯＫＵＢＯアジアの祭」は、特定の政治団体及び宗教団体、営利を目的とする興行、企業、セミナー団体等、一切関係のない純粋にご近所仲間によるお祭です。

ここで「本祭」の主要な参加者として想定されているのは「ご近所さんどうし」であり、主催者もまた「ご近所仲間」であるとされている。七月に配布された当初のチラシの文言と比較して、さらに「近隣＝地域」を焦点とした射程が強まっている。こうした傾向は、最終的には「運営委員会」内においても共有されており、「本祭」の「当日パンフレット」には、Ｓさんのメッセージとして以下の文章が掲載されている。

> とっても大事なこと、それは、ふだんからお隣さんはもちろん、地域のみんなと知り合うことだと思う。外国籍の方たちはもちろんだけど、まずは日本人同士が繋がらなくっちゃね。広げようよ、〃ご近所さんとのおつきあい〃の環を。いのちの環を紡ごうよ。

「本祭」の理念における「近隣＝地域」という心象の強まりは、「プレイベント」の連なりという「祭」の形態的変化と関係していた。「プレイベント」には、複数の目的＝射程を、その都度再設定できるような可能性があったが、実際には結果的に「近隣＝地域」という心象の強化をもたらした。それには二つの理由があった。

第一に、運営会議や「イーティング」以外の「プレイベント」の中心となったのは、ＯさんやＭさんの企画であった。Ｏさんの「ランチ会」はそもそも「プレイベント」に組みこまれる以前に、「ご近所仲間」の集まりとして始まった。これに対して、Ｍさんの「流しそうめんパーティ」などの企画はＭさんの友人たちの集まりであったのだが、Ｋさんが積極的に呼びかけたのは「スタジオＫ」や「株式会社Ｍ」周辺の百人町の範囲であった。これはＫさんたち三人の企画が、当初は百人町を舞台とする「路地の祭」を目指していたことからも、必然であった。

第二に、繰り返される「プレイベント」に実際に参加できるのは、大久保あるいはその近辺に居住または勤務する人々であった。筆者が全ての「プレイベント」に参加できたのは、大学院生という立場だったからであるし、印刷業を営むＳさんも仕事の合間に顔を出すだけで精一杯であった。一つ一つの「プレイベント」を「集合的な出来事」として捉えた場合、その「中心的な担い手」や資源の流れは、いずれも大久保（特に百人町）を中心とする地理的近接性に条件づけられており、これと結びついた理念が強化されていったのは当然の帰結であった。それゆえ九月の「本祭」開催決定、一〇月の準備作業の時点で、すでに「祭」の射程は「近隣＝地域」の範囲に絞り込まれていたのである。

「祭」の理念が表現されるのは、チラシや「当日パンフレット」の文言だけではない。「祭」を形づくる演目、出演者の選択もまた、「祭」の目的＝射程と不可分に結びついている。「本祭」の出演者に関して具体的な検討がなされたのは、九月の第六回会議のことであった。Ｋさんは次のように話した。

「できるだけ地元に根ざした人が出た方がいいんじゃないかと思ってる。営業みたいに、自分たちで客集められないから出るっていう奴もいるけど、俺大っ嫌いなんだよ。「ＯＫＵＢＯアジアの祭」だったら、その人目当てで客が来たってしょうがないんだから、近所の人を呼んでこられるような人を呼びたい」(42)

この会議から数日後、Ｋさんの企画した「コンサート・イベント」にて、Ｋさん、Ｏさん、Ｍさんが提案した「ＯＫＵＢＯ合唱隊」が立ち上げられた。会議の際にＫさんは「最終的には各国の「ふるさと」みたいな曲を歌って、参加する人たちの家族とかも見に来るようにしたいんだよ」と話していた(43)。会場のお客さんのほとんどが壇上にあがり、「ふるさと」を歌った。帰りがけに、階段ですれ違ったＫさんは次のように話した。

「今はまだ小さいけどさ、こうやって続けていくうちに、ちょっとずつ繋がりができればいいと思うんだよ。「祭」もさ、人呼ぶために金払って有名な人を連れてきたってしょうがないと思ってるのね。知ってる奴が出るから、じゃ行こうかってなると思うんだよ。今日はそのための一歩ってことで」(44)

出演者との交渉役を引き受けたＫさんが重視したのは、「近所の人を呼んでこられるような」「地元に根ざした人」たちに出演してもらうことであった。「その人目当てで客が来たってしょうがない」という言葉からも明らかなように、ここには二〇〇九年までの「祭」の理念の両義性の一翼を担っていた「外から人を呼んでくる祭」という想定は存在していない。そしてＫさんが実際に足を運び、声を掛けたのは、百人町の南インド料理店の家や、大久保に隣接する歌舞伎町でクラブを経営するナイジェリア人青年であった。

Ｏさんやさんとの間で企画された「ＯＫＵＢＯ合唱隊」もまた「地元に根ざした人」の出演団体として新た

に結成されたものだった。Mさんが作成したチラシでは、「合唱隊」は「防災・防犯を目的とした多文化交流・地域交流のひとつの提案」と説明されている。これまで一度も「祭」の理念として表現されてこなかった文言、「防犯」が入り込んでいることにも注意したい。「ご近所」の「防犯」という理念は、「交流と防災」よりもさらに強く、「近隣＝地域」を「内／外」とに切断する領域性を呼び込むからだ。

こうした一連の「出来事」は、「祭」の理念の両義性をめぐる「外から人を呼んでくる祭」に対する「地域の祭」の勝利を意味していた。

「ご近所づきあい」は何を結びあわせるのか

「近隣＝地域」という理念は、どのような人々を結び合わせるのだろうか。まずは、「中心的な担い手」たちが「ご近所づきあい」という「本祭」のテーマ設定に、どのような願望と目的を込めていたか、それは何との対抗関係にあったのか考えていくことにしよう。ここで取り上げたいのは、一〇月末の第七回会議の際のやりとりである。[45]

出演者についての話から展開して、Kさんが、先日開催された新宿区主催の「ふれあいフェスタ」の報告をする。Yさんが「ふれあいフェスタ」との差別化についても話しあいたい、と言った。

Kさんがこれに応える。

Kさん「それもMさんと話しあったんだけどさ、やっぱり「近所のつきあい」ってとこにポイントをつくるのが基本っていうか。この「祭」はSさんの阪神での経験から始まってて、「近所のつきあい」をつくることに目的があると思うのね。他のイベントはさ、単なる万博みたいになってるのよ」

Ｎさん「「アジアの祭」が目指すのは、街に住む人、日々働く人の視点で何ができるのか、ってことだと思うんですよ。それこそ「万博」みたいなこと、イベンターがやるようなことはやらないでいい」

Ｋさん「このあいだＭさんとぶつかって、結局収めちゃったんだけど、「外国人との交流」だけじゃないと思うんだよ。それはこの地域のなかで必然性があるってことであってさ。外国人だけじゃなくて、独居老人とか、交流のない日本人いっぱいいるじゃない。その人たちを無視してさ、「外国人じゃなきゃおもしろくない」っていうのは違うだろって思うのよ」

Ｓさん「そうそう。住民であるってことで違いはないんだよ。いつも言ってるんだけど、切ったら同じ赤い血が流れるだろってさ」

はじめに言及されている「ふれあいフェスタ」に関しては、その内容が二〇〇九年までの「アジアの祭」と大きく重なっていたことをすでに述べた。これは中国や韓国、ミャンマーなどの民俗音楽・舞踊の披露を中心に据えた「多文化交流」の企画であった。しかしＫさんは、「アジアの祭」が目指すべき「交流と防災」は、こうした形態の「交流」ではないと考えていた。それはともすれば、「祭」の場で築かれる関係性が、「日本人」による「多民族・多文化」という記号の消費へと変形される危険性をはらんでいた。「アジアの祭」が目指すのは、「Ｓさんの阪神の経験」を原点とし、Ｎさんが言うように「街に住む人」「働く人」の立場から「「近所のつきあい」をつくること」であった。

　そしてこうした立場における「近隣＝地域」という理念が強力なのは、大久保という「場所」の持つ複層性／多面性を大きくまとめ上げる効果を持つことである。Ｋさんが「ご近所づきあい」という表象で包摂しようとしていたのは、外国人住民だけでなく、「独居老人」をはじめとする「交流のない日本人」を含めた住民たちであった。すなわち「近隣＝地域」を構成する要素として大久保の「多民族・多文化」性がある、という立場である。だからKさんは、Mさんの「外国人じゃなきゃおもしろくない」という発言に、「多民族・多文化」という記号の消費の臭いを敏感に嗅ぎ取り、ぶつかりあったのである。

六月の第六回会議でも、「ご近所づきあい」の中身をめぐって、同様のやりとりが交わされていた[46]。ここには「近隣＝地域」という理念の、もう一つの可能性が埋め込まれている。

Kさん「思うのは、色々な国の人がいて、多文化とか異文化とか言われるけど、大事なのは何が同じかってことだと思う。子どもが病気の時心配するのは同じで、命を考えるなら異文化も多文化もない」

Sさん「私も、なんで外国人の味方ばっかりするのって言われたことがある。でも、切ったら赤い血が出るの同じだろうって言ったら、黙っちゃったよ」

A1さん「私も同じことを考えてる。今から一〇年くらい前、インドに行って経験した。州が違うと国が違うのと同じくらいのこと。日本人も外に行ったら外国人と言われる。同じことを言われるんだって考えてほしい」

Sさん「日本人同士だって、いろんな地方の人たちがいる。一緒にいたら色々起こる」

Nさん「労働現場でも、いろんな人が来ていて、みんな余所者なんですよね。それが都市の文化っていうか、新宿っていうか。みんなお互い様の面がある」

「近隣＝地域」とは、「多文化」「異文化」を横断する理念であり、Kさんの「何が同じか」という問いに対する一つの回答であった。そしてA1さんの「日本人も外に行ったら外国人」という発言は、「近隣＝地域」という理念に付随する定住性の観念を解きほぐすものであり、そこから「日本人同士だって、いろんな地方の人たちがいる」というSさんの発言や、「みんな「余所者」」というNさんの発言が導かれた。ここでは「旧住民＝定住者＝日本人」と「新住民＝漂泊者＝外国人」という構図は崩され、皆が「余所者」としての要素を抱えるという意味で「お互い様」となる。「近隣＝地域」の理念には、都市空間における歴史的な人の移動によって形成されてきた「場所」の複層性／多面性を横断し、包摂する可能性が秘められていたのである。

領域性としての「近隣＝地域」

しかし一方で、「近隣＝地域」という理念には、地理的近接性を基礎とした領域性が、否応もなくつきまとう。それは「運営委員会」の内側にも、「中心的な担い手」たちの分断線となって現れることがあった。Aさんが去り、「プレイベント」の連なりへと「祭」の形態が変化しつつあった六月の第四回会議の際のことである。[47]

> 会議の直前、NさんがSさんに、事務局を辞めようと思っていると話していた。「僕じゃなくて、KさんとかOさんとかSさんとか、実際に地域との交渉をやっている人たちが中心になった方がいいと思うんですよ。僕は外の人間で、実際にはなかなか動けないし」。〔…〕
>
> そして会議が終わる頃、Nさんが話し始める。「さっき話したんですが、事務局を辞めることについて、やっぱり内の人の方がフットワークが軽く動きやすくなると思うんですよ」
>
> Sさん「いや、外からの人の方がいいんだよ。内々になっちゃうから。いつも話してるから何となくわかるし、「だよね」で終わってしまう」
>
> Nさん「でも土地に根付いた活動に出れてないのに、音頭取りっていうのもどうかなと思ってたんですよ。

正直、連絡係や、議事録送ったりも負担があって」

Kさん「言ってること、わかることはわかる。でもできれば継続できるかたちがいい。負担が大きいということであれば、何とか分担して。こういうのは向き不向きもあって、自分は連絡係とかできなくていつも苦情が出ているので」

新宿外に住むNさんは自身の存在を「外の人間」と規定した。Nさんが語る「外」とは、大久保に居住または就業するKさんやOさん、Sさんとの関係的な概念であった。Nさんにとって彼／彼女らは「内の人」であった。注意したいのは、Nさんにとっての「内／外」の概念は必ずしも地理空間に直接紐づいているわけではないということである。NさんにとってKさんたちが「内の人」であるのは、大久保の内側に居住地や就業地を持っているからではない。Nさんがこだわっていたのは、「土地に根付いた活動に出れていない」ことであった。実際の「祭」運営において、行政や商店街をはじめとする他の組織・集団との交渉を行ったり、個人的な人脈を築いたり、「プレイベント」などの企画に通ったりといった、日々の相互行為の機会の多寡が、「中心的な担い手」たちの間に「内／外」という表象で語られる領域性として起ちあがるのである。

しかしその一方で、すでに述べたように、Kさんたちの「路地の祭」や「プレイベント」の企画は「近隣＝地域」を焦点とした理念を形づくっていった。繰り返される「プレイベント」に継続的に参加できるのは、居住地や就業地が地理的な近接性を持つからであった。そして日々の相互行為の機会の多寡から来る「内／外」概念が「近隣＝地域」の心象と結びついたとき、地理空間を基礎とした新たな領域性が起ちあがり、「外の人」に対してある種の引け目を感じさせることがある。

同じ日の会議にて、「路地の祭」と「トークイベント」という「祭」の二つの方向性をめぐる議論のなかで、

Nさんは次のように話した。

「やっぱり日常的に活動やってるのはOさんであり、Sさん、Kさんたちで、街で生きてるからつくれてる流れがあると思うんですよ。僕は外部から来て、イベントできたらいいなって思ってる。小さい会場でもライブ企画をやりたいし、「トーク」も入れたい。話を聴くことも大事だと思うんですよ。それは屋内やライブハウスでやることかなと思う。三月の場面のように、パフォーマンスの後に交流会やって。だけど外部から持ち込んでいるわけで、僕は[48]」

Nさんはここでも、自分を「外部」の人間と規定している。自身も「唄活動ユニットN」を主催して活動を行い、「ライブ」「映像」「トーク」に関心があって「アジアの祭」に関わるようになったNさんにとって、「トークイベント」には強いこだわりがあった。しかしこの頃「アジアの祭」は、OさんやKさんたちを中心とする「路地の祭」「プレイベント」へと向かいつつあった。そして「外部」の人間であるNさんは、「だけど外部から持ち込んでいるわけで、僕は」と一歩身を引いて、Kさんたちの「街で生きてるからつくれてる流れ」を尊重したのであった。

一一月の「本祭」では、結局Nさんが提案して、「3・11の体験」をテーマに、小さな「座談会」企画を盛り込むこととなった。しかしNさんが「トークイベント」にこだわったのは、自身の関心からだけではなかった。「本祭」の数日後、筆者が「交流会の様子を見ていたら、自然に集まって話す空間ができていたから、無理して「座談会」みたいに場所をつくらなくてもよかったかもしれない」と言ったのに対して、Nさんは次のように応えた。

「いやいや、それはまったく違うと思う。やっぱりあの場で「座談会」みたいな企画がないと、それこそただ飲んでしゃべって終わりになっちゃうからさ。ちゃんと「防災」とか「多文化」についてテーマを出せているから、学生たちも来てくれたんだしさ。〔…〕「祭」っていうのは内と外を繋げるものだからさ、それがなかったら「祭」じゃないと思うよ[49]」

二〇一一年の「本祭」は「ご近所づきあい」をテーマとして企画され、出演者も「近所の人を呼んでこられるような」「地元に根ざした人」を中心とするものであった。こうして構成された「近隣＝地域」という理念は、大久保の複層性／多面性を大きく一括りにする効果を持つ一方で、社会空間を「内」と「外」とに隔てる反作用を併せ持っていた。「近隣＝地域」という理念は明らかに、大久保の「外」から「お客」を呼び込むものではなかった。そこに「流れる人々」の存在する「場所」はなかった。自身も「外の人間」であるNさんにとって、「防災」や「多文化」をテーマとする「トークイベント」とは、「近隣＝地域」という理念に包摂されない人々を呼び込むことのできる、「内と外を繋げる」ための仕掛けであった。

「均質な地域」という神話

二〇一一年の「本祭」のパンフレットの表紙には、大きく「政治団体、宗教団体、営利を目的とする興行、企業、セミナー団体等、一切関係ございません」と書かれている。これはチラシの作成を一手に引き受けた、Mさんの戦略が反映されたものであった。五月の第三回会議に初めて参加したMさんは、町内会との協力関係を築くための注意点について、次のように述べた。

「町内会と話をつけるときにはハードの問題がある。この団体のバックに何があるのかが知りたいはずだ。ニュートラルなものとして自己紹介する必要がある。町内会のなかでも政治があって、自民系だったり民主系だったりする。市民団体はニュートラルな存在としてアピールしなければならない。協賛とかをお願いする時に、頭に「ニュートラル」だとつけること。何者なのかを伝えること[50]」

大久保で生まれ育ったMさんは、町内会や商店街にも加入し、その活動に参加してきた。他の地域で選挙活動を手伝った経験もあり、町内会ごとに各政党の「縄張り」があるという状況も目にしてきた。そうした経験を背景として、Mさんは「アジアの祭運営委員会」という組織として、「政治」や「宗教」と無関係であるということを、あらかじめアピールするという戦略をとったのである。

そして実際、「本祭」の会場がT教会であったことから、他の組織・集団に協力を求める際に「宗教」との結びつきが警戒されることもあった。例えばSさんは、「祭」の協賛団体になってもらうために「韓人会」に交渉した際に、次のように返答されたという。

「「韓人会」にも行ってみたけど、「いやー俺たち政治・宗教とは関われないからね……」って言われた。T教会は場所借りてるだけだよって言ってもだめだった[51]」

「共住懇」と「韓人会」の付き合いは古く、すでに述べたように「アジアの祭」運営においても当初から協力関係にあった。二〇〇八年の「共催」に失敗した後も、翌年の「しんじゅくアジアの祭」には広告を提供するなど、その協力関係は緩やかな制度を成していた。「アジアの祭」が「宗教イベント」ではないことは、「韓人会」

側にも周知の事実であったはずである。しかし組織として協力する場合には、会場が教会という宗教施設であることが、懸案事項となってしまうのであった。大久保のなかで、他の組織・集団との協力関係を築く上では、「政治」や「宗教」といった要素が分断を招くことがある。Mさんの戦略は、「祭」が「政治」や「宗教」と無関係であることを宣言することによって、こうした分断をあらかじめ防ごうとするものであった。

しかし同時にこの戦略は、「政治」や「宗教」をめぐる差異が諸組織・集団の分断を招くという原理それ自体を黙認するという意味を含み込んでいた。もちろんMさんの戦略は、あくまで組織としてのものであり、個人的な信念について言及しているわけではない。しかし「政治」や「宗教」とは無関係であると宣言する戦略は、それらの差異が生み出す分断から事実上撤退することを意味したのではなかったか。あるいは、そのような分断を生み出す、お互いの差異を見落としてしまう効果があったのではなかったか。

Sさんは、この戦略についてどう考えていたのだろうか。「本祭」の後、Sさんはこの戦略について、次のように振り返っている[52]。

明治通り沿いの中華料理店で、Sさん、Yさんと三人で小さな打ち上げをする。乾杯をしてビールを流し込み、Sさんは、ふぅーっと息を吐いて話はじめる。

Sさん「今年の祭よかったよな？」

Yさん「よかったですよ」

私「ほんとうに、ずっとSさんがやりたかったことが少しずつ実現してきたというか……」

Sさん「ただ一つだけさー、もうごちゃごちゃするの面倒くさいから、今年はこれでいいやと思って言わなかったけどさ、「政治・宗教とは関係ありません」ってあるじゃん。私はめちゃくちゃ腹が立つんだよ」

私「うーん、ただあれは町内会とか商店街への対策で必要だったってことでしたよね、それもわかるような気がするんですが」

Sさん「違うね、そんなことは言ったほうが負けなんだよ！　この「祭」の根本は、命を守る、命を繋ぐことなんだよ。ただそれだけなんだよ。それを「政治・宗教だから嫌だ」って言ってくる奴がいたらさ、「そんなこと、命を守るのに関係あるの？」って言えばいいんだよ。それでも嫌なら仕方ないじゃない。魂はさ、売り渡したらそれで終わりなんだよ。それだけは譲っちゃダメなんだ。組織になったって、譲っちゃいけないものがあるだろ。

　要するに、組織の方が大事なんだろ。私だって最初は会社にするつもりなかったよ、だけど今は印刷会社やってるじゃん。でもそんなのいつでも止められるんだよ。なんで皆我慢してるんだよ。嫌なことは嫌だって言えばいいじゃん。それを我慢してさ、それが行き着いたのが福島だよ。なんで手放せないの？　大事なのは命だろ？　それ以外にないだろ？　私はそう思うね」

私「うん……。だから、「共住懇」は組織を守ろうとしてないから、これだけ続いてるんですよね。色んな人が関わって、そのつど活動の形も変わっていって……大事なのはそっちなんですよね、「共住懇」がどうとかじゃなくて。この間、Fさんが言ってたんですよ、「共住懇」をどんどん利用しなさい、それでいいのよって。元代表がそんなこと言えるのすごいですよね……」

Sさん「だから逆に「共住懇」を守れるんだよ。Yさんが代表じゃなかったら、私はこんなに続いてないね。こんなふうに地域に関わるのなんて、面倒で一番嫌だったもの、神戸に行くまではね。こんな人、他にいないよ。あれやりたい、これは嫌だって言っても、全部受けとめてくれるんだもん」

Yさん「いやー、私が何言ったって、Sさんはやりたくないことは絶対にやりませんからね、フフフ」

> Sさん「それだけ苦労かけてるんだよ。表に立ってやっている人の裏で泣いてる人がいるんだよ。一緒にやってきてくれたからわかるだろ？」

Sさんはなぜ、「政治・宗教とは関係ありません」と宣言する戦略に対し、「そんなことは言った方が負け」と言ったのだろうか。それはSさんの「そんなこと、命を守るのに関係あるの？」という言葉に端的に表れている。「韓人会」との交渉が失敗したように、確かに「政治」や「宗教」をめぐる差異は、諸組織・集団の間に分断をもたらし、相互の協力を困難にする可能性を持つ。しかし震災時、生存の危機に際して、そのような分断線に踏みとどまっていては「命を守る」ことなどできない、とSさんは考える。そしてそれは、組織としてであろうと、個人としてであろうと、関係のないことなのだ。

Sさんが「アジアの祭」を通じて目指していた「交流と防災」とは、こうした差異による分断を無傷で通過することではなく、たとえ対立が生まれたとしても、説明し交渉し、諸組織・集団の分断を越えて、あるいはそうした分断を壊し、繋ぎなおすような運動であった。それがSさんにとって、「アジアの祭」の「魂」であり、「譲っちゃだめ」な一線であった。組織であれ個人であれ、他者との間にある差異を無化し、差異による分断を乗り越えるための契機を「売り渡したらそれで終わり」だと、Sさんは考えていた。

他者との間にある差異を無化するMさんの戦略は、「近隣＝地域」という理念と結びついた時、西澤が指摘したような「均質な人口の神話」を再び喚び起すことになる（西澤 1996）。ここでMさんが「運営委員会」のブログで「アジア人の紹介とかをしていってはどうか」と発言していたことを、併せて想起したい。その背後には、「近隣＝地域」の主体たる「日本人」によって「アジア人」として「発見」される他者という、構造的な非対称性が浮かび上がる。他者との差異を無化する戦略は、こうした構造的非対称性を温存しつつ不可視化し、実際には「近隣＝地域」を（「日本人」である「私」を主体とする）「均質な地域」へと再構成する帰結となるのではないか。こうして「祭」は、他者との差異を前提として新たな関係性を拓く契機ではなく、他者との差異を無化し構造的非対称性を隠蔽する装置へと変質していく。「近隣＝地域」という理念は、大久保の複層性／多面性を大きく一括りにする強力な効果を持つ一方で、「近隣＝地域」として規定された〈象徴的空間〉の内に向かっては、「均質な人口」という観念を招き入れる可能性を合わせ持っていたのである。

しかしここまで述べてきたのは、あくまで「本祭」の理念をめぐる潜在的な問題であり、実際の運営に関わった「中心的な担い手」たちは、「本祭」前夜まで小さな対立を繰り返しながら、なんとか折り合いをつけて「祭」を形づくっていった。

「本祭」の日

そして一一月、「ＯＫＵＢＯアジアの祭２０１１」は本番を迎えた。積み重ねられた「プレイベント」の「収穫祭」であった[53]。九時からの設営作業に集まったのは、Ｎさん、Ｓさん、Ｏさん、Ｋさんら「中核」たち、Ｍさん、Ｙさん、筆者など「中心的な担い手」と、Ａｔさんをはじめとする「運営委員会」の面々であった。やがて出店者や出演者が集まってくると、二〇一〇年の「祭」で受付を手伝っていた新宿区社会福祉協議会の職員の女性や、久しぶりにやってきた大学院生のＪさん、Ｓさんの妹で「バンドＨ」の女性、「治療所Ｏ」や「スタジオＫ」の従業員や関係者たちも、「当日手伝い」として「祭」を支えた。

「祭」の理念において「近隣＝地域」が勝利したのとは対照的に、「当日手伝い」を受け持った「周辺的な担い手」たちは、大久保の内／外に関わらず駆けつけていた。「近隣＝地域」という「祭」の理念は、むしろ地縁的な人脈が少ないからこそ、あえて強調しようという戦略的な選択であったともいえる。そしてそれは、複数の

「プレイベント」を契機として大久保の個人商店・飲食店・事務所などに声をかけ、知り合い、協力関係を築いてきたという点で成功していた。

「本祭」の準備段階で活躍し運営を支えたのは、もちろん「運営委員会」に所属する「中心的な担い手」の面々なのだが、いざ当日を迎えてみれば、設営や撤収作業、本部の運営、チラシ配布や案内などの仕事を支えたのは、二〇〇九年の「祭」同様、「当日手伝い」として結集した「周辺的な担い手」たちであった。彼／彼女たちは「中心的な担い手」たちの役割分担の「隙間」を埋め、必要な仕事を見つけて自ら動き、「本祭」の運営を実質的に下支えした。こうした即興ともいえる働きを可能としたのは、大久保以外の場所での「祭」への参加の経験であり、また二〇一一年に積み重ねられた「プレイベント」運営の経験であった。

開場時刻の一二時となる。設営作業を終えてひとまずの仕事がなくなった「当日手伝い」の面々は、そのまま「お客」となる。一三時から二階の礼拝堂でライブが始まる。Ｔ教会の管理担当者の男性も館内の音響設備を使ってライブのアナウンスをしている。前日の設営作業への関わりといい、彼はすでに「祭」の実質的な「担い手」となっている。舞台には、ギターソロのＳｋ牧師、Ｏさんの「バンドＹ」、「南インド料理Ｍ」の一家が、次々に登場する。

一階の会議室では、「南インド料理Ｍ」、「アイヌ料理Ｈ」などが出店し、飲食コーナーとなっていた。「お客」のほとんどは「中心的な担い手」たちの家族や友人たちであった。Ａさんも「お客」の一人として掛けつける。

ライブの合間には、一階のエントランスエリアでＡｔさんが民族楽器を演奏したり、私が司会を務めて「3・11と大久保」をテーマにした座談会を開催したりする。「3・11大久保で何があったか」などの質問を、会場の「お客」たちに投げかけ話してもらう。「中心的な担い手」の友人たちだけでなく、通りがかりにふらりと立ち寄った人たち、「共住懇」の会員たち、複数の大学の学生たちなども参加している。

ライブの第二部では、「プレイベント」にも参加したナイジェリア青年、「アイヌ民族舞踊」、過去の「アジアの祭」にも参加した「インド舞踊」の団体などが出演する。会場は五〇人以上の「お客」で満席となる。

エントランスエリアでは、民族衣装の「着付け体験」コーナーが盛り上がっている。南インド料理店の娘さんも着物を着せてもらって嬉しそうだ。父親の料理店で一緒に働く彼女の兄は女性物の着物姿で野球帽をかぶり、ご機嫌に歌っている。マイクを握り、周りの女性たちにインタビューをしつつ、カラオケ大会を始める。「また来年もやろう！　次は料理の数をもっと増やすから！」

「お客」の中心は、「中心的な担い手」たちの家族や友人たちであった。これは「ご近所づきあい」をテーマとして、「プレイベント」を通じて知り合った人たちを「本祭」に呼び込むという、ＫさんやＭさんの戦略からして当然のことであった。「プレイベント」の連なりと「収穫祭」としての「本祭」は、そのままでは拡散していた「担い手」たちの個人的なネットワークを束ねる結節点となっていた。

相対的には少なかったが、通りがかりの人や、教会関係者、「多民族・多文化の街」としての大久保に関心をもった学生たちなども、「お客」として参加していた。また時には、「南インド料理店Ｍ」の兄妹のように、出演者や出店者自身もまた「お客」となった。インドから呼び寄せられ、父親の店を手伝っていた兄妹にとっても、「本祭」は「ハレの日」となった。エントランスエリアはマイクを握りしめた息子によって、即興の「カラオケ大会」会場となった。「予定通り」ではないかたちで、「周辺的な担い手」たちの手によって、いくつもの小さな「祭」が展開する余地が生まれていた。

もうひとつの「祭」

そして全てのライブ演奏が終了し、屋台も閉店し片付けを終えた後、「本祭」はクライマックスを迎えた。[54]

一八時半頃、NさんとA1さんの司会で「交流会」が始まる。会場には「当日手伝い」に駆けつけた人たち、出店者、出演者、そして「お客」を含めて五〇人以上の参加者が集まり、賑やかとなる。出店者から「運営委員会」の予算で買い取った残り物の料理を並べて、乾杯する。

やがてNさんとA1さんがインタビューを始める。出店者や出演者を紹介し、木箱でつくった即席の舞台の上で一言話してもらう。出店はかなわなかったが、ゴマ団子を用意してくれた「台湾料理H」の店主や、Kさんが通いつめ口説き落とした百人町の寿司職人も、「交流会」に顔を出している。

最後に、「運営委員会」の紹介になる。Kさんが今年の「アジアの祭」の趣旨について話す。「今年の「祭」は、ご近所さんと繋がりをつくろうっていうことでやってきたんです。それで「祭」への協力をお願いして、ずっとあちこち回ってきたんだけど、そのなかで知り合った新聞配達所の人が、タダでチラシを折り込んでくれるって言ってくれて、そのうえ印刷までしてくれた。そういう一つ一つの繋がりを、これからも大事にしたいと思ってます。来年もやりましょう！」

「交流会」の具体的な提案がなされたのは、九月の第六回会議のことだった。Nさんから、「本祭」の後、出演者や出店者、お客が一堂に会し飲食できるような空間を作ろうというアイディアが提示された。これには、出店・出演者同士の交流ができなかったという、二〇一〇年の「祭」への反省もあった。「名刺交換して、自己紹介して、きっかけ作りになるといい」とNさんは言った。[55]

そして出店者も巻き込むための仕掛けとして、売れ残った飲食物を原価で買いとり、「交流会」で提供することになった。「入場無料」を謳っている「本祭」のプログラムの一部に組みこむため、「交流会」の参加費も無料とし、各自が飲んだ分だけ「カンパ箱」に寄付してもらう方式となった。こうした一つ一つの小さな選択が、「参加型」の「祭」を形づくっていった。「祭」の理念は、その形式に表現されていた。

こうして用意された「交流会」には、「お客」だけでなく、出演者や出店者たち、その家族や友人たち、出店はかなわなかったが「プレイベント」運営を通じて新たに知り合った商店主も顔を出した。ＳさんやＮさんが懇意にしていた居酒屋の店主も招かれ、自慢の歌を披露した。そして「交流会」の最後にはやはり、輪になって河内音頭を踊るのだった[56]。

> 街のメインストリート、大久保通りにある教会奥の会議室に、河内音頭が鳴り響く。生演奏でも上等なアンプセットでもなく、ありふれたＣＤラジカセの音源なのだが、そんなことは誰も気に留めない。
>
> 運営スタッフもお客も、飲食や物販の出店者も、その家族や友人も、教会近くの飲み屋の店主も、大久保の住民も「余所者」も、輪になって踊る。酔っ払ってげらげら笑いながら、思い思いの振り付けで、ばらばらに踊り歩く。カメラを回しながら踊りの輪に加わる学生の映像は、手振れによりほとんどまともに撮れてはいない。
>
> 南インド料理店の息子は、「着付け体験」コーナーで借りた女性物の着物姿のまま、クラブミュージックでも流れているかのように大きく腰を振って歩き、Ｓさんの手をとって踊っている。そのままＳさんの小さな身体を抱きかかえてぐるっと回ったので、会場は歓声に包まれる。
>
> あるいは踊りの輪の外で椅子に座り、踊りを肴に酒を飲み談笑する者たち。アイヌ料理店の親族たちは、

ひとつの机を占拠し、そこだけまた別の宴会のようになっている。市民団体の「担い手」たちは、旧友とお互いの近況を報告し、かつての「祭」の記憶を語り合う。

お互いがどこから来たのか、なぜここに来たのか、その目的や理由は明確には語られないが、流れゆく者たちが緩やかに結びつき、特定の時間と空間を共有し、それぞれの日々の暮らしや活動の積み重ねと、この一日の「祭」運営の疲れを昇華させる。実質的な「打ち上げ」である。

こうして、「祭」のなかの「もうひとつの祭」が生起する。ハレの日の、わずかな時間と空間にのみ生起する、「流れる人々」の「祭」……。

二〇一一年の「アジアの祭」は、チラシやパンフレットの「ご近所づきあい」という文言、出演者や出店者の選択、「プレイベント」の連なりが形成した資源の流れなどの複数の要素が重なり合ったことで、「近隣＝地域」を射程とする企画となった。これは二〇〇九年で最後まで対立しあった、「地域の祭」と「外から人を呼んでくる祭」という目的＝射程のうち、前者の勝利を示していた。

「近隣＝地域」という理念は、大久保という「場所」の複層性／多面性を大きく一括りにする効果を持っていた。それは必ずしも、住民（ないし「定住者」）のみを包摂するというわけではない。「外」へと広がる社会関係や移動する人々もまた「場所としての地域」の構成要素であり、皆が「余所者」であり「流れる人々」としての要素を持っている。住民だけでなく、仕事のため、通学のため、市民活動への参加のためなど、様々な目的で、大久保の内外から人がやってくる。そもそも「運営委員会」の「中心的な担い手」の構成自体が、それを物語っている。「近隣＝地域」という理念には、そうした多様な人々の結び目となる可能性も込められていたのだ。

その一方で、「近隣＝地域」という理念が抽象する〈象徴的空間〉は、社会空間を「内／外」に切断する効果も併せ持っていた。繰り返される「プレイベント」に実質的に参加できるのは、大久保あるいは隣接地区に居住する者、就業地を持つ者たちであり、日常的な相互行為の多寡は「中心的な担い手」たちの間にも微妙な差異を生み出し、「外の人間」が引け目を感じることもあった。あるいは「近隣＝地域」の理念が、他者との差異を無化する戦略と結びついたとき、「場所」の複層性／多面性は、「均質な地域」という〈象徴的空間〉に塗り潰される。「政治」や「宗教」の差異が諸組織・集団や個々人の関係を分断するという原理そのものを壊す契機もまた、失われることとなる。

しかし実際の「本祭」で、そして「もうひとつの祭」の瞬間に起こったのは、どのような「出来事」だっただろうか。「近隣＝地域」という理念が引き寄せる地理的近接性に基づく領域性は、実際の参加者たち自身の手によって内側から破られた。「交流会」の場には、血縁、地縁、友人関係という複数の関係性によって、移動する多様な人々が結集した。「もうひとつの祭」は、大久保の住民も非住民も、仕事の場を持つ者もそうでない者も含めて、普段は異なる組織・集団に属し、交わることのない「流れる人々」の結び目となった。「祭」の時空間は、大久保という「場所」の複層性／多面性を反映していた。

「もうひとつの祭」の時間と空間は、「運営委員会」の「中心的な担い手」たちが繰り返し議論し、時に対立しながら折り合いをつけて用意したものであるが、例えば南インド料理店の息子が即興で「カラオケ大会」を始めたように、実際の参加者たちの相互行為によって「当初の計画」を外れたところで、予想外の形で生起した。確かに「祭」の理念は、チラシやパンフレットの文言としては単一である。しかし「祭」の時空間において共に酒を飲み、輪になって踊るという身体的なコミュニケーションのなかで、あるいは同じ場に居合わせるという無為の関係性のなかで、「近隣＝地域」や「多民族・多文化の街」といった心象によって抽象された複数の〈象徴的空間〉は併存し、近接性と脱領域性、定住性と移動性といった相矛盾する観念は、結果的に溶け合うのだ。

終章
流れゆく者たちのコミュニティ
——移動性と領域性の理論に向けて

ホモ・モーベンスは閉じる力と開く力の葛藤の中にありつづける。たとえ地理的にはひとところにとどまっていたとしても、このような意味での葛藤をかかえるものは、自己認識としては動くものである。個々人はこの葛藤の中で、自己の内なる社会変動をくぐりぬける。ホモ・モーベンスの間での相互承認は、同じ言葉を語ることではなく、それぞれが自分の物語を語ることによって成立する。異なる時代や場所や文化を生きてきたものが、他者の物語に深く感応することがある。相互承認の土台（Element）となっているのは、語るものの葛藤、個々人の〝社会的文脈／水脈〟、〝根〟の混成状態の中にあるなんらかの理である。

——新原道信『ホモ・モーベンス』（新原 1997: 255）

第一節　構造と象徴

「一時的な体制」

現代社会においてコミュニティの移動性と領域性はどのように折り合うのか。本書はこの根本的な問題に取り組むため、「場所」と「出来事」のコミュニティ研究という方法論を構想し、都市モノグラフの記述を通じて二つの問いに取り組んできた。一つは、シカゴ学派以来の都市社会学が取り組んできた、脱領域的に拡がるネットワーク（関係的位相）と諸アソシエーションの動的連関（制度的位相）といった構造的条件と、構築主義やポストモダン理論が重視した領域性の象徴的な構築（象徴的位相）とが、どのような関係にあるのかということだ。もう一つは、構築されるコミュニティの領域性は「場所」の複層性／多面性という条件のなかで、どのように選びとられていくのかということだ。

本章ではこれらの課題に応えるため、二〇〇九年と二〇一一年の二つの「祭」を三つの位相の観点から比較分析していく。まず本項では共時的な視点から、それぞれの「祭」がどのような特徴を持つ領域性を構築していたのかを分析していく。次項では通時的な視点から、これらの領域性がどのような過程で構築されたのか、その条件を分析していく。

まずは関係的位相について、「担い手」たち布置連関の特徴を分析していく。二〇〇九年の特徴は、Ｓさんを中心とする構造化にあった。「周辺的な担い手」たちのほとんどは、Ｓさんを結節点とするネットワークによって動員されており、このＳさんを含む「中核」は、「ＯＫＵＢＯアジアの祭」の前身である二〇〇三年の「盆ダンス」以降、不動の地位を築いていた。さらに重要なのは、「中核」のうち、大久保の住民はＳさんとＥさんだけだったということである。仮に「担い手」たちの付置連関を地理空間上でプロットしてみれば、「中核」を起点とするネットワークは大久保の「外」に向かって枝分かれし、地理的には拡散している状況が浮かび上がってくるだろう。

ところが翌年、「実行委員会」の半数が離脱し「担い手」たちの付置連関は大きな変化の時を迎える。この結果として、翌二〇一一年には不動であった「中核」が外に開かれ、Oさんを中心としたネットワーク構造の分極化が進んでいった。Oさん、Kさん、Mさんと、大久保（百人町）に生活の拠点を持つ「担い手」たちが次々と参入し、さらに彼らを通じて新たな「担い手」が呼び込まれていった。さらに強調しておきたいのは、「中核」の半数以上が大久保の住民ということである。二〇〇九年とは対照的に、「中核」を起点とするネットワークは地理的に凝集していたといえる。

次に制度的位相について、諸組織・集団の連関を比較していく。二〇〇九年の特徴は「共住懇」と「団体K」の二大組織体制として把握できる。この体制は二〇〇三年の「盆ダンス」で築かれ、「祭」を繰り返すなかで資源の流跡のインフォーマルな制度化が進み、この年まで存続してきたものである。資源のほとんどは両組織とその「担い手」が経営・所属する組織・集団の連関を通じて調達された。自己調達が困難な資源については、東京都の助成金や新宿区社会福祉協議会のボランティア公募などの公的制度を活用することで賄われた。こうした諸組織・集団の連関を地理空間上で捉えなおしてみると、相対的に負担感の少ない広告提供という形態での協力の多くが大久保の「内」からなされた一方で、当日の出店や出演、設営・撤収作業など相対的に強いコミットメントを必要とする労働力提供のほとんどが大久保や新宿の「外」からのものであったことがわかる（図終-1）。すなわち、強いコミットメントに着目すると、二〇〇九年の諸組織・集団の連関は地理的に拡散した特徴を持っていたことがわかる。

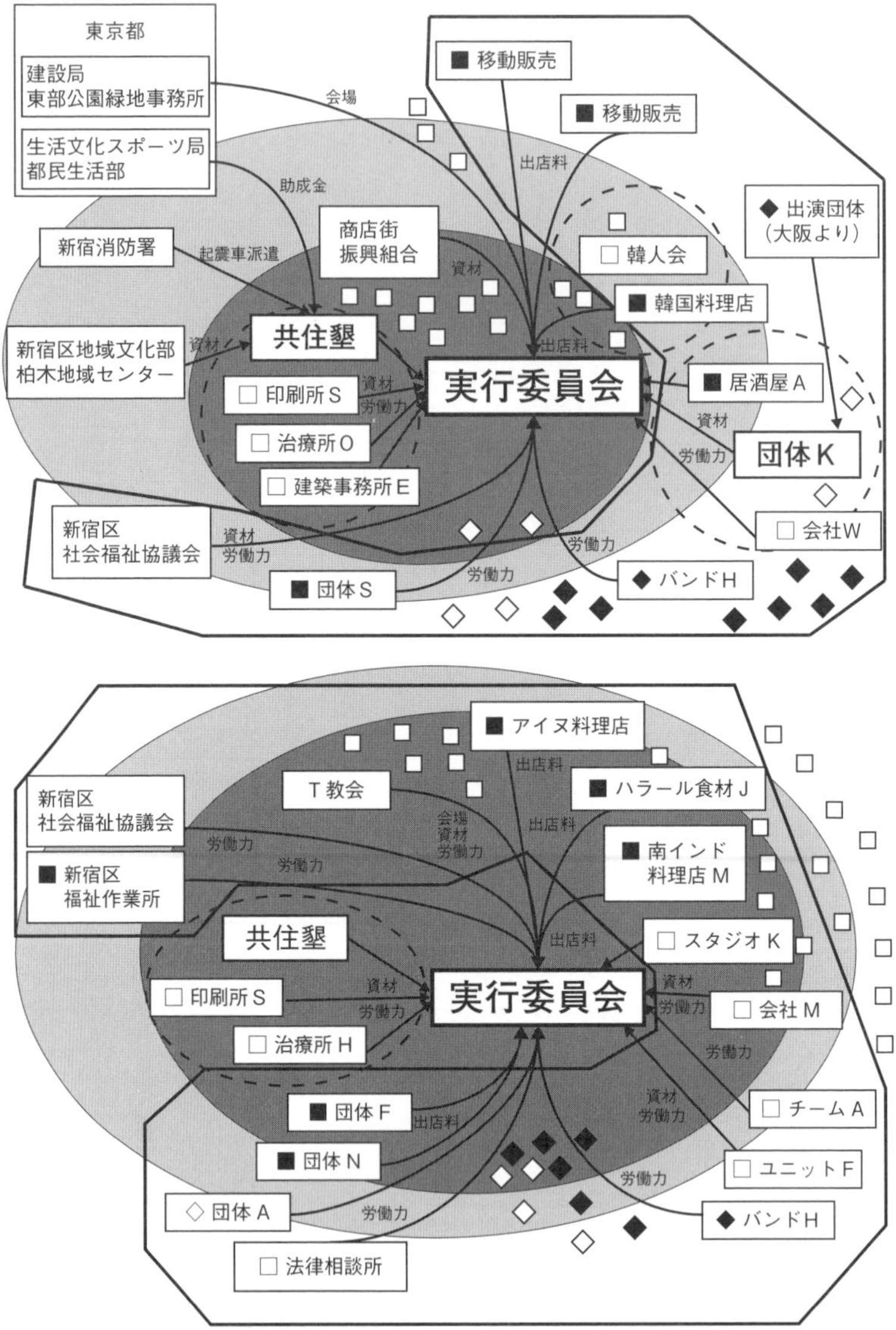

図終-1　2009 年と 2011 年の資源の流れ

注：太黒枠は労働力提供を行った組織・集団を大まかに括っている。
出所：筆者作成。

翌二〇一〇年に実行委員会が直面したのは、運営体制からの「団体K」の離脱により、同組織と関連団体からの資源供給が途絶えるという問題であった。そして二〇一一年までの間に、新たな「担い手」が属する組織・集団がこの空洞を埋めていった。新たな組織・集団の結びつきは、「実行委員会」が主催する「祭のプレイベント」——ランチ会やディナーパーティ、ミニコンサートなど——を繰り返す中で、各々の小さな活動が蓄積してきた小さな制度やその萌芽を寄せ集める形で、極めて短時間の間にインフォーマルな制度を形成していった。二〇一一年の諸組織・集団の連関を捉える上で最も重要なことは、こうして最終的に形成された諸組織・集団の連関が大久保の内側に集中していたことである。広告提供が地理的な距離に左右されなかった一方で、労働力提供の重心は大久保や新宿の範囲に大きく偏っていることがわかる。すなわち二〇一一年の諸組織・集団の連関もまた二〇〇九年とは対照的に地理的に凝集した特徴を持っていた。

最後に、象徴的位相に関して「祭」の理念に着目し、各々の「祭」が焦点を置いた〈象徴的空間〉を比較していく。二〇〇九年の基本的な理念は、「防災」と「多民族・多文化」であり、これらの理念は重なり合いつつも「実行委員会」に象徴的な対立をもたらした。二つの理念には、大久保という「場所」の持つ二つの歴史的な特徴、居住空間と商業空間（盛り場）が反映されており、協力組織や「お客」への呼びかけの射程には違いがある。前者は「近隣＝地域」という〈象徴的空間〉に焦点があり、後者は多様な目的を持つ人々が訪れる「多民族・多文化の街」という〈象徴的空間〉に焦点があるからだ。呼びかけの射程の差異は、趣意書の文言や文体をめぐる論点となり、結局はそれぞれの表象を強調する二種類の文章が作成されたが、より重視されたのはより広い範囲から人を集めることのできる「多民族・多文化」という理念であった。

これに対して、二〇一一年の基本理念は「ご近所づきあい」であった。「プレイベント」の連なりという「祭」の形態的な変化は、「多民族・多文化の街」に焦点を置く「フォーラム／アトラクション」と、「近隣＝地域」に

表終-1　三つの位相の「一時的な体制」

位相	2009	2011
関係的	Ｓさんを中心とする構造化 地理的に拡散したネットワーク	新たな「担い手」への分極化 地理的に凝集したネットワーク
制度的	「共住懇」と「団体Ｋ」の二大組織体制 地理的に拡散した資源調達	急拵えの制度化 地理的に凝集した資源調達
象徴的	「多民族・多文化」 「(近隣の) 防災」	「ご近所づきあい」

出所：筆者作成。

焦点を置く「ご近所づきあい」とを併存させる可能性があった。しかし「本祭」が日常的な「ご近所づきあい」を昇華させる「収穫祭」として位置づけなおされたことにより、「祭」の基本的理念は後者に傾いていくことになる。そして「本祭」の開催を知らせるチラシには、「ご近所の〝ふだんのおつきあい〟」「純粋にご近所仲間によるお祭」という文言が並ぶことになった。「ご近所づきあい」という表象には、エスニシティを含めた「場所」の複層的／多面的な要素を大きくまとめ上げる作用があり、「多民族・多文化」性は「近隣＝地域」を構成する一要素として組み込まれていった。

二〇〇九年と二〇一一年の「祭」の共時的比較から、何が読み取れるだろうか（表終‐1）。二〇〇九年の「祭」は、地理的に拡散したネットワークと資源調達、外から人を呼び込む「多民族・多文化」という理念からなり、大久保という「場所」を中心として広範な地理的空間に広がる脱地域的な（de-localized）領域性が構築されていたといえる。これは「多民族・多文化の街」という表象に彩られた「場所」を結節点として都市空間に広がる社会関係と、一時的滞在を含めた移動性を包摂する特徴を持つ。これに対して二〇一一年の「祭」は、地理的に凝集したネットワークと資源調達、近隣から人を呼び込む「ご近所づきあい」という理念からなり、大久保という「場所」を中心とした地理的近接性に基づく（再）地域化された（re-localized）領域性が構築されていたといえる。これは「近隣＝地域」という表象によって切り出された「場所」を大きく包摂する特徴を持つ一方で、「内部の均質化」や「外部の切断」の契機をも内包するものだった。

二つの「祭」を共時的に比較すると、「集合的な出来事」が生起する局面においては三つの位相がしっかりとかみ合い、特定の型の領域性を構築する強固な体制を形作っていることがわかる。確かに移動性の高まりによりてこの体制は「整合的な実体」として永続するものではない。それでもなお、特定の時間と空間において、コミュニティの三つの位相は「一時的な体制（temporal formation）」を形作るのだ。

三つの位相の相互連関

ここで示した二つの「祭」の特徴はもちろん最終的な到達点であり、第Ⅱ部で詳細に記述してきたように、実際の運営は各々の位相内／間での対立や相互規定を含んだ複合的な社会過程として把握されるべきものであった。二〇〇九年の「祭」から二〇一一年の「祭」にかけての各位相の相互連関の過程を、四つの局面に分けて見ていくことにしよう（図終－2）。

第一局面は、二〇〇九年の「祭」開催である。先に述べたように、この時、三つの位相が相互にかみ合い脱地域的な領域性を構築する「一時的な体制」を形成していた。「防災」という理念は開幕の挨拶で語られたり、「防災ゲーム」や「起震車体験」といった部分的なアトラクションとなったりして具体化されていたが、出店者と出演者の構成、中心の舞台でのパフォーマンス、クライマックスの「河内音頭」も含めて、基調となったのは「外」から「お客」を呼び込む「多民族・多文化」という理念であった。これは「流れる人々」の結集を願う理念であり、「中核」の大半が大久保外の居住者であることや、資源の流れの重心が大久保や新宿の「外」にあったことを反映していたと考えられるし、こうした理念に基づき活動を進めていくなかで大久保からの出店者や出演者に強く拘ることはなかったため、三つの位相は相互に規定しあう関係であったと言えるだろう。

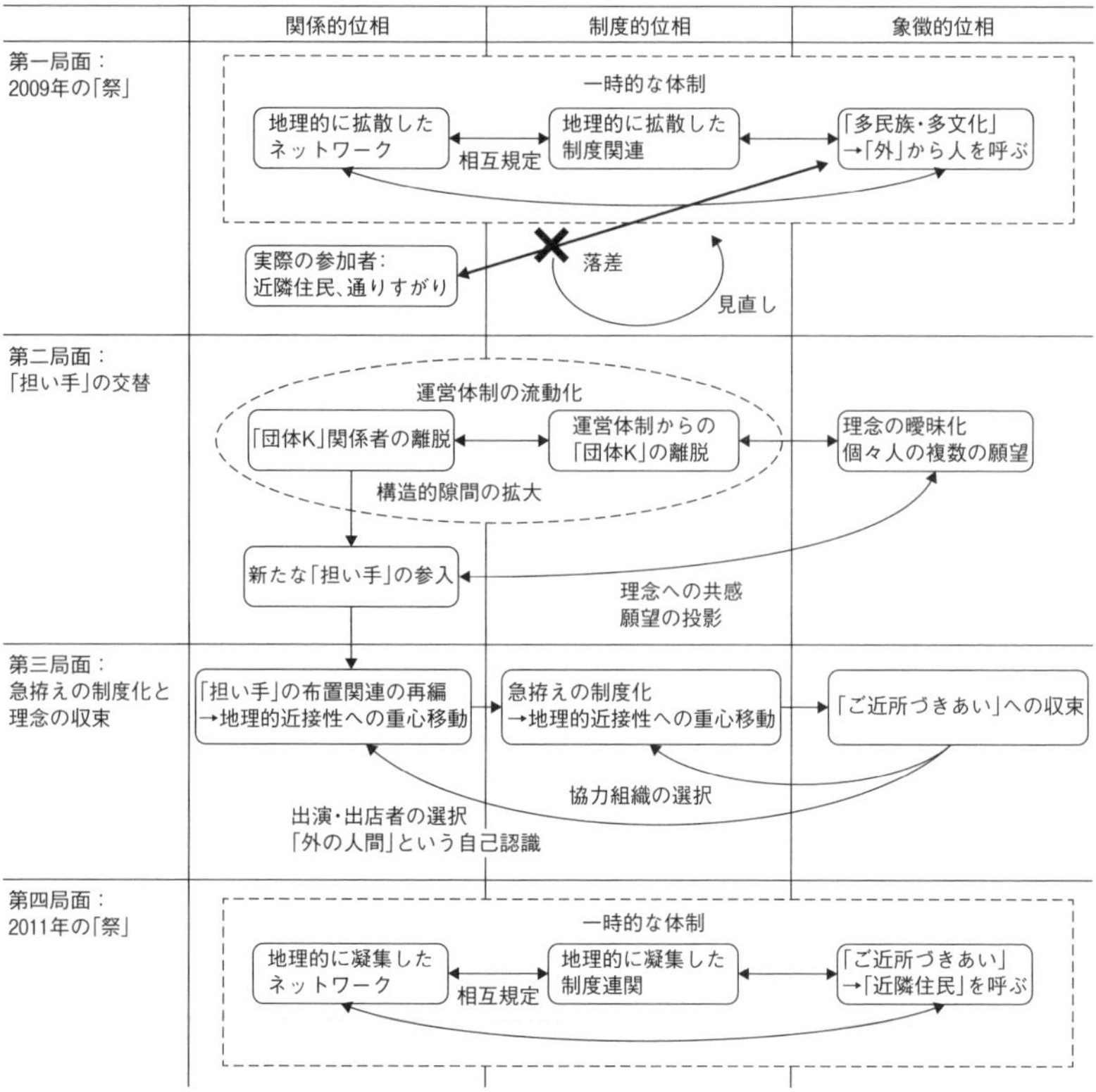

図終-2　三つの位相の相互連関

出所：筆者作成。

しかし実際の「祭」に遠方から訪れる「お客」は少なく、当初想定したよりも小さな規模となった。「お客」の大半は近隣住民であり、公園に遊びに来た子供連れの家族であり、通りすがりの高校生たちであった。「（近隣の）防災」という理念に照らし合わせれば、規模は小さくとも願望の「祭」は実現していたし、Sさんもまた「今年は地域の人がはじめて参加してくれた」と手ごたえを感じていた。しかし「周辺の人が来ればいいという祭ではない」（Wさん）、「お客は関東全域が視野に入っている」（Aさん）という立場からすれば、理念と現実との間には大きな落差があった。すなわち「祭」開催時に形成された「一時的な体制」は、実際の「祭」が展開していく過程のなかで早くも崩れ始めていたのだ。この時まず起こったのは、象徴的位相（理念）と関係的位相（実際の参加者）との乖離であった。この二つの位相の「落差」が要因となり、「一時的な体制」全体の見直しが進んでいった。

第二局面は二〇一〇年から二〇一一年にかけての「担い手」の交替である。まず運営体制の全面的な見直しが進むなかで、「祭」の規模縮小のため「団体Ｋ」関係者らの離脱が起こった。これにより二〇一〇年の「祭」は当初中止される予定であったが、Ｎさんを含む「朝鮮民族芸能」関係者や「八丈太鼓」関係者ら二〇〇九年の「祭」の「周辺的な担い手」らが「中心的な担い手」となることで急遽開催されることとなった。さらにこうした「担い手」の交替の流れは続き、「団体Ｋ」関係者が担っていた役割を埋める様に、二〇一一年にはさらに新たな「担い手」らの参入が続いた。これまで不動であった「中核」は流動化し、「構造的隙間（structural hole）」（Burt 2001=2006）が広がることで新たな「担い手」の参入が促されたといえる。

二〇一一年の「中核」や「中心的な担い手」たちは、なぜ「祭」運営へと自ら足を踏み入れたのだろうか。確かに懇意にしていたＳさんやＯさんに声をかけられたという、社会関係的な力学による説明も可能であろう。しかしそれ以上に重要なのは、二〇〇九年まで継続的な運営体制――「一時的な体制」の安定的な再生産――が崩れ、実際には重心の置き所が異なりつつも暗黙の前提となっていた「祭」の理念が揺らぎ、曖昧化したことにある。その結果として、「交流と防災」「多民族・多文化」といった抽象度の高い表象に対して、各々の「担い手」らが自身の願望を投影することが可能となっていた。Ｓさんはもちろん、「ゆめプラン」（Ｏさん）、「まさに自分が思い描いていたこと、やりたかったことがある」（Ｎさん）、「何か新しいイベントをやりたい」（Ｋさん）等、「担い手」たちは「祭」に自身の、あるいは誰かとの間に生まれたささやかな願望を託した。そこには前代未聞の形で会場を提供した、Ｔ教会の去り行く牧師の「遺言」と新しくやってきたＳｋ牧師の「地域と関わる教会」の願望もまた共鳴していた。彼らが惹きつけられた「祭」の形態や理念は、「統合的なメカニズムであるというよりも、むしろ寄せ集めの装置」であり「その内容（意味）は成員によってさまざまなもの」（Cohen 1985=2005: 17）であった。曖昧化した理念が新たな「担い手」を惹きつけ、各々の願望が投影されることで「祭」の理念がゆっくりと形づくられていった。

第三局面は、急拵えの制度化と理念の収束である。新たな「担い手」たちの参入においてOさんやKさんらが「局所ブリッジ」の結節点となったことで、彼らが新たな「中核」を構成するようになり「担い手」の布置連関の分極化が進んだ。これもまた「構造的隙間」の効果である。新たな「担い手」らが主導して各々の小さな制度やその萌芽を寄せ集め、「祭」の「プレイベント」の企画と実施が繰り返されることで、その資源の流れは大久保を中心とする地理的近接性へと重心を傾けていく。資源調達の流跡は「プレイベント」を重ねるごとに深くなり、かつて「共住懇」と「団体K」関連団体との二大組織体制がそうであったように、急速にインフォーマルな制度を形づくっていった。「担い手」たちの布置連関の分極化、「プレイベント」の繰り返しによるインフォーマルな制度形成、そして「プレイベント」において繰り返し用いられた「ご近所づきあい」という表象は、「祭」の理念を「近隣＝地域」という〈象徴的空間〉へと方向づけていった。

「祭」の理念と形態をめぐって時に激しい議論が展開されたり、落としどころが探られたりしていく過程についてはすでに詳細に描いてきた。曖昧であるがゆえに多様な人々を惹きつけた「祭」の理念が収束していくことにより、今度は「近隣＝地域」という理念に沿って関係的位相（担い手）や制度的位相（協力組織）が制約を受けていった。例えば出店者や出演者の選択において、最優先で考慮されたのは「ご近所さん」であることであり、「近所の人を呼んでこられる」（Mさん）ことであった。実際に労働力を提供した協力組織・集団の割合は、二〇〇九年と比較して大久保の内側へと傾いていた。さらに「ご近所づきあい」という理念は、「担い手」たちの間にも象徴的な境界を生み出していった。「外の人間」（Nさん）であるという自己認識や、それゆえに「事務局を辞める」という発想が生じることは、二〇〇九年までの「祭」では見られなかった現象である。「近隣＝地域」という〈象徴的空間〉は「ご近所さん」を強力に包摂する一方で、移動する人々の帰属を脅かしていた。

第四局面は、二〇一一年の「本祭」開催である。「ご近所づきあい」という理念、地理的に凝集した「中心的な担い手」のネットワークと資源の流れは、相互にかみ合い、再地域化された領域性を構築する「一時的な体制」を形づくった。「本祭」は繰り返された「プレイベント」の「収穫祭」であった。

二〇〇九年から二〇一一年までの「祭」の過程は、三つの位相が相互に連関し「一時的な体制」を再編していく過程であった。三つの位相が相互規定関係として把握できるほど強固に連関するのは、「祭」という「集合的な出来事」の時間と空間においてのみであるが、運営会議や食事会や交流会やミニコンサートといった「小事」のなかで、三つの位相は軋みを伴いながら試験的な連関を繰り返す。関係的位相は、いったん構造化した「一時的な体制」を裏切り掘り崩す一方で（第一局面）、曖昧な理念と複数の願望、小さな制度化の芽といった潜在力を活性化させる撃鉄となる（第三局面）。象徴的位相は、「一時的な体制」が失われた時にはその曖昧さによって新たな「担い手」を惹きつける一方で（第二局面）、ひとたび関係的位相や制度的位相が定まり始めると、それを反映した形で収束し「一時的な体制」を塗り固める漆喰となる（第三局面）。そして制度的位相は両者を媒介し、可能なことと困難なことを水路づけるのだ。

コーエンやデランティが強調するように、今日のコミュニティを把握するうえで、境界や帰属の象徴的な構築といった側面を無視することはできないし、移動性の高まりによってその構造的な基礎が掘り崩されている以上、構築主義アプローチの重要性に議論の余地はない。むしろ彼らの議論を迂回し（あるいは無かったかのように）、行政単位としての「近隣＝地域」を統合の与件としてなされるコミュニティ研究は、西澤が批判するように移動性の捨象と周辺化をもたらし、都市空間の実態との乖離を招くことになるだろう。[1] しかし、本書が明らかにしたように、コミュニティの領域性の構築の背後には、明らかに、関係的・制度的な位相の社会過程が存在しており、構築され得る領域性の型を条件づけている。

コミュニティ研究の時間論的転回?

バウマンやデランティに代表されるポストモダン・コミュニティの議論は、コミュニティを一時的なもの、状況的なものとして描き出す。それは構造の流動性と帰属の選択可能性に特徴づけられ、対話的なコミュニケーションによって構築される境界や帰属の体験である。本書の知見もまた、部分的にはこれらの見方を傍証するものと考えられる。三つの位相の相互連関は、ある特定の時間と空間においては強固な構造――「一時的な体制」――として観察され得るが、通時的には鬩ぎ合いと収束を繰り返す複合的な社会過程である。コミュニティの「枠組みの構造」としては「一時的なアソシエーション」(MacIver 1924=1975) に過ぎないし、その領域性もまた絶えず構築され続ける/直すものである。

こうした現象を、吉原がJ・アーリ(J. Urry)の「移動論的転回(mobilities turn)」論を参照して述べる「創発するコミュニティ」の事例と見なすことも可能であろう。それは「システムの構成要素が完全に固定されているのでもなければ、完全なる無秩序状態に瓦解してもいない」(Urry 2007=2015: 49) という意味で構造的な不安定さに彩られ、帰属の焦点が予め与えられておらず多様なアイデンティティを許容するという意味で開放的な、「常に生成途上(becoming)のものとしてある」(吉原 2018: 203) コミュニティである。

しかし本書が明らかにしてきたように、社会過程としてのコミュニティは一様な流速の「流れ(flow)」ではなく、移動と静止の、流動化と再構造化の、脱領域化と再領域化の「律動(rhythm)」として把握されるべきものである。これは近代的な時間感覚に基づく「○○化（-zation）」ではなく、より短期的に繰り返される「開くことと閉じることの周期的なパターン」（Melucci 1996=2008: 78）であり、「絶えざる再定義のプロセスという状況において〔…〕ある特定の瞬間における何らかの限界を定める」（Melucci 1996=2008: 72）集合的な実践である。吉原もまたコミュニティには「開かれたもの」と「閉じられたもの」の両義性があり前者から後者へと「転成／反転する契機」（吉原 2018: 194）を宿していると述べるが、そこで想定されている時間幅はより大きく、再転成／反転は容易ではないように読める。[2]

しかしコミュニティとはそもそも、開放性と閉鎖性との弁証法的な過程であり、複数の幅を持った時間軸上で開いたり閉じたりするものではなかったか。すなわち日本の民俗学における「ハレ／ケ／ケガレの循環構造」[3]や、人類学における「構造とコムニタス」の議論との比較可能性である。当然のことながら、産業化以降の社会において関係的・制度的・象徴的位相それぞれの条件は変化し、同一の型の領域性が安定的に再生産されるとは限らないが、三つの位相が相互連関し領域性が強く構築され体験される「出来事」のパターンには共通性がみられるのではないか。そうであるならば、「移動性か領域性か」というコミュニティのジレンマは時間論的に位置づけなおすことが可能であり、本当の問題は、いつ、どのような条件で開き、また閉じるのか、その周期的な過程でどのような型の領域性が、どのように維持されたり変化したりするのか、ということになる。コミュニティの同質性や閉鎖性もまた「創発する」のである。[4]

こうした弁証法的な過程の背後にある関係的・制度的・象徴的位相の諸条件を捉えるとき、広田らが「場所としての地域」や「場所形成」に着目したように、歴史文化的・社会的な資源の空間的な蓄積にも目を向ける必要がある。「祭」の運営において、あるいはその背後で継続してきた「共住懇」の活動史において、新たな「担い手」が参入し続けてきたのは、大久保という「場所」が極めて複層的／多面的な要素からなり、各々の願望を投影する〈象徴的空間〉が産出され続けてきたからである。あるいは「祭」をはじめとする諸活動が可能であったのは、公的制度を含めた既存の制度（インフォーマルな制度やその萌芽を含む）や人々が集まることのできる施設が、実際にはうまく活用されていなかったとしても、存在していたからである。いつどのような資源がどのように蓄積し、どのように「発見」され、活用されたり、あるいは異なる文脈に流用されたりするのか。これが数十年から数百年にわたる長期的な歴史だとすれば、通常の社会学が対象としてきた特定の「場所」をめぐる資源獲得と意味付与の闘争ないし協働という、より短い歴史が存在する。長期的な歴史、短期的な歴史、そして極めて短時間に現れる「出来事」という三つの時間幅のなかで、移動性と領域性のパターンを見出すことが、今後のコミュニティ研究に求められるだろう。

第二節　コミュニティの在処

分立／溶融する領域性

コミュニティの三つの位相は、確かに相互連関し特定の時間と空間に「一時的な体制」を形づくる。けれども実際の「祭」の瞬間に起きていたのは、どんな現象だっただろうか。本書の結びとして、前節までの説明図式には収まりきらない「出来事」のエピソードを書き残しておくと共に、今後のコミュニティ研究に向けた着想を示しておきたい。

二〇〇九年の「祭」は、「外」から人を呼び込む「多民族・多文化の街」という理念を基調としつつも、「近隣の防災」というもう一つの理念が趣意書の文言や当日のプログラムのなかで併存する状態で進行していった。空間的には、メインステージや屋台では「多民族・多文化」性が強調され、会場の周辺部に「起震車体験」や「防災ゲーム」コーナーが置かれていたから、どちらの理念が優勢であったのかは明らかであるが、「祭」が焦点を置く〈象徴的空間〉は統合されるのではなく分立していた。さらに、メイン企画ではなかったはずの「綱引き」が一番の盛り上がりを見せ、その盛り上がりに引き寄せられた通りすがりの高校生たちが参加したり、戸山公園を生活の場とする路上生活者たちが「ビッグイシュー」を販売し「当日手伝い」の女性に屋台でご馳走したり、出会ったばかりの「朝鮮民族芸能」と「八丈太鼓」の面々がアドリブ・セッションを始めたりと、「中心的な担い手」たちが予想していなかったような「出来事」が次々に起こった。こうして「一時的な体制」が構築した領域性は内側から破られ、そして「祭」の終わり、雨のなか河内音頭を踊る一瞬だけ、二つの〈象徴的空間〉の分立は棚上げされ、「二つの祭」が形づくられた。

二〇一一年の「祭」では、「近隣＝地域」に「多文化・多民族」という要素が取り込まれる形で「一時的な体制」が形づくられたが、ここでもやはりそれが喰い破られる瞬間があった。自身を「外の人間」であると規定し一時は「事務局を辞める」という選択をしようとしたNさんは、実際には最後まで当初の願望であった「フォーラム的要素」を手放さなかった。ライブ会場である礼拝堂と、屋台コーナーである会議室との間にあるエントランスホールで、独自企画した「座談会」を開催したのである。その規模は小さかったとしても、学生たちをはじめ大久保の「外」からやってきた人々が実際に参加し言葉を交わしていった。さらに「民族衣装着付けコーナー」では、南インド料理店の青年の「カラオケ大会」という予期せぬ「小さな祭」が開催されるなど、「中心的な担い手」たちの想定を裏切る形で、当初の計画から外れて、別様の「祭」が沸き立ち、同じ時空間に分立していた。「祭」終了後の「交流会」では、「プレイベント」で知り合った近隣住民はもちろん、大久保で働く人々や、親族や友人のネットワークを通じて「外」からやってきた人々、帰還したかつての活動の「担い手」たちなど、多様な人々が集まり、共に食事をし、酒を呑み交わした。そして最後にはやはり河内音頭を輪になって踊り、

「一つの祭」が形づくられるのだった。

二〇〇九年と二〇一一年の「祭」の理念がそれぞれ焦点を置いた「多民族・多文化の街」と「近隣＝地域」という理念には、居住空間が商業空間に蚕食され「盛り場」化していくという、インナーシティとしての大久保の歴史が刻印されている。各々の「祭」の基調となった理念は異なるが、いずれの「祭」においても実際には、各々の理念が焦点を置く二つの〈象徴的空間〉が分立し、会場のなかでの空間的な棲み分けとして、あるいは時間的なプログラムの入れ替わりとして表現されていた。「祭」運営の過程で時に激しくぶつかり合い、議論し、「担い手」の布置連関や諸組織・集団の動的連関と相互に影響を与えあいながらも、実際には「祭」の理念が焦点を置く〈象徴的空間〉は一つに統合されてはいなかったのである。そして最終的には、通りすがりの者や、偶然居合わせた者、「周辺的な担い手」たちの手によって、当初の計画にはなかった「出来事」がいくつも生起し、「祭」の目的＝射程は覆される。そしてその果てに、「祭」の終わりの一瞬だけ、河内音頭を輪になって踊るという共通の行為が生まれ、二つの〈象徴的空間〉は溶け合い、別様の領域性が生起するのである。

「場所」を媒介としたコミュニティの可能性は、デランティが強調するような対話的なコミュニケーションの末に、偶発的な出会いと予想外の「出来事」、異なる複数の〈象徴的空間〉の分立、さらにはその果てで生起する別様の領域性を受け容れるといった、「曖昧さ」や「先行きの見えなさ」を許容する身体実践と主体の能力（capacity）にかかっているように思われる[5]。それは流れのなかで他者と共に一時的な繋留地を築き、しかし壁を打ち立て安住するのではなく、錨を手放し「形を変える（changing form）」（Melucci 1996=2008: 79）ための資質であり、移動性が産業の資源として制御されながら他方で単一の領域性が押し付けられるような現代社会を健かに生き抜くための身体技法（art）である。この移動性に適応した「生き方（ways of life）」は、どのように獲得され得るのだろうか。さらなる探究の鍵は、本書が出会ってきた人々の内にある。

内なる〈移動の地層〉

本書の最後に着目したいのは、人の移動の歴史的地層が個々人の内面にも刻み込まれているという次元である。現在の大久保に投影する心象や、その心象が構成する〈象徴的空間〉の複数性は、人々の間だけでなく、一個人の内側でも対立しつつ併存している。

自らの移動によってではなく、「場所」の変化によって「故郷の喪失」の体験をしてきた人々のなかには、「盛り場」空間によって蚕食されつつある居住空間としての大久保への郷愁の想いを持ちつつも、喪失した「故郷」に留まり続けるのではなく、現在を見据えて活動に取り組む人たちがいる。第一章に登場した、一九三〇年代に大久保で生まれ、「昔は住み良い落ち着いた街だった」と語った女性もまた「故郷の喪失」を体験してきた[6]。

私は彼女に「変わってしまったこの街を離れようとは思われませんか?」と問いかけた。すると彼女は、りっと顔を上げて、私の眼をまっすぐに見つめ、「思わないねぇ」ときっぱり言い切った。「孫にはパチンコ屋がいっぱいある住環境の悪い街だって、離れたらどうかって言われるけど、ここで生まれ育ったからね……」。

彼女は、こうした現在の大久保に対する不満や、かつての大久保に対する郷愁の想いを持ちつつ、それでもなお「生まれ育った」大久保を離れようとは思わない。むしろ彼女は、「女学校で仕込まれた」技術を生かして「救急ボランティア」として積極的に活動していた。いつでも救急セットを持ち歩き、電話が入れば休みも無く駆けつけるのだという。

一九九三年に「共住懇」を立ち上げたFさんもまた、変わりゆく商店街に寂しさを感じつつも、晩年は大久保の歴史を学ぶ市民講座を主催してきた。彼女が好んで主題としたのは、明治・大正期の「郊外生活の地」としての大久保であった。彼女は、文士や留学生をはじめ多様な人々が移り住んで来た時代の〈移動の地層〉を参照しつつ、講座の締めくくりに次のように語った。

「今では外国の方たちがとても多い。グローバル化。例えば韓国の方たちが一生懸命働いている。お国の家族のために。それはいいんです。私たちだってそうだったんですよ、大陸に渡って。今までたくさんの文化が入ってきた。これからは「共生」を受けいれていく。街っていうのは私たちがつくるんだっていうこと。そこに住んでいる人、働いている人がつくる。自分たちが歴史をつくる、地域文化をつくるんだっていう認識が必要[7]」

Fさんは、かつての大久保の風景、失われていく風景に対する郷愁の想いを持ちながら、過去に留まってはない。かつての自分たちがそうであったように、いま新しくやって来る人たちを何とか受け入れようとしていた。そして、その人たちの手によって変わっていく大久保に積極的な価値を見出そうとしていた。彼女の内面には、人の移動によって変化してきた大久保の〈移動の地層〉が刻み込まれている。そして「買い回りできる商店街」と「多民族・多文化の街」という二つの心象は、せめぎ合い、統合されないかたちで併存している。それは時に、現在の大久保に対する相矛盾する感情となって表出する。ある金曜日の夜、観光客で混雑する大久保通りを歩きながら、「どうしてこんなに人が多いのかしら。昔は、人はいたけれど、乳母車を押しながら買い回りができるくらいのゆとりはあった[8]」と不満を漏らした。しかしそれでもなお、Fさんは、それらの大久保に対する複数の心象を組みあわせ、現在を受け入れ、未来を語るのである。そしてその時〈移動の地層〉は、失った「故郷」を懐古するためではなく、現在を積極的に名づけなおすために参照される。

変わりゆく街の風景を「大きな絵」に例えた商店主の男性もまた、伝達困難な「故郷の喪失」の想いを抱えつつ、商店街活動や諏訪神社の例大祭に積極的に関わり続けている。しかし彼は、素朴に「故郷の回復」を願って活動しているわけではない。大久保のスポークスマンの一人である彼の元には、マスメディアや研究者らの取材や、シンポジウム出演の依頼が引っ切り無しにやってくる。「本当の気持ちを伝えるのは難しい」と心の底では思いつつも、彼は繰り返し、同様の体験をしてきた人たちの「気持ち」を代弁し続けている。

この男性は、一九九〇年代後半には、エスニック・ビジネスの展開に対して次のような印象を持っていた。

「この人たちは、儲からなければすぐにまちから撤収してしまうこともある。自分たち商店街の人間は、まちの人や地域のことを考えながら商売をしています。将来はこのまちが良くならないといけません(9)」

彼は当初、新来外国人たちに対して、商店街活動の「担い手」としての期待を持っていなかった。しかし二〇〇九年に「共住懇」が主催したシンポジウムにおいて彼は、会場に来ていた韓国人経営者たちに対して、次のように語りかけた。

「私は基本的に、色んなルーツを持っている人たちがいることは、この街の資源だと思っています。それをどう生かすのか。〔…〕このままこの街は全国のコリアンの中心として発展し続けるのだとすれば、地域をどうするのかということが必要になります。共存するということ。だから、組織として権利を要求するのではなくて、どんどん個人として町会や商店街に入ってきてほしい。むしろ問題が起こることのほうが多いでしょう。でも、ぶつかり合いながら、せめぎあい、ゆずりあい、助けあい、この街の人がそれを認めるのなら、まだまだ良い方向に進んでいけるはずです[10]」

ビジネスを成功させ大久保に定着した新来外国人たちとの関わりは、彼の「新住民」への認識を少しずつ組み替えていった。町内会や商店街振興組合に加入し、その活動に積極的に参加している外国人の存在も知っている。その一方で、彼らが個々人として既存の組織に参加することの困難も知っている。だから彼は、同時に「それが非常に大変なのはわかっています。そういう文化がないから、どうして入らなきゃいけないのだと思うでしょう[11]」と話した。しかしそれでもなお、彼は呼びかける。

「ここは保守的なまちだから、まずは懐に入ってくること。入ってきたから解決するわけじゃないけれど。お互いに嫌な思いもすると思います。彼は入ってきてくれました。商店街の活動も、一生懸命やってくれています。だから、ぶつかりあっていいんじゃないか。そう思って入ってきてほしい。それが大変だから、自分たちだけってなっちゃったら、地域の人たちも、あいつら別じゃないかって思ってしまうから[12]」

彼の語りのなかには、かつての大久保への記憶と郷愁だけでなく、自らも関わる町内会や商店街振興組合の「保守性」、新来外国人たちの苦労と抱える事情への理解が、緊張関係を保ちながら、併存していた。彼は、大久保への異なる関わり方、異なる理解のあり方が存在すること、すなわち〈象徴的空間〉の複数性を知った。内なる〈移動の地層〉は、人の移動の歴史のみならず、新しく移動してきた人々との関わりによっても刻み込まれるのだ。

後日開催された「共住懇」主催のシンポジウムにおいて、この商店主の呼びかけに応答するかたちで、韓国人経営者の男性Lさんは次のように語った。

「日本の社会は、人の受け入れの面からみて閉鎖的だと感じる。先進国はどこでも優秀な人材を入れている。閉鎖的なところは衰退していく。より多くの外国人の人材をとり入れていくことが必要だ。「郷に入っては郷に従え」という言葉がある。私も今までそうだなと考えてきたけれど、「多文化共生」ということを考える時、本当にその土地のルールをただ守らなければならないのだろうか。外国人にとって合っていないものでも、日本のルールを強制していっていいのだろうか。もっと「世界のルール」をつくることができたらいいのではないだろうか[13]」

彼は一九九六年に留学生として来日し、二〇〇二年に大久保に語学学校を開設した。この事業は成功し、やがて他の地域にも語学学校を展開していった。発足当初の「韓人会」でも事務局を務め、一時期は「共住懇」の活動にも「担い手」として参加するなど、大久保を中心とする様々な組織・集団を橋渡しする役割を果たしてきた。来場者のほとんどが日本人であったこのシンポジウムにおいて、「既成組織への参加」に対して相互変容を訴える彼の発言は、新来外国人たちの置かれた状況を代弁するものだった。しかしその一方で、彼は新来韓国人たちを中心としたシンポジウムにおいて、次のように発言している。

「「韓人会」は、全国組織をめざしているが、まだ新宿・大久保から出てはいない。まずは東京での組織を揺るぎないものにすることが必要。そのためにはまず、地域や地域住民とどのように関わるかを考えていかなければならない。商店街と話すと、まずは町内会や商店街に加入して、日本人と外国人の信頼を築くことだと言われる。しかしその一方で、韓人会はそれらの団体に匹敵する存在になるのだという人もいる。また、韓国政府からは「コリアンタウン」への期待が大きいが、この地域は多国籍の街でもあり、そこを生かすのだという考えもある。これらの課題をどう調整していくか、話し合いが必要だ[14]」

先のシンポジウムとは異なり、来場者のほとんどが新来韓国人たちであったこの場において、彼は商店街をはじめとする「旧住民」の声を代弁したのである。彼は、「全国組織」化や、「コリアンタウン」への期待を膨らませる「韓人会」代表や韓国政府の声と、「地域」への貢献と「多民族・多文化の街」を期待する組織外部からの声との間で引き裂かれながら、聴衆の異なる二つの場においてそこにはいない人々の声を代弁しようとしていた。そしてその内面には、複数の組織・集団を橋渡しするなかで築かれた複数の心象が併存していた。

言葉と身体の割け目

人の移動の歴史は、地理空間や社会空間のみならず、そこで生活する人々の内面にも歴史的地層を刻み込んでいく。〈象徴的空間〉の複数性は、人々の間におけるコンフリクトのみならず、個々人の内面にもまたコンフリクトを生じさせる。それゆえ、ある人が特定の瞬間に語る大久保の心象は、別の瞬間の語りや行為との関係において、多義性や矛盾を含み込んだものにならざるをえない。彼／彼女らは自らの内にある〈移動の地層〉によって断片化された複数の心象、それに付随する価値判断といった諸要素を、そのつど選択し、編みあわせ直し、語るからである。

もしかしたら、語っている当人もそれに気づいていないかもしれない。自らの内面の複層性／多面性を語るのが困難ゆえに、他者から都合よく切り取られるだけでなく、ふとした瞬間に、自分の語りすらも画一的で強い言葉に飲み込まれてしまう。[15] どこかでうっすらと自身の内面とのズレを感じるけれども、それを言い表すための概念が見つからない。その内なるコンフリクトや苛立ち、痛みが、他者への暴力として噴出する時、私たちは不幸な出会い方をすることになる。他者の内にある複層性／多面性を抹消しようとすることが実は、自分自身の内面を擦り減らすことになる。

しかし他方で、その内面の複層性／多面性とコンフリクトこそが、異なる移動の歴史を持つ他者と結び合う契機となりうるのではないか。自らもまた曖昧で揺らぎのある存在であるがゆえに、他者もまたそのような存在であることを感じ取ることができる。メルッチが「聴くことの社会学」で述べたように、「自らの欠けたることを識る」ことが「他者を識る」ための条件となるのだ（Melucci 2001: 6）。デランティもまたメルッチを引きつつ「自らの再帰性、創造性、自己の限界に対する認識」（Delanty 2003=2006: 195）を「ポストモダン・コミュニティ」の条件とする。この個別の二者関係の生起する場にあるのは、「確固たる自己」をもつ近代的個人でも無ければ、「整合的な実体」としてのコミュニティでもない。

振り返ってみれば「共住懇」も、設立したばかりの「韓人会」も、近年のT教会もまた大久保という「場所」における周辺的な存在であった。もし各々の団体が必要な資源を全て自己調達できたなら、「祭」を介して結び合うことはなかっただろう。もし二〇〇九年の「祭」が何千人もの観客動員に「成功」していたら、「団体K」の離脱は起こらず、「構造的な隙間」は生まれず、新たな「担い手」たちとの出会いも無かっただろう。あるいはまた、「共住懇」や「アジアの祭」の「担い手」たちの中に、自らを「余所者」として認識していた者が多く存在していたことを想起されたい。彼／彼女らは自らの立ち位置を特権的なものだとは考えていない。不完全性や周辺性は、他者と出会う新たな動きの源泉である。

コミュニティ研究にとっての課題は、「場所としての地域」の歴史社会的条件と、個別具体的な時間と空間において生起する「一時的な体制」との結びつき、パターンを捉えることである。しかしその果てにあるのは、「一時的な体制」を内側から破り、組み替えていくような人々の諸実践である。彼／彼女らは、関係的・制度的な資源を組み合わせ、自らの願望を語り合い、擦り合わせたり、取り込まれたり、ぶつかり合いながら、一つの表象を練り上げる。けれども個々人の身体には、薄っすらとした「居心地の悪さ」が残り続ける。本当に言いたかったことはこれだろうかと。彼／彼女らは、見捨てられたもの、仕舞い込まれたもの、生れ出なかったものの存在を知っている。その逃れ難く居座り続ける違和感こそが、偶発的な出会いを受け容れ、自分とは異なる他者との間で、可能な形で領域性を変化させていくための条件ではないだろうか。

偶発性を受け容れる欠けたる主体のあいだ、それが今日のコミュニティの在処である。

註

序文

（1）本書では、地理空間における人の移動の特性を「移動性（mobility）」の概念によってとらえたい。すなわち階層間の上昇・下降を指す「社会移動」とは異なる。なお“mobility”は「流動性」と訳されることもあるが、本書では社会構造の安定性の対概念として「流動性（fluidity）」を用いるため、この様に区別する。

（2）Bauman（2001=2008）所収の「訳者解説　グローバル化と社会理論の変容」、二九九頁より引用。

序章

（1）バージェスは近代都市における人の移動を三つに区分する（Burgess 1984=2011）。都市圏への人口流入／流出、都市圏内での通勤に見られる反復的な移動、繁華街への一時的移動である。より正確には、この第三の型の変化に富んだ移動の特徴を「流動性（mobility）」と呼び、社会解体の変数と見なした。これに対して都市社会学者の磯村英一は後二者を含めて「移動性（mobility）」とし、「第一の空間（住居）」「第二の空間（職場）」に対して移動の経路や余暇活動を行う空間を「第三の空間」と呼んだ（磯村 1968）。磯村において「第三の空間」は都市生活者が日常的な役割から自己を解放するための「場所」として積極的な意味が与えられており、初期の都市社会学者が移動性を解体変数としてのみ扱ったわけではないという点には留意したい。

（2）松本康はこの両者を「生態学的都市」と「空間準拠系」という二つの概念で捉え直している。そしてウェルマンの解放論を踏まえ、前者を脱領域的なネットワークとして再規定し、後者の空間的な社会秩序との相互連関を問題とした（松本 1995; 1999）。

（3）マッキーヴァーが「アソシエーションはコミュニティの枠組みの構造にすぎない」と述べるとき、その視界には諸組織・集団に包摂されない脱領域的な社会関係があった。

「コミュニティの全実在を理解するためには、人々が参与する無数の形をなさない諸関係にも注意しなければならない。それらは無限に多様であり、複雑さの度合においても種々異なる。そのような関係によって、誰もがあらゆる他者との遠近の度合を異にした接触をもち、誰もが完全に理解することの出来ない連帯と相互依存の関係に参与するのである」（MacIver 1924=1975: 153）。

（4）初出は（吉原 2008: 250）であるが、引用部分の表現は（吉原 2011: 203）に基づく。

（5）ポストモダニズムの認識論ではなく方法論こそが問題である。たとえ問題設定において「空間」「移動」「過程」といった語彙を用いても、経験的研究の水準で行われる与件としての「地域（地区）」や「集団と個人」という対象構成と調査設計それ自体が、問いの解き方を近代的思考の枠組へと回収する効果を持つからである。

こうした本書の主張は、近年の地域社会学に対する似田貝香門の以下のコメントとも呼応する。「それはひとえに、「空間論」や新都市社会学の方法を、具体的な「地域研究」の諸経験の中で検証し、主体 - 構造を巡る、新たな方法論への構築へと向かう力が乏しかったといえる。今や伝説ともなった「物（実証研究）を持ってこい」（鎌田とし子）、とは創設メンバー世代の次期世代へのフラストレーションともいえよう。この学会の伝統であった理論 - 実証研究の再生が強く望まれる」（似田貝 2017: 4）。

（6）「制度アプローチ」という用語は、日本のコミュニティ研究において制度分析と意識調査を牽引した鈴木広の次の言葉から得ている。「諸機関〔…〕のレベルの分析と、生活者のレベルの分析とを、どう統一できるであろうか。〔…〕まずは都市（化）を諸機関のネットワーク形成として把握し、諸機関からの解明（institutional approach）の方法論を創出しなければならない」（鈴木 1987: 255）。

（7）岩崎信彦もまた、日本のコミュニティ研究が制度アプローチによる「地域コミュニティ」研究へと切り詰められていった歴史について、次のように振り返っている。「Community 概念については、あまたの定義があるが「地域性」と「共同（感情）性」の二つだけはすべてに共通であった、という当時の研究を受けて、その後はこの二つさえ押さえておけばよいという雰囲気になり、政府のコミュニティ政策が進めるコミュニティと community 概念をとりたてて区別することなくカタカナの「コミュニティ」としてオーバーラップさせてしまったように思う。そのために、研究対象は地域コミュニティへと限定されていき、議論も、コミュニティがどこまで自治の主体でありどこまで政府による住民統合の手段であったかという、政策評価をめぐる論題を越えてダイナミックに展開することはなかった。社会のさまざまな場面に生じる社会関係や社会運動のなかに、community が association と相互作用し緊張をはらみながら、豊かに展開するという事象を掘り起こしていくことを阻害してしまったのではないか、という憾みが残るのである」（岩崎 2017: 6）。

（8） 西澤が批判対象として取り上げているのは、移動性を「コミュニティ・モラール」の解体要因として扱う鈴木広と、異質性に着目しながらもその統合の焦点として「地域」に回帰する奥田道大の議論であるが、ここでは西澤の批判の当否については検討しない。本書にとって重要なのは、コミュニティ研究において移動性を捨象すべきでないという西澤の基本的視角である。

近年では都市社会学者の武岡暢もまた、既存の「地域コミュニティ」概念が、「空間」「居住」「共同性」という三つの観念の強固な癒着によって構成されており、地域社会の維持と再生産に関わる非居住的・非共同的な要素が捨象されていることを批判している。その上で、「地域」を人々の活動の立脚点となる「場」として、「地域社会」を「諸活動の再生産」として規定することで、主体の入れ代わりという移動性を前提としながら、ある「場所」とそこで再生産される諸活動との関係を解明するための枠組を設定した。本書の活動アプローチとの異同についても的確に整理されているので参照されたい（武岡 2017: 42）。

（9） 活動アプローチについて初めて提起したのは拙稿（阪口 2013a）においてであった。その後、続編となる論文（阪口 2015）において再定式化と事例研究の中間報告を行った。本書のアプローチは、それをさらに修正したものである。

（10） 地理学的な概念としての「場所」は、物理的な広がりとしての「空間」の特定の位置と部分的な占有を指す。Y・トゥアン（Tuan 1977=1993）は、「空間」を移動の可能性、開放性、自由、脅威といった観念と、「場所」を移動の中の休止、安全性、安定性といった観念と結びつける。広田の「場所としての地域」とは、移動性を前提とした「空間」における一時的な繫留点（anchor point）としての「場所」が、ローカルに集積している状況を指すと言えるだろう。

（11） E・レルフ（Relph 1976=1999）は、「場所のアイデンティティ」の構成要素として自然地形や建造物などの物質的要素、人間の活動と社会関係、象徴と意味を挙げ、コミュニティを強化するものと見なした。ただしそこで想定されているのは基本的に近隣地区としての〈地域〉コミュニティであり、その統合の範域は与件となっている点が、広田の「場所としての地域」とは異なっている。

（12） 本書における〈象徴的空間〉という用語は、レルフの「場所のイメージ」という用語に近い（Relph 1976=1999）。レルフは「場所」の物質的要素、人間の活動、象徴と意味を構成要素として編み合わされる「場所」の連続性を「場所のアイデンティティ」、「場所」との関係性によって規定される自己の連続性を「場所に対するアイデンティティ」と呼んだ。これらのアイデンティティと関連して個人や集団内で産出される心的映像、心象風景が「場所のイメージ」である。「場所のイメージ」は「場所」の様々な構成要素から抽象化されて生み出され、ある「場所」に対して複数の「イメージ」が付与されることもあるし、ある個人や集団が複数の「イメージ」を持つこともありうる。本書が用いる〈象徴的空間〉もまた、抽象化された「場所」の表象という意味では「場所のイメージ」概念と意味内容がほとんど重なるが、実際には切れ目のない空間を「場所」の表象を用いて分節化するという、空間の切断の側面を強調するため、用語を使い分けることにした。「場所イメージ」概念での代替可能性については、今後さらなる検討を行いたい。

(13) 新原道信とA・メルレル（A. Merler）の「島嶼社会」論を参照するならば、社会空間に浮かび上がる「島々」が可能態として存在し、それを回路として人々が移動し、ネットワークが切れたり繋がったりする動態として描けるだろう。領域性／脱領域性とは、「島」の閉鎖性と開放性の弁証法的な契機である（新原 2014; Merler 2006）。

(14) こうした領域性／脱領域性の時間論的な再配置は、全く新しい議論というわけではなく、むしろ民俗学や人類学において基本的な「共同性」理解の一つである。むしろ国民国家をモデルとする「共同性」理解の方が、「時間がかぎりなく空間化され、ある種奇妙にひずんだ変容・癒着をこうむっている」（赤坂 1992: 106）とは考えられないだろうか。

(15) 新宿区「住民基本台帳の外国人住民国籍別男女別人口」（平成二七年一月一日現在）に基づく。

(16) 大久保を「場所としての地域」と〈象徴的空間〉という概念で記述・分析することからも明らかなように、本書は「コリアンタウン」「多文化の街」としての大久保の研究ではない。あるいはまた制度アプローチによる「地域コミュニティ」研究が対象とした行政的な「地域」の包括的研究でもない。〈象徴的空間〉という概念によって、これらの代表的な表象を原理的には同列に扱いたいのだ。もちろん、ある活動において特定の〈象徴的空間〉が参照される（され続ける）ことの背後には、制度的条件や関係的条件、あるいはまた言説空間での正統化の力学があり、あらゆる選択が同じように可能なわけではない。

(17) 本書は「祭」という呼称の「集合的な出来事」を対象とするが、近年蓄積が進む「都市祝祭」研究（例えば竹元 2014; 山田 2016; 武田 2019）とは次の点で異同がある。都市祝祭研究は主に長期間にわたって再生産が行われてきた伝統行事を対象とし、移動性の増大によって変動がもたらされるとしても、基本的にはその構造は相対的に安定しているものと見なされる。象徴への意味付与をめぐる複数性やコンフリクトはあっても、祝祭の象徴そのものは安定している。つまり統合されるべきコミュニティの領域性は、ある程度与件とされているのである。本研究はむしろ、常態としての移動性と、象徴それ自体の複数性という条件のなかで、コミュニティの領域性がどのように構築されていくのか（構築されないのか）を明らかにすることにある。もっとも、コミュニティの領域性が安定的に再生産される条件を理論的に考察するにあたっては、伝統的な都市祝祭との比較は重要であるが、これは本書の射程を越え出るものである。活動アプローチに基づく他の事例との歴史的な視野を持った比較研究や既存のモノグラフの再解釈は今後の課題としたい。

また一方で、活動アプローチに基づくコミュニティ研究の対象は、都市祝祭やデュルケムらが着目した宗教儀礼に限定されるものではない。地域清掃や見守り活動などの諸活動、井戸端会議や会食などの小さな集まり、町内会の役員会議や市民グループの定例会といったあらゆる日常的な出来事と、集会やシンポジウム、盆踊りや体育大会や寺社の例大祭などの「ハレ」の出来事を、同様の系列で記述・分析することが論理的には可能である。本書では十分に展開できなかったが、ウェルマンらがコミュニティをネットワークの凝集として記述し直したように、コミュニティを「集合的な出来事」の束として記述し直すことで「地域コミュニティ」研究をも刷新できるのではないかというのが、活動アプローチの真の展望である。

（18）「集合的な出来事」の比較分析で念頭においているのは、W・F・ホワイトの方法論である。ホワイトは主著『ストリート・コーナー・ソサエティ』において集団構造の時間的な比較を組み込むことで、小集団と社会関係の動態を浮かび上がらせた（Whyte 1993=2000）。こうした方法を、ホワイト自身はワンショット・サーベイとの対比から「活動写真（motion picture）」に例えているが、インフォーマントに充分受け入れられた観察者であっても、日常の諸活動全てを網羅的に記録することはできないし、それは仮に当事者であっても不可能であろう。本書が提起する活動アプローチは、活動の単位としての「集合的な出来事」を認識媒介として、コミュニティの三つの位相の配置を複数の「スチール写真」として記録し、その見取り図を事後的に比較する試みである。

（19）筆者の調査（フィールドワーク）の体験については阪口（2022）で詳細な振り返りを行っている。本書の「舞台裏」として併せて参照されたい。

第一章

（1）稲葉は「エスニック系施設」を以下のように規定している（稲葉 2008c: 81）。（a）そのエスニック集団独特の商店やサービスを扱う施設。（b）日本語力が未熟な外国人を対象に商店やサービスを提供しようとする施設。かつ（c）看板や表札等により、その存在が市街地空間において可視化された施設。

（2）新宿区「住民基本台帳の町丁別世帯数及び男女別人口（日本人と外国人の合計）」（平成二七年一月一日現在）に基づく。

（3）新宿区「外国人登録者の町丁別人口」（平成四年一月一日）に基づく（奥田・田嶋 1993: 21）。

（4）新宿区「住民基本台帳の町丁別世帯数及び男女別人口（日本人のみ）」および「同（外国人のみ）」（ともに平成二七年一月一日現在）に基づく。

（5）東京都都市整備局「都営住宅団地一覧」（平成二五年三月三一日現在）に基づく。

（6）移動率の算出に用いた「総人口」は「不詳」を除いた人口である。

（7）夜間人口を一〇〇とした場合の昼間人口の割合。昼夜間人口比率が高いほどその「場所」は就業・就学地（第二の空間）としての特徴が強いことになる。

（8）戸数は「新編武蔵風土記稿」記載の戸数であり、人口は新宿区による推定値である（新宿区 1955: 228）。

（9）百人組の人数（戸数）および屋敷地の面積は、『新宿区史』の記述に基づく（新宿区 1998a: 144, 280）。

（10）一九二一年発行「第一八回東京市統計年表」に基づく（新宿区 1955: 490）。

（11）現在の大久保、百人町、新宿六、七丁目、歌舞伎町の範囲。

（12）小田内通敏の「主要地目地積変遷比較表（豊多摩郡）」に基づく（小田内 1974: 108）。

（13）一八八九年の町村制施行により成立。一九一一年に大久保町となる。

（14）震災による被害状況の具体的な数値は一九二五年発行『東京大正震災誌』に基づく（新宿区 1998a: 377）。

（15）産業別戸数の比率は、一九一六年発行『東京府豊多摩郡誌』に基づき新宿区が算出したものである（新宿区 1998a: 342）。

（16）一九一〇年代の大久保に暮らした戸川秋骨は、「郊外生活」をおくる「移民の三種」として、「軍人」「余生を送らうとする人」「家賃と物価の高直なので、東京市内に居たゝまれず、やうやく電車の御蔭で、此の邊まで逃げのびてきた連中」を挙げている（戸川 1913: 14-5）。

（17）茅原健の著した『新宿・大久保文士村界隈』に具体的な人物名が列挙されている。例えば、水野葉舟、吉江狐雁、国木田独歩、戸川秋骨、茅原茂、岡落葉、島崎藤村、前田夕暮、曽宮一念、岡本綺堂など（茅原 2004）。

（18）一九一二年生まれの徳永康元は、「大久保の七十年」という随筆のなかで、自身が生まれ育った百人町の風景を、次のように振り返っている。「大正の頃には、私の家の裏のほうに、梅屋庄吉という人の広い屋敷があって、ここは日本の映画プロダクションのはしりとも言える初期の撮影所だったらしい。〔…〕梅屋商会の横丁の近くには外人村の一郭があり、庭つづきに何軒かの洋館が建っていて、ユンケル、ヴェルクマイスター、小野アンナら、初期の日本楽壇に貢献した外国人音楽家たちが住んでいた」（徳永 1989: 136）。

（19）一九三五年には、植民地からの留学生受け入れのため、「中心地区」西側、現在の北新宿三丁目に国際学友会が設置された。

（20）そのうち最も有名なのは、日活の創設者、梅屋庄吉から莫大な資金援助を受け、後に百人町の屋敷に匿われた孫文であろう（読売新聞西部本社 2002）。また戸川秋骨は、明治期の大久保に居住した外国人として、宣教師のイギリス人、高校教師のドイツ人、外国語学校のスペイン人と並んで、「折々銭湯でお互いにその裸體を見せ合う程」の中国人や朝鮮人、フィリピン人の存在を挙げている（戸川 1913: 92）。

（21）幸徳秋水は、経済新聞（一九〇八年一一月三日）に「郊外生活」という随筆を寄せており、そこには次のような一節がある。

「今の都會には、人は多し、金は多し、食物は多し、美しき衣服も亦た多し、左れど人間の活力を養ふに最も緊要なるべき空氣と日光には極めて乏し、都會人の吸ふは有毒瓦斯と塵芥なり、〔…〕斯くて出來得る程の人々は、皆な郊外に向ふて走る。〔…〕「郊外のレシーデンスより電車若くは汽車にて、市内のオッフキースに通勤するに非ずんば、以て文明のビジネスマンにあらず」、とは今のハイカラ青年の氣焔なり、今や郊外生活は、東京に在りては、文明の趨勢と言はんよりも流行と名けんこと適切なるやもしれず。此流行の爲めに著しき影響を受けたるは、東京近郊にて、東南に品川大森、西北に大久保柏木を最とすべし、前者には貴族紳商など多く後者には軍人文士の類多し、其外、青山、澁谷、廣尾など、電車の便のある程の所、多數の移住を見ざるはなし」（幸徳 1968: 470–1）。

(22) 「共住懇」が二〇一三年に行った「老舗調査」に基づくが、一部固有名詞を省略し、誤字等を補っている。その結果は『おおくぼ学叢書別冊　大久保老舗ものがたり』（共住懇 2014）として発行されている。

(23) 同上。

(24) あるいは完全な「郊外」であった明治・大正期と、関東大震災後の都市域の拡大によって「近郊」となった昭和初期という時期の違いによるものかもしれない。すくなくとも、大正初期には「たいていは低級の官公吏、〔…〕若しくは私立學校を驅け廻る安教師、三文文士か新聞記者、軍人ならば大尉か少佐がとまり」といった様子であったという（戸川 1913: 33–4）。

(25) 空襲による被害戸数および人口は『新宿区史』の記述に基づく（新宿区 1998b: 465）。

(26) 食糧管理法に基づく登録人口に基づく（新宿区 1998c: 46）。

(27) 註22参照。

(28) 戦後復興期の朝鮮人バラックの記憶は、この時期に大久保に住んでいた者に共通して語られる。奥田グループのインタビュー当時、八六歳であった町内会長の男性は、次の証言を残している。「戦後は新宿西口の土手を崩して闇市のマーケットができ、線路の向こうの保健所のあるところにバタヤ部落（ママ）が一五〇軒くらいできて、「泥棒横丁」なんて呼ばれていた」（奥田・田嶋 1993: 209）。ただしこれらのバラック郡は、東京オリンピックを画期とする「クリアランス」の流れのなかで一掃されていったという。

(29) 同上の人物が、次の証言を残している。「百人町が悪くなってきたのは、四谷の大木戸の所に遊郭と私娼窟があって、その住民が追われて歌舞伎町の次の街であるここに宿屋を作ってしまったから。青線は新宿区役所の前にあった。そこが法律的に難しくなり、取りやめさせられたのでその反対に連れ込み宿を作ったのが、昭和三〇年頃」（奥田・田嶋 1993: 199–200）。

(30) 一九三〇年に新宿で生まれた在日コリアン二世の男性は、奥田グループの調査に対して次の証言を残している。「このホテル街は戦後間もなく米軍のための慰安婦を集めたところだった。〔…〕敗戦の時には済州島の人たちがたくさん入ってきて、ホル街を作った。市ヶ谷が米軍に接収され、この界隈にも軍人がたくさんいて、むかしの二幸（引用者注：現・新宿アルタ）の前にたむろしていたのを、ここまで引っ張ってきた」（奥田・田嶋 1993: 198）。

また在日コリアン二世の作家、李良枝（1954–1992）の父親は、川村千鶴子のインタビューに対して、次の証言を残している。「僕は一九二五年生まれです。日本の植民地だった済州島から、君が代丸にのって一五歳で日本にきました。〔…〕私は三八歳のとき（引用者注：一九六三年）にここ新宿大久保地区で旅館業を始めました。事業は順調でして四軒の旅館を経営しています。済州島の人は、大久保地区にたくさん入ってきてホテル街をつくったのです」（川村 2008: 95–6）。

(31) 一九七〇年代、ニューヨークやロンドンを代表とする先進資本主義国の大都市において、経済基盤の低下、物的構造の老朽化、人種・エスニック問題、失業・貧困などの社会問題が噴出し、これらの問題群は「インナーシティ問題」として把握されるようになった（大久保 2000: 184）。リストラクチュアリング政策はまず、これらの都市において展開された。ただし日本においては、当初「インナーシティ問題」は深刻な都市問題としては把握されておらず、町村は、リストラクチュアリング政策を「世界都市」の必然的選択であると捉えるのは誤りであると指摘する（町村 1994: 103）。

(32) 共住懇『合本『ＯＫＵＢＯ』〇～二〇号』（二〇一九年七月）より。二〇一一年九月一五日の日誌と照らし合わせて語句を若干修正した。

(33) この時期に完成した、高さ一〇〇メートル以上の主な超高層ビルは次の通り。新宿住友ビル（一九七四年竣工）、ＫＤＤビル（同年）、新宿三井ビル（同年）、安田火災海上本社ビル（一九七六年）、新宿野村ビル（一九七八年）、新宿センタービル（一九七九年）、小田急ホテル・センチュリー／第一生命ビル（一九八〇年）、京王プラザホテル南館（同年）、新宿ＮＳビル（一九八二年）、新宿国際ビル／ヒルトン・ホテル（一九八四年）。

(34) 註22参照。

(35) 同上。

(36) 同上。

(37) 東京都「ホームレスの自立支援等に関する東京都実施計画（第三次）」（平成二六年六月、平成二七年九月一部改訂）に基づく。

(38) 新宿区「第Ⅲ期ホームレスの自立支援等に関する推進計画」（平成二八年一月）に基づく。

(39) ただしこれは「一日限りの表面調査」であり、牛込・四谷・落合地区は一部のみを対象としたものである（麦倉 2008: 298）。

(40) ただしこれらの研究成果のほとんどは刊行されることなく、中央大学時代のものは卒業論文および修士論文として社会学共同研究室および大学院図書室に保管されている。これらのなかには、当時の地域状況を知る上で優れた都市モノグラフが複数存在する。

（41）例えば『朝日ジャーナル』（一九九〇年九月二一日）の「潜入ルポ裏新宿22時の入管法」（野村健・山口一臣）という記事には、次のような記述がある。「タイ、フィリピン、台湾など、東南アジア系の女性。南米系と思われる金髪女性も歩いている。一〇分足らずで抜けられる通りに、多い時で三、四〇人。所在なげに道端に立ち、すれ違うたびに妖艶な笑みを投げかけてくる。いわゆるストリートガールたちだ」。

（42）新宿の環境浄化運動を調査した麦倉哲は、新宿区における一九七〇年代と八〇年代の暴力団抗争事件・暴力団関連事件のマッピングを行っている（麦倉 1997）。

（43）一九九〇年代の「環境浄化運動」の展開は、異質性の排除をもたらす「安全なコミュニティ」（Bauman 2001=2008: 159）の追求であると分析することも可能であろうし、実際に町内会をはじめとする、「定住者」たちの諸アソシエーションの結集は「安全」を焦点とするものであった。こうした運動の過程で、住環境の悪化が「外国人」の存在に投影されることが全く無かったとはいえない。しかしそれが大久保における「地域コミュニティ」の動きの全てではない。二〇一二年、東京都の「認定こども園」政策に伴う区立幼稚園の廃止・統合案に対して、保護者たちは反対の署名活動を始め、区の説明会にかけつけた保護者たちや町内会長たちは抗議の声を上げた。幼稚園とその卒園者の大半が進学する小学校は、「多文化共生」を受容する地域住民たちの数十年の労苦によって勝ちとられた「場所」であった。彼女／彼らは辛抱強く「場所」の歴史を物語り、その場にはいない「外国人のお母さん」達の声を代弁した。彼女／彼らはエスニシティの差異を越え、共に「地域の人たち」となった。

ただし、ここで述べたいのは、「環境浄化運動」が「地域コミュニティ」の排除の側面を、「署名活動」が包摂の側面を表わしている、という単純な二分法ではない。「環境浄化運動」は「売買春」という行為を問題としたが、「外国人」の存在の排除——時にラベリングが行われることがあったとしても——を目指したわけではない。両者に共通するのは、居住空間としての大久保を守るという共同関心である。そこには、移動する人々もまた含み込まれていた。

例えば、「環境浄化運動」に取り組んだ町内会長の男性（註28と同一人物）は、奥田グループのインタビューに対して次の証言を残す。「戦後に来た人も昔の面影を知っていていろいろ批判するが、最近は若い人の方が多いし、「第三《マ》国人《マ》」が多いでしょう。だからそんなことはほんの一部のものしか騒いでいない。地域のアパートに住む外国の人についての苦情はありません。〔…〕騒ぐのはみんな年寄りばかりで、アパート経営者はあまり言わない。うちあたりでも三〇いくつ部屋があって、そのうち七世帯外国人がいるが、その人たちは売春とか、人様に迷惑かけるような生活をしていない。そのかわり、日本人よりも長時間働いている。〔…〕台湾の人が一人、後は韓国ですが、生活が苦しいから部屋代を待ってくれなんて言う人は一人もいない。みんなちゃんと払う。日本人よりもきちんと払う」（奥田・田嶋 1993: 212-3）。「区長さんもこの新宿に外国の人たちと共に暮らすにはどうしたらいいかということで、地域住民の意見を聞く話しあいの場をもってやっているが、そこに出てくる人たちは外国人の悪いことばかりを言う。だけど彼らは国が違うのだから、無理言ったってわからない。反対するなら、日本の生活習慣なり、困るんだということを明らかにしてやらなければだめだ」(奥田・田嶋 1993: 217)。

(44) ホテル経営者の半数は、在日コリアンであった(麦倉 1997: 200)。

(45) この間の事情は、麦倉(1995a; 1995b; 1995c; 1995d; 1997)、山谷(2013)に詳しい。

(46) ただし二〇〇〇年代後半に全く姿を消したわけではない。

(47) 一九九〇年代初頭の「ラブホテル街」としての大久保を記録したドキュメンタリー作家、山谷哲夫の入手した新宿区保健所の資料から算出すると、一九九二年から二〇〇二年までの一〇年間で三九軒の旅館・ホテルが(ビジネスホテルも含む)、二〇一二年までの一〇年間でさらに四〇軒が廃業したことがわかる(山谷 2013: 220-2)。

(48) この間の事情は、川村(1998)に詳しい。

(49) 稲葉によれば、「中心地区」の「エスニック系施設」は、一九九一年には韓国系五割、中国・台湾系三割という構成だったという。二〇〇六年には韓国系が六割以上となり、また韓国系が「中心地区」東側に集中したことで、局地的に韓国系が九割に達し、実質的な「コリアンタウン」を形成した。これに対し「中心地区」西側は中国・台湾系が半数に達し、次いで韓国系、さらにミャンマー系やタイ系なども東側よりも多い比率となっており、「多国籍タウン」を形成しているという(稲葉 2008c: 85-6)。

(50) 二〇一一年四月二五日の日誌より。

(51) この先駆けは、一九九五年頃から九六年にかけて開業したミャンマー系のハラール食材店・飲食店であった(稲葉 2008c: 130)。

(52) 本書が「複層性/多面性(multiplicity)」について言及するとき、主にアイデンティティ論の文脈ではあるが、メルレルの〝composito〟概念と、メルッチの〝multiplicity〟概念を想起している。メルレルの「複合し重合する私(io composito)」は、「いくつもの「複数文化」を横断することによって媒介され」、「いくつもの体験が単にバラバラに「多元的」に投げ出されているのでなく、有機化しまとまりをもっているような「一つとなった複数性(una pluralita)」によって構成され」(Melrer 2006: 72)るという。新原は〝composito〟という概念を、「静態的にとらえるなら、〈複数性をもっているのになんらかの有機的なつながりがあるような複合体として存在している様子〉であり、動態としてとらえるなら〈複数の文脈・水脈(con-testi)が、〝衝突・混交・混成・重合〟していく〝道行き・道程(passaggio)〟そのもの〉」と捉える(新原 2014: 19)。メルッチの「多重/多層/多面的な自己(the multiple self)」(Melucci 1996=2008)もまた、この静態的な契機と動態的な契機の双方を併せ持っている。メルッチは、時間・空間の体験やパーソナリティの「多重/多層/多面化」という状態において、ある特定の瞬間において自己を構成する諸要素を結びつける能力を「アイデンティティ」として再定義した。

(53)「複数性（plurality）」は「複層性／多面性」とは異なり、多数の要素が、論理的には重なり合わず、それぞれが孤立して存在する様相を表す。

(54) 以下の記述は二〇一一年八月二〇日の日誌に基づく。

(55)「保存会」の会員は町内会や商店街関係者を中心とするが、必ずしも百人町の住民だけではない。

(56) 以下の記述は二〇一一年九月二五日の日誌に基づく。

(57) 以下の記述は二〇一二年八月二六日の観察に基づくが、手元にある資料は写真のみである。

(58)〈象徴的空間〉としての「百人町」「大久保」を考察する上で、やや複雑なのは、二つの商店街と、字としての百人町／大久保の範囲が一致しないことである。商店街は、大まかに言って山手線の東西で分れるため、字の境界からは西に一〇〇メートル程ずれる。

(59) 二〇〇七年一一月一七日の日誌より。当時「大久保で生まれて七〇年以上」であったから、一九三〇年代の生まれと思われる。

(60) 共住懇『合本『ＯＫＵＢＯ』〇～二〇号』（二〇一九年七月）より。二〇一〇年一月一六日の日誌と照らし合わせて語句を若干修正した。

(61) ただし、この韓国人男性の場合、大久保が「観光の街」となっていることに対し、必ずしも否定的な価値判断を下しているわけではない。むしろそれを日本人経営者も「生かす」ことはできないかと提案している。

(62) 二〇一一年一〇月一九日の日誌より。

(63) 二〇一〇年一月一六日の日誌より。

(64) 前節で述べた、新来外国人（韓国人）たちが持つ「新／旧住民」のカテゴリーは、こうした状況を背景としている。

(65) 註22参照。

(66) 同上。ただし二〇二〇年にコロナ禍の下、廃業することとなった。

(67) 二〇〇八年一一月一四日の日誌より。括弧内は引用者補足。

(68)「買い回り」とは本来、耐久消費財（買い回り品）を購入する行為を指し、食材等の普通生活雑貨は「最寄り品」と呼ばれる。しかし上述の日本人女性の語りのなかで両者は区別されていないので、本稿では両者を含めて「買い回り」と呼称したい。

(69) 二〇〇七年一一月一〇日の日誌より。

(70) 共住懇『合本『ＯＫＵＢＯ』〇～二〇号』（二〇一九年七月）より。二〇〇九年一一月二一日の日誌と照らし合わせて加筆修正を施した。

(71) 註22参照。

(72) 同上。
(73) 以下の記述は二〇〇九年五月二〇日の日誌に基づく。
(74) 二〇〇九年五月二〇日の日誌より。
(75) 同上。
(76) 共住懇『合本『ＯＫＵＢＯ』〇～二〇号』（二〇一九年七月）より。二〇〇九年一一月二一日の日誌と照らし合わせて語句を若干修正した。
(77) 本書では取り上げられなかったが、大久保には管楽器修理店の集積による「楽器の街」としての側面もある。二〇〇〇年代に脱サラし大久保通りに店を構えた楽器修理店の店主は、大久保に出店した理由を「楽器の街だから、店をやるならここだと思った」と語った。本書では、こうした大久保の心象と、それが構成する〈象徴的空間〉の全てに言及することはできないし、また一定の包括性を持つわけでもない。

第二章

(1) 本研究では「集合的な出来事」の先行条件となる社会過程の総体を、「水脈」という仮設的な概念によって記述している。明治期の自由民権運動を民衆史の観点から捉えなおした、色川大吉の以下の記述から示唆を得ている。「歴史に埋もれた人民の思想の地下水をさぐろう。そこに未来を拓く変革の契機――「未発の契機」をさぐろう。その歴史の底の水脈に自分の視座を据えないかぎり、真の思想の自由はありえない。内発的な道も求めえない。その底辺の視座から全歴史をとらえ直す方法をあみださなくてはならぬ」（色川 1995: 547）。
色川は『新編明治精神史』のなかで、在地型活動家と放浪型活動家として類型化される、特定の個人と個人との出会い、無数に行われた「読書会」「集会」の連なりを、実証的に記述していった。「水脈」を構成する内容は、本書の文脈で言うならば、少なくとも関係的位相における「担い手」の連続性とネットワークの持続性、制度的位相における諸組織・集団の協力関係の持続性、象徴的位相における理念の持続性を含む。この場合、持続性とは切れ目のない連続性というだけでなく、一度切断されたとしても利用可能性や参照可能性が残されている状態をも含むだろう。
(2) 潜在的な「水脈」と可視的な「湧泉」という対比は、メルッチの社会運動論における「可視性（visibility）／潜在性（latency）」概念を念頭においている。「可視性」とは公的空間における集合的な動員、すなわち「集合的な出来事」の位相を差す。「潜在性」とはこうした「出来事」の水面下で進行する日常生活におけるネットワーク形成や相互行為、個々人の欲求や心身現象などの位相を指す。メルッチは社会運動のポテンシャルをこの潜在性の位相で行われるオルタナティヴな意味の産出に見出そうとした（Melucci 1989=1997）。

（3）「新宿区民活動支援サイト 新宿キラミラネット」にも同様の情報が確認できる。
http://genki365.net/gnks12/mypage/index.php?gid=G0000089（最終閲覧日：2020/9/5）

（4）以下の記述は、共住懇『新しい「共住」の形を求めて――3年間の活動記録』（一九九五年九月）および参与観察で得た知見に基づく。それ以外の資料を参照した箇所については適宜指示する。

（5）渡戸氏はその後も「共住懇」の会員であり、活動を支えてきた。

（6）以下の記述は、川村（1998）および、筆者が二〇一〇年五月三一日に行ったインタビューに基づく。このインタビューは、共住懇『おおくぼその界隈　歴史探究散歩――大久保・百人町から世界が見えてくる』（二〇一一年六月）にまとめられている。

（7）共住懇『おおくぼその界隈　歴史探究散歩』（二〇一一年六月）より。

（8）以下の記述は、共住懇『新しい「共住」の形を求めて』（一九九五年九月）および参与観察で得た知見に基づく。

（9）同上。

（10）同上。

（11）二〇一一年一一月頃、病床のＦさんより伺う。日誌は残っていない。

（12）二〇〇九年一〇月二一日の日誌より。

（13）二〇一一年四月一一日の日誌より。

（14）二〇〇八年八月一九日の日誌より。

（15）二〇〇八年一〇月三一日の日誌より。

（16）同上。

（17）二〇〇八年一一月一五日の日誌より。

（18）二〇〇八年一〇月三一日の日誌より。

（19）二〇一一年四月一一日の日誌より。

（20）同上。

（21）同上。

（22）二〇〇九年一〇月二一日の日誌より。

（23）共住懇『おいしい〝まち〟ガイド』（一九九四年一一月）より。

(24) Ｋさんの言葉。共住懇『新しい「共住」の形を求めて』(一九九五年九月)より。
(25) 以下の記述は、共住懇『ミニ・シンポジウム報告書　本音で語ろう!大久保のまちと人——あなたは隣人についてどれほどご存知ですか?』(一九九七年一〇月)に基づく。
(26) 明星大学人文学部社会学科渡戸研究室(2001)の付録資料として、このセミナーの記録が掲載されている。
(27) 共住懇『合本「おおくぼ」〇~三三号』(二〇〇八年七月)より。
(28) 二〇〇七年一一月五日のインタビューに基づく。
(29) 二〇〇八年九月一〇日の日誌より。
(30) 同上。
(31) 二〇〇八年一一月一四日の日誌より。
(32) 同上。
(33) 共住懇『合本「おおくぼ」〇~三三号』(二〇〇八年七月)より。
(34) 二〇〇七年一一月五日のインタビューに基づく。
(35) 例えば以下の記事。「地域住民ら、手作り演劇:新宿・超高層マンション敷地内で、二六日」(二〇〇二年一〇月二〇日、毎日新聞、東京)、「多民族の共生テーマに野外劇:東京・大久保の街づくり考えるグループが脚本」(二〇〇二年一〇月二二日、読売新聞、朝刊、東京)、「おおくぼ寄席　二二日、東京・新宿で」(二〇〇二年一一月二二日、読売新聞、朝刊、東京)。
(36) 二〇〇七年一一月五日のインタビューに基づく。
(37) 「大久保芝居レッ」当日パンフレットより。路上生活者が登場するのは、一九九〇年代の大久保の状況を反映している。
(38) 二〇一〇年九月一〇日の日誌より。
(39) 二〇〇九年七月一四日の日誌より。
(40) 同上。
(41) 二〇一一年一〇月二四日の日誌より。
(42) 二〇〇九年一一月一二日の日誌より。
(43) 二〇一〇年九月一〇日の日誌より。
(44) 再刊時に「おおくぼ」から「ＯＫＵＢＯ」へと名称が変更され、号数も振りなおしとなった。
(45) 二〇一一年八月二〇日の日誌より。
(46) 同上。

(47) 二〇一三年六月頃。日誌は残されていない。

(48) 共住懇『大久保老舗ものがたり　おおくぼ学叢書別冊』（二〇一四年六月）。

(49) 以下の記述は二〇〇九年一一月二一日の日誌に基づく。

(50) 二〇〇九年一一月二一日の日誌より。

(51) 同上。固有名詞など一部修正を施している。

(52) 以下の記述は二〇一〇年八月一五日の日誌に基づく。

(53) 以下の記述は二〇一〇年三月二〇日の日誌に基づく。

(54) 共住懇『合本「ＯＫＵＢＯ」〇〜二〇号』（二〇一九年七月）より。二〇一〇年三月二〇日の日誌に照らし合わせて語句を若干修正した。

(55) 同上。

(56) 二〇一〇年三月一五日。ただし日誌の記録はなく、二〇一二年の修士論文（拙稿）の記述に基づく。

(57) しかし後から振り返ってみれば、この選択は衰退期に入っていた「共住懇」にとってはむしろ肯定的に働いた。活動の形態を組み替えつつ——それはまさに「アメーバーのように形を変えて生き続け」るものだった——その後も「共住懇」は存続していくこととなった。

第三章

(1) 以下の記述は、共住懇『合本「おおくぼ」〇〜三三号』（二〇〇八年七月）に基づく。

(2) 「しんじゅくアジアの祭２００９」当日パンフレットより。

(3) 二〇一一年七月一六日の日誌より。

(4) 二〇一一年六月二三日の日誌より。

(5) 二〇一〇年一一月二九日の日誌より。

(6) 「しんじゅくアジアの祭２００９」当日パンフレットより。

(7) 二〇〇八年八月一九日の日誌より。

(8) 同上。

(9) 以下の記述は二〇〇八年一〇月三一日の日誌にもとづく。

(10) 同上。

(11) 同上。

(12) 以下の記述は二〇〇八年一一月一五日の日誌を再構成したものである。

(13) 以下の記述は二〇〇九年九月一日の日誌を再構成したものである。

(14) 二〇一一年一一月一二日の日誌より。

(15) 以下の記述は二〇〇九年七月一四日の日誌を再構成したものである。

(16) 二〇〇九年一二月八日の日誌より。

(17) 以下の記述は二〇〇九年一〇月一日の日誌を再構成したものである。

(18) 以下の記述は二〇〇九年一〇月二四日の日誌にもとづく。

(19) 以下の記述は二〇〇九年七月二九日の日誌を再構成したものである。

(20) 二〇〇九年八月一〇日の日誌より。

(21) 以下の記述は二〇〇九年八月一二日の日誌を再構成したものである。

(22) 以下の記述は二〇〇九年一〇月二四日の日誌を再構成したものである。

(23) 同上。

(24) 二〇〇九年一二月八日の日誌より。

(25) 以下の記述は二〇〇九年一〇月二四日の日誌を再構成したものである。

(26) 同上。

(27) 以下の記述は二〇〇九年一二月八日の日誌を再構成したものである。

第四章

(1) 二〇〇九年一一月二一日の日誌より。

(2) 以下の記述は二〇〇九年一〇月一六日の日誌を再構成したものである。

(3) 二〇〇九年一〇月二四日の日誌より。

(4) 二〇一〇年八月一五日の日誌より。

(5) 二〇〇九年一〇月一六日の日誌より。

註

（6）二〇一一年一二月二一日の日誌より。
（7）二〇一〇年一一月二九日の日誌より。
（8）以下の記述は二〇一一年五月一一日の日誌を再構成したものである。
（9）二〇一一年四月一三日の日誌より。
（10）以下の記述は二〇一一年四月一六日の日誌を再構成したものである。
（11）以下の記述は、二〇一〇年一一月二九日の日誌を再構成したものである。
（12）以下の記述は、二〇一一年五月一一日の日誌を再構成したものである。
（13）二〇一一年五月一一日の日誌より。
（14）二〇一一年九月七日の日誌より。
（15）以下の記述は二〇一一年五月一一日の日誌を再構成したものである。
（16）二〇〇九年八月一〇日の日誌より。
（17）以下の記述は、二〇一一年五月一一日の日誌を再構成したものである。
（18）以下の記述は二〇一一年五月二五日の日誌を再構成したものである。
（19）二〇一一年六月二二日の日誌より。
（20）同上。
（21）同上。
（22）二〇一一年五月二五日の日誌より。
（23）二〇一一年七月一九日の日誌より。
（24）以下の記述は二〇一一年七月二七日の日誌にもとづく。
（25）以下の記述は二〇一一年八月七日の日誌を再構成したものである。
（26）二〇一一年八月二四日の日誌より。
（27）二〇一一年六月二二日の日誌より。
（28）二〇一一年一一月一九日の日誌より。
（29）同上。
（30）共住懇『合本「ＯＫＵＢＯ」〇〜二二号』（二〇一九年七月）より。
（31）以下の記述は二〇一一年一〇月一〇日の日誌を再構成したものである。

(32) 二〇一一年一〇月一〇日の日誌より。

(33) 二〇一一年一一月一九日の日誌より。

(34) T教会の「カフェ」に付随する形で福祉作業所も出店したが、これは「カフェ」企画の延長線上という特殊な位置づけにあった。そのため出店料を徴収していない。

(35) W・F・ホワイトの言う「人間の諸問題を解決するための社会的発明」とはすなわち、「組織の構造あるいは組織間の関係における新しい要素」「人間の相互行為と活動、さらには人間の自然的社会的環境との関係を形造る際の手続きの新しいセット」「行為における（すなわちたんに机上のものに終わらない）、新しい政策」「新しい役割もしくは新しい役割のセット」である（Whyte 1982=1983: 234）。

(36) 二〇一一年一一月二六日の日誌より。

(37) 以下の記述は二〇一一年九月七日の日誌を再構成したものである。

(38) 二〇一一年一一月一二日の日誌より。

(39) 以下の記述は二〇一一年七月二七日の日誌にもとづく。

(40) 二〇一一年七月二七日の日誌より。

(41) ここではMさんの発言のうち「ご近所づきあい」という言葉に絞って考察していくが、「アジア人の紹介とか」という発言には、「日本人」である自身の主体性を前提とした「外国人」「アジア人」としての他者の対象化という構造的非対称性が埋め込まれている。これについては、後に取り上げることとする。

(42) 二〇一一年九月七日の日誌より。

(43) 同上。

(44) 二〇一一年九月一〇日の日誌より。

(45) 以下の記述は二〇一一年一〇月二〇日の日誌を再構成したものである。

(46) 以下の記述は二〇一一年六月二二日の日誌を再構成したものである。

(47) 同上。

(48) 二〇一一年六月二二日の日誌より。

(49) 二〇一一年一一月二六日の日誌より。

(50) 二〇一一年五月二五日の日誌より。

(51) 二〇一一年一〇月二六日の日誌より。

（52）以下の記述は二〇一一年一一月一九日の日誌を再構成したものである。

（53）以下の記述は二〇一一年一一月一九日の日誌を再構成したものである。

（54）同上。

（55）二〇一一年九月七日の日誌より。

（56）以下の記述は二〇一一年一一月一九日の日誌を再構成したものである。

終章

（1）無論、行政単位が重要でないとか統合の焦点とならないと言いたいわけではない。行政単位としての「近隣＝地域」もまた〈象徴的空間〉の一つであり、もし人々がある地理空間を活動の焦点とし、それによって社会空間を分節化し、ネットワークや諸組織・集団の連関が地理的に凝集するのだとすれば、それはなぜなのかを問いたいのだ。

（2）これは吉原が震災後に行政主導で組織された仮設住宅の自治会を、同質的で閉鎖的な「国策自治会」であると喝破することからも傍証されるだろう（吉原 2018: 202）。

（3）民俗学者の桜井徳太郎は「結集の原点」という概念によって、明治中期以降の地方村落組織のあり方（戦後の近代主義からは「封建遺制」として否定される）とは異なる、より長期的な歴史軸で持続してきた小地域共同体の存続原理を捉えようとした（桜井 1985）。あるいは鶴見和子は、桜井の「ハレ／ケ／ケガレ」の循環構造図式と柳田国男の「定住／漂泊」概念とを組み合わせ、マツリという「ハレの出来事」の時空間における定住者と漂泊者との出会いを社会運動の動因として把握する社会変動論を提示した（鶴見 1993）。前者は領域性の再生産パターンとして、後者はその変動パターンとして捉え直されるだろう。

（4）こうした論理的な設定がなければ、コミュニティの領域性を社会関係や集団の構造的形態や用いられる「言説」の素朴な反映とみなす決定論に陥るだろう。

（5）メルッチはこれを「責任／応答力（capacity to respond）」と呼んだ。それは「ある与えられた瞬間において、私たちを構成している関係のフィールドに現前している可能性と制約を認識し、そのなかから選択するという能力」（Melucci 1996=2008: 68）である。

（6）以下の記述は二〇〇七年一一月一七日の日誌を再構成したものである。

（7）二〇〇七年一一月一〇日の日誌より。ただし一部字句の修正を施している。

（8）二〇〇八年一一月一四日の日誌より。

(9) 共住懇『合本「おおくぼ」〇～三三号』（二〇〇八年七月）より。

(10) 共住懇『合本「OKUBO」〇～二二号』（二〇一九年七月）より。二〇〇九年一一月二一日の日誌と照らし合わせて語句を若干修正した。

(11) 同上。

(12) 同上。

(13) 共住懇『合本「OKUBO」〇～二二号』（二〇一九年七月）より。二〇〇九年一一月二一日の日誌と照らし合わせて語句を若干修正した。

(14) 二〇〇九年五月二〇日の日誌より

(15) R・N・ベラー（R. N. Bellah）の「第一の言語」「第二の言語」をめぐる議論を想起されたい（Bellah 1985=1991）。

文　献

赤坂憲雄、1992『異人論序説』筑摩書房

Anderson, Nels, 1923, *The Hobo: The Sociology of the Homeless Man*, University of Chicago Press.（＝1999, 広田康生訳『ホーボー――ホームレスの人たちの社会学』上下、ハーベスト社）

浅川達人、2009「東京大都市圏の形成過程」玉野和志・浅川達人編『東京大都市圏の空間形成とコミュニティ』古今書院、33-54.

Bauman, Zygmunt, 2001, *Community: Seeking Safety in an Insecure World*, Polity Press.（＝2008, 奥井智之訳『コミュニティ――安全と自由の戦場』筑摩書房）

Bellah, Robert N. et al., 1985, *Habits of the Heart: Individualism and Commitment in American Life*, University of California Press.（＝1991, 島薗進・中村圭志訳『心の習慣――アメリカ個人主義のゆくえ』みすず書房）

Burgess, Ernest W., 1984, "The Growth of the City: An Introduction to a Research Project." in Robert E. Park and Ernest W. Burgess (eds.), *The City: Suggestions for Investigation of Human Behavior in the Urban Environment*, University of Chicago Press, pp. 47-62.（＝2011, 松本康訳「都市の成長――研究プロジェクト序説」松本康編『近代アーバニズム　都市社会学セレクションⅠ』日本評論社、21-38.）

Burt, Ronald S., 2001, "Structural Holes versus Network Closure as Social Capital," in Nan Lin, Karen Cook, and Ronald S. Burt (eds.), *Social Capital: Theory and Research*, Aldine de Gruyter, pp.31-56.（＝2006, 金光敦訳「社会関係資本をもたらすのは構造的隙間かネットワーク閉鎖性か」野沢慎司編・監訳『リーディングス　ネットワーク論――家族・コミュニティ・社会関係資本』勁草書房、243-277.）

Cohen, Anthony P., 1985, *The Symbolic Construction of Community*, Ellis Horwood Ltd.（＝2005, 吉瀬雄一訳『コミュニティは創られる』八千代出版）

Delanty, Gerard, 2003, *Community*, Routledge.（＝2006, 山之内靖・伊藤茂訳『コミュニティ――グローバル化と社会理論の変容』NTT出版）

Durkheim, Émile, 1912, *Les formes élémentaires de la vie religieuse: le système totémique en Australie*, Paris.（＝1975, 古野清人訳『宗教生活の原初形態』上下、岩波書店）

江藤淳、2007『文学と私・戦後と私』新潮社

Firey, Walter, 1945, "Sentiment and Symbolism as Ecological Variables," *American Sociological Review*, 10, pp. 140–148.（＝2012, 松本康訳「生態学的変数としての感情とシンボリズム」森岡清志編『都市空間と都市コミュニティ　都市社会学セレクションⅡ』日本評論社、39–58）

Fischer, Claude S., 1975, "Toward a Subcultural Theory of Urbanism," *American Journal of Sociology*, 80(6), University of Chicago Press, pp. 1319–1341.（＝2012, 広田康生訳「アーバニズムの下位文化理論に向かって」森岡清志編『都市空間と都市コミュニティ　都市社会学セレクションⅡ』日本評論社、127–164.）

Gans, Herbert J., 1962, "Urbanism and Suburbanism as Ways of Life: A Reevaluation of Definitions." in Arnold M. Rose (ed.), *Human Behavior and Social Processes: An Interactionist Approach*, Houghton Mifflin, pp. 625–648.（＝2012, 松本康訳「生活様式としてのアーバニズムとサバーバニズム」森岡清志編『都市空間と都市コミュニティ　都市社会学セレクションⅡ』日本評論社、59–87.）

Granovetter, Mark S., 1973, "The Strength of Weak Ties," *American Journal of Sociology*, 78, pp. 1360–1380.（＝2006, 大岡栄美訳「弱い紐帯の強さ」野沢慎司編・監訳『リーディングス　ネットワーク論――家族・コミュニティ・社会関係資本』勁草書房、123–154.）

原知章、2009「「多文化共生」を内破する実践――東京都新宿区・大久保地区の「共住懇」の事例より」『文化人類学』74 (1), 136–155.

広田康生、1997『エスニシティと都市』有信堂高文社

広田康生、2003『エスニシティと都市〈新版〉』有信堂高文社

広田康生・藤原法子、2016『トランスナショナル・コミュニティ――場所形成とアイデンティティの都市社会学』ハーベスト社

稲葉佳子、2006「新宿区大久保における都市空間の変容と生成に関する研究」法政大学博士学位論文

稲葉佳子、2008a「共に生きる街・新宿大久保地区の歴史的変遷」川村千鶴子編著『「移民国家日本」と多文化共生論――多文化都市・新宿の深層』明石書店、32–49.

稲葉佳子、2008b「受け継がれていく新住民の街の遺伝子」川村千鶴子編著『「移民国家日本」と多文化共生論――多文化都市・新宿の深層』明石書店、51–74.

稲葉佳子、2008c『オオクボ都市の力――多文化空間のダイナミズム』学芸出版社

色川大吉、1995『新編明治精神史　色川大吉著作集1』筑摩書房

磯村英一、1968『人間にとって都市とは何か』日本放送出版協会

岩崎信彦、2017「思い出すこと・思うこと」『地域社会学会会報』200, 5–6.

泉孝亮、1998「新来韓国人の生き方と生活世界――新宿を事例として」中央大学修士学位論文

川村千鶴子編著、1998『多民族共生の街・新宿の底力』明石書店

川村千鶴子、2008「ディアスポラ接触――地域が日本を超えるとき」川村千鶴子編著『「移民国家日本」と多文化共生論』明石書店、75–109.

茅原健、2004『新宿・大久保文士村界隈』日本古書通信社

北見恭一、2003「皆中稲荷神社の鉄砲組百人隊行列」新宿歴史博物館『新宿区の民俗（6）淀橋地区編』、160–169.

幸徳秋水、1968「郊外生活」幸徳秋水全集編集委員会『幸徳秋水全集』第6巻、明治文献、470–472.

倉沢進、2004「東京圏の空間構造とその変動 1975–90」倉沢進・浅川達人編『新編東京圏の社会地図 1975–90』東京大学出版会、11–46.

倉沢進・浅川達人編、2004『新編東京圏の社会地図 1975–90』東京大学出版会

まち居住研究会、1994『外国人居住と変貌する街――まちづくりの新たな課題』学芸出版社

町村敬志、1994『「世界都市」東京の構造転換――都市リストラクチュアリングの社会学』東京大学出版会

MacIver, Robert M., 1924, *Community: A Sociological Study: Being an Attempt to Set Out the Nature and Fundamental Laws of Social Life*, 3rd ed., Macmillan and Co.（=1975, 中久郎・松本通晴監訳『コミュニティ　社会学的研究――社会生活の性質と基本法則に関する一試論』ミネルヴァ書房）

松原治郎・似田貝香門編著、1976『住民運動の論理――運動の展開過程・課題と展望』学陽書房

松本康、1995「現代都市の変容とコミュニティ、ネットワーク」松本康編『増殖するネットワーク　21世紀の都市社会学1』勁草書房、1–90.

松本康、1999「都市社会の構造変容――都市社会‐空間構造と社会的ネットワーク」奥田道大編『講座社会学４　都市』東京大学出版会、1-90.

明星大学人文学部社会学科渡戸研究室、2001『変貌する大都市インナーエリア――第二次外国人急増期の大久保・百人町を中心として』

Melucci, Alberto, 1989, *Nomads of the Present: Social Movements and Individual Needs in Contemporary Society*, Temple University Press.（＝1997, 山之内靖・貴堂嘉之・宮崎かすみ訳『現在に生きる遊牧民――新しい公共空間の創出に向けて』岩波書店）

Melucci, Alberto, 1996, *The Playing Self: Person and Meaning in the Planetary Society*, Cambridge University Press.（＝2008, 新原道信・長谷川啓介・鈴木鉄忠訳『プレイング・セルフ――惑星社会における人間と意味』ハーベスト社）

Melucci, Alberto, 2001, "Sociology of Listening, Listening to Sociology."（＝2001, 新原道信訳「聴くことの社会学」地域社会学会編『地域社会学会年報』13, 1-14.）

Merler, Alberto, 2006, "Mobilidade humana e formação do novo povo / L'azione comunitaria dell'io composito nelle realtà europee: Possibili conclusioni eterodosse."（＝2006, 新原道信訳「世界の移動と定住の諸過程――移動の複合性・重合性からみたヨーロッパの社会的空間の再構成」古城利明監修『グローバリゼーション／ポスト・モダンと地域社会　地域社会学講座２』東信堂、63-80.）

麦倉哲、1995a「外国人女性売春者の生活過程と犯行過程１」『マスコミ市民』319, 14-19.

麦倉哲、1995b「外国人女性売春者の生活過程と犯行過程２」『マスコミ市民』320, 12-19.

麦倉哲、1995c「外国人女性売春者の生活過程と犯行過程３」『マスコミ市民』321, 14-21.

麦倉哲、1995d「売春街・大久保百人町の考察」『マスコミ市民』322, 48-54.

麦倉哲、1997「地域社会における売春問題の顕在化と環境浄化運動」『社会科学討究』43(1), 183-208.

麦倉哲、2008「ホームレス、社会的排除と社会的包摂――新宿区の温かさと冷たさ」川村千鶴子編著『「移民国家日本」と多文化共生論――多文化都市・新宿の深層』明石書店、288-314.

中西奈緒、2002「新しい韓国人ネットワークと地域との関わり――新宿・大久保の事例的研究を中心として」『中央社会学』12, 115-138.

新原道信、1997『ホモ・モーベンス――旅する社会学』窓社

新原道信、2007『境界領域への旅――岬からの社会学的探求』大月書店

新原道信、2014「〝境界領域〟のフィールドワークから〝惑星社会の諸問題〟を考える」新原道信編著『〝境界領域〟のフィールドワ

ーク――〝惑星社会の諸問題〟に応答するために』中央大学出版部、1-75.

西澤晃彦、1996「「地域」という神話――都市社会学者は何を見ないのか?」」日本社会学会『社会学評論』47(1), 47-62.

似田貝香門、2007「「構造分析」の調査を振り返って――〈主体を介しての構造分析〉をめざして」札幌学院大学社会情報学部『社会情報』16(2), 105-154.

似田貝香門、2008「〈ひとりの人として〉を目指す支援の実践知」似田貝香門編著『自立支援の実践知――阪神・淡路大震災と共同・市民社会』東信堂、249-323.

似田貝香門、2017「地域社会学会『通信』２００号に寄せて――主体と構造を巡る変遷と課題」『地域社会学会会報』200, 2-5.

野村悦子、1995「明治末期の東京の郊外　豊多摩郡大久保村について――新大久保の研究」社団法人日本建築学会『１９９４年度日本建築学会関東支部研究報告集』、301-304.

小田内通敏、1974『帝都と近郊』有峰書店

岡本昭一郎編、1997『西新宿物語――淀橋浄水場から再開発事業まで』日本水道新聞社

奥田道大、1983『都市コミュニティの理論』東京大学出版会

奥田道大編著、1995『コミュニティとエスニシティ』勁草書房

奥田道大編著、1997『都市エスニシティの社会学――民族／文化／共生の意味を問う』ミネルヴァ書房

奥田道大、2004『都市コミュニティの磁場――越境するエスニシティと21世紀都市社会学』東京大学出版会

奥田道大・鈴木久美子編、2001『エスノポリス・新宿／池袋――来日10年目のアジア系外国人調査記録』ハーベスト社

奥田道大・田嶋淳子編著、1991『池袋のアジア系外国人――社会学的実態報告』めこん

奥田道大・田嶋淳子編著、1993『新宿のアジア系外国人――社会学的実態報告』めこん

奥田道大・田嶋淳子編、1995『新版　池袋のアジア系外国人――回路を閉じた日本型都市でなく』明石書店

奥須磨子、1984「戦前期における淀橋・大久保の住民構成」新宿区教育委員会『地図で見る新宿区の移り変わり――淀橋・大久保編』、420-425.

大久保武、2000「インナーシティ」地域社会学会編『キーワード地域社会学』ハーベスト社、184-185.

大内力、1984「百人町界隈」新宿区教育委員会『地図で見る新宿区の移り変わり　淀橋・大久保編』、463-469.

Park, Robert E., 1936, "Human Ecology," *The American Journal of Sociology*, 42(1), pp. 1-15.（=1986, 町村敬志訳「人間生態学」町村敬志・好井裕明編訳『実験室としての都市――パーク社会学論文選』御茶の水書房、155-180.）

Park, Robert E., 1984, "The City: Suggestions for the Investigation of Human Behavior in the Urban Environment." in Robert E.

Park and Ernest W. Burgess (eds.), *The City: Suggestions for Investigation of Human Behavior in the Urban Environment*, University of Chicago Press, pp. 1-46.（＝2011，松本康訳「都市――都市環境における人間行動の研究のための提案」松本康編『近代アーバニズム　都市社会学セレクションⅠ』日本評論社，39-87.）
Relph, Edward, 1976, *Place and Placelessness*, Pion.（＝1999，高野岳彦・阿部隆・石山美也子訳『場所の現象学――没場所性を越えて』筑摩書房）
阪口毅，2010「「市民の活動」と「水面下のコミュニティ変動」に関する調査研究――新宿・大久保地域の「共住懇」での参与観察より」『中央社会学』19, 55-74.
阪口毅，2013a「「都市コミュニティ」研究における活動アプローチ――大都市インナーエリア・新宿大久保地域における調査実践より」『地域社会学会年報』25, 77-91.
阪口毅，2013b「〝生存の場としての地域社会〟への活動アプローチ――新宿大久保地域における「ＯＫＵＢＯアジアの祭」の事例」『中央大学社会科学研究所年報』17, 191-211.
阪口毅，2014「移動の歴史的地層――新宿大久保地区の空間の定義をめぐる差異とコンフリクト」新原道信編著『〝境界領域〟のフィールドワーク――〝惑星社会の諸問題〟に応答するために』中央大学出版部，289-333.
阪口毅，2015「「都市コミュニティ」の創発性への活動アプローチ――大都市インナーシティ・新宿大久保地区の市民活動を事例として」『日本都市社会学会年報』33, 105-122.
阪口毅，2016「「都市コミュニティ」の移動性と領域性に関する調査研究――インナーエリア・新宿大久保地域と「集合的な出来事」のエスノグラフィ」中央大学博士学位論文
阪口毅，2017「「都市エスニシティ」論以降のコミュニティ研究――「場所」と「出来事」の比較研究序説」『中央大学社会科学研究所年報』21, 117-140.
阪口毅，2020「移動性と領域性のジレンマを超えて――コミュニティ研究における時間・場所・身体」新原道信・宮野勝・鳴子博子編著『地球社会の複合的諸問題への応答の試み（中央大学学術シンポジウム研究叢書12）』中央大学出版部，115-151.
阪口毅，2022「新宿・大久保の路地と小さな祭から――フィールドを往還する」新原道信編著『人間と社会のうごきをとらえるフィールドワーク入門』ミネルヴァ書房（印刷中）
桜井徳太郎，1985『結衆の原点――共同体の崩壊と再生』弘文堂
佐藤郁哉，2006『フィールドワーク増訂版――書を持って街へ出よう』新曜社
佐藤健二，2011『社会調査史のリテラシー――方法を読む社会学的想像力』新曜社

新宿区、1955『新宿区史』
新宿区、1967『新修　新宿区史』
新宿区、1998a『新宿区史　区成立50周年記念　第1巻』
新宿区、1998b『新宿区史　区成立50周年記念　第2巻』
新宿区、1998c『新宿区史　区成立50周年記念　資料編』
新宿区、2007「新宿区基本構想・新宿区総合計画」
新宿区教育委員会、1984『地図で見る新宿区の移り変わり　淀橋・大久保編』
新宿区新宿自治想像研究所、2012『研究所レポート２０１１外国人ＷＧ報告（３）』
新宿区都市計画部都市計画課、2013『新宿区の土地利用２０１３――土地利用から新宿のまちをみる』
新宿歴史博物館、2003『新宿区の民俗（６）淀橋地区編』
新宿歴史博物館、2010『新修新宿区町名誌――地名の由来と変遷』
白岩砂紀、1995「エスニック・ビジネスの生成に関する事例的研究――広がるネットワークと起業家精神」中央大学修士学位論文
白岩砂紀、1997「エスニック・ビジネスの生成に関する事例的研究――広がるネットワークと起業家精神」奥田道大編著『都市エスニシティの社会学――民族／文化／共生の意味を問う』ミネルヴァ書房、89-122.
鈴木広、1987「アーバニゼイションの理論的問題」鈴木広・倉沢進・秋元律郎編『都市化の社会学理論――シカゴ学派からの転換』ミネルヴァ書房、229-260.
武田俊輔、2019『コモンズとしての都市祭礼――長浜曳山祭の都市社会学』新曜社
竹元秀樹、2014『祭りと地方都市――都市コミュニティ論の再興』新曜社
武岡暢、2017『生き延びる都市――新宿歌舞伎町の社会学』新曜社
玉野和志・浅川達人編、2009『東京大都市圏の空間形成とコミュニティ』古今書院
戸川秋骨、1913『そのまゝの記』籾山書店
徳永康元、1989『ブダペスト回想』恒文社
Tuan, Yi-Fu, 1977, *Space and Place: The Perspective of Experience*, University of Minnesota Press.（＝1993, 山本浩訳『空間の経験――身体から都市へ』筑摩書房）
Turner, Victor W., 1969, *The Ritual Process: Structure and Anti-Structure*, Aldine Publishing Company.（＝1996, 冨倉光雄訳『儀礼の過程　新装版』新思索社）

鶴見和子、1993『漂泊と定住と——柳田国男の社会変動論』筑摩書房

Urry, John, 2007, *Mobilities*, Polity.（＝2015, 吉原直樹・伊藤嘉高訳『モビリティーズ——移動の社会学』作品社）

Wellman, Barry, 1979, "The Community Question: The Intimate Networks of East Yorkers," *American Journal of Sociology*, 84(5), pp. 1201–1231.（＝2006, 野沢慎司・立山徳子訳「コミュニティ問題——イースト・ヨーク住民の親密なネットワーク」野沢慎司編・監訳『リーディングス　ネットワーク論——家族・コミュニティ・社会関係資本』勁草書房、159–200.）

Wellman, Barry, and Barry Leighton, 1979, "Networks, Neighborhoods, and Communities: Approaches to the Study of the Community Question," *Urban Affairs Review*, 14(3), pp. 363–390.（＝2012, 野沢慎司訳「ネットワーク、近隣、コミュニティ——コミュニティ問題研究へのアプローチ」森岡清志編『都市空間と都市コミュニティ　都市社会学セレクションⅡ』日本評論社89–126.）

Whyte, William F., 1964, "On Street Corner Society," in Ernest, W. Burgess and Donald, J. Bogue (eds.), *Contributions to Urban Sociology*, The University of Chicago Press, pp. 256–68.（＝2002, 有里典三訳「W・F・ホワイト自身による一つのしめくくり」奥田道大・有里典三編『ホワイト『ストリート・コーナー・ソサエティ』を読む——都市エスノグラフィーの新しい地平』ハーベスト社、53–80.）

Whyte, William F., 1969, "Reflections on my work," in Irving Louis Horowitz (ed.), *Sociological Self-Images: A Collective Portrait*, Pergamon Press, pp. 35–49.（＝2002, 奥田道大訳「ひとりの社会学者の自画像」奥田道大・有里典三編『ホワイト『ストリート・コーナー・ソサエティ』を読む——都市エスノグラフィーの新しい地平』ハーベスト社、3–20.）

Whyte, William F., 1982, "Social Inventions for Solving Human Problems: American Sociological Association 1981. Presidential Address," *American Sociological Review*, 47, pp.1–13.（＝1983, 今防人訳「人間の諸問題を解決するための社会的発明——アメリカ社会学会、１９８１年会長就任演説」「社会と社会学」編集委員会『世界社会学をめざして』新評論、232–261.）

Whyte, William F., 1993, *Street Corner Society: The Social Structure of An Italian Slum, Fourth Edition*, The University of Chicago Press.（＝2000, 奥田道大・有里典三訳『ストリート・コーナー・ソサエティ』有斐閣）

Wirth, Louis, 1938, "Urbanism as a Way of Life," *American Journal of Sociology*, 44, pp. 1–24.（＝2011, 松本康訳「生活様式としてのアーバニズム」松本康編『近代アーバニズム　都市社会学セレクションⅠ』日本評論社、89–115.）

山田浩之編、2016『都市祭礼文化の継承と変容を考える——ソーシャル・キャピタルと文化資本』ミネルヴァ書房

山谷哲夫、2013『裏歌舞伎町まりあ横丁——新大久保コリアンタウンの哀しい嘘』現代書館

読売新聞西部本社編、2002『盟約ニテ成セル——梅屋庄吉と孫文』海鳥社

吉原直樹、2008『モビリティと場所――21世紀都市空間の転回』東京大学出版会
吉原直樹、2011『コミュニティ・スタディーズ――災害と復興、無縁化、ポスト成長の中で、新たな共生社会を展望する』作品社
吉原直樹、2018『都市社会学――歴史・思想・コミュニティ』東京大学出版会
善元幸夫、2006「ニューカマーの子どもたちが日本語で語り始めるとき――日本語国際学級で学ぶ自分と世界」秋田喜代美・石井順治編著『ことばの教育と学力　未来への学力と日本の教育４』明石書店、138-175.

「共住懇」発行物

『新しい「共住」の形を求めて――３年間の活動記録』１９９５年９月
『ミニ・シンポジウム報告書　本音で語ろう！大久保のまちと人　あなたは隣人についてどれほどご存じですか？』１９９７年10月
『世界の食が人の輪をつなぐ――共住懇『おいしい〝まち〟ガイド』からのメッセージ』２０００年３月
『おいしい〝まち〟ガイド１９９６年改訂版』１９９６年
『おいしい〝まち〟ガイド１９９９年版』１９９９年
『おいしい〝まち〟ガイド２００１』２００１年３月
『おおくぼ芝居台本　レッ――プロローグとエピローグと二場』２００２年10月
『〝多文化のまち〟大久保から視えるもの』２００６年４月
『おおくぼ錦眼鏡　おおくぼ学叢書Ⅰ』２００８年４月
『合本「おおくぼ」０～33号』２００８年７月
『おおくぼその界隈　歴史探究散歩――大久保・百人町から世界が見えてくる　おおくぼ学叢書Ⅱ』２０１１年６月
『大久保老舗ものがたり　おおくぼ学叢書別巻』２０１４年６月
『合本「ＯＫＵＢＯ」０～22号』２０１９年７月

あとがき

二〇一九年の末に中国の湖北省武漢市で原因不明の肺炎として確認され、新型コロナウイルス感染症（Covid-19）と名づけられた感染症は瞬く間に全世界に拡大し、私たちの生活の在り方を一変させた。国民国家の規模であれグローバルな規模であれ、近代以降の社会は移動性を生産の資源として活用し続けることによって維持されてきたが、感染症のパンデミックは、グローバルな経済活動に伴う人の移動、都市への人口の一極集中といった生産・生活様式の代償（コスト）であった。筆者の勤める大学でもまた、二〇二〇年度以降ほぼ全ての授業が実質的にオンライン形式となり、対面でのコミュニケーションは制限されている。

果たして私たちに「場所」は不要なのだろうか。通信技術と通信網の発達によって、私たちは特定の地理空間上の「場所」に身を寄せなくともコミュニケーションが可能となっている。当初の戸惑いや混乱を越えて、学生たちも教職員たちも眼下の状況に「慣れ」きっている。会議や大講義などではＷｅｂ会議システムの快適さを感じるし、移動時間が無くなったことで、キャンパスや学部の垣根を容易く越えられるようになった。「ヴァーチャルな移動性」はむしろ活発化したといえるかもしれない。

しかしそれでもなお「場所」への希求は存在する。学生たちからは、せっかく顔を合わせて集まるのであれば、対面でなければ出来ないこと――フィールドワークやゼミ全体での議論、合宿や食事会など――をやりたいという声が上がっている。Ｗｅｂ会議システムやＳＮＳでのコミュニケーションが増大し、その使用に習熟することで、かえって代替可能なことと困難なことが見極められるようになった。それは「場所への愛着」（Ｙ・トゥアン）や「場所に対するアイデンティティ」（Ｅ・レルフ）と言えるようなものではないかもしれないが、学生たちは確かに、具体的な「場所」と、身体的なコミュニケーションを通じて形成される社会関係とを切り離すことはできないと感じている。

「新しい生活様式」によって、「場所」は不要なものとなるのか。それともその反作用として個々人にとって掛け替えのない「場所」が再発見されるのか。あるいは大都市圏からの移住を含めて新たな「場所」の機能が作られるのか。移動が可能な職種・職場と労働集約的かつ対面的な職種・職場との階層的な不平等をどう考えるのか。「場所」との関わり方の多様化はさらなる分断の火種となるのか、それとも新たな出会いの契機となるのか。伝統的な「地域コミュニティ」像の刷新も含めて、移動性の観点を組み込んだコミュニティ研究は新たな局面を迎えつつある。本書がその一つの手掛かりとなればと願う。

二〇〇七年の秋に初めて新宿・大久保を調査者として訪れ、「共住懇」代表の山本重幸氏にインタビューさせて頂き、古舘秀子氏、関根美子氏（「おばちゃん」）に出会ってから一五年の歳月が流れた。その間に、新宿・大久保と「共住懇」をテーマとして、二〇〇九年に卒業論文、二〇一一年に修士論文、二〇一六年に本書の元となった博士論文を繰り返し提出してきた。膨大なフィールドノートと収集した資料の山に押し潰されそうになりつつ、出会ったもの、ひと、出来事の光景や匂い、手触りを摩滅させることなく記述する方法を探り、一方でそれらを「事例」として社会科学の概念によって分析し、解釈し、整合的な説明を加えるという作業を繰り返してきた。

書き上げた際の充足感と、書くことによって出会ったものを損ねているのではないかという罪責感とに引き裂かれ続ける日々だった。それは単なる調査倫理の問題や、調査者と当事者という役割の葛藤という、調査方法論のテキストでよく語られるようなものではなかった。「書くことも書かないことも暴力だ」という先達の言葉をいつも想い起こす。フィールドワーカーはモノグラフを書くことによって、もはや自らの心の一部となったフィールドを、対象として切り離すのだ。

右も左もわからない若者を受け入れ、見守り、手を差し伸べ、活動を共にしてくださった「共住懇」の山本氏と「おばちゃん」に、まずは心より感謝を申し上げたい。人見知りで出不精な私は、二人と出会わなければフィールドワークを続けられなかったし、研究者の道に進むことができたどうかもわからない。またお一人ずつのお名前を挙げることはできないが「共住懇」と「アジアの祭」の「担い手」の方々へも感謝を申し上げたい。「祭」の打ち上げのあと家に帰れなくなって家に泊めて頂いたり、飲み代が無くなって二次会に行けない私に千円札を握らせてくれたことを、決して忘れない。コロナ禍が落ち着いたら、また呑みましょう。

「共住懇」元代表の古舘氏には、闘病中にも関わらずご自身の活動の個人史を聴かせて頂き、晩年のライフワークであった大久保の地域史についての小冊子を作り上げるプロセスを共にさせて頂いた。毎回、真っ赤になるほど書き込まれた校正紙が返ってきて、その熱意に圧倒されると同時に、命がけで原稿を書くことの重みを感じた。お渡しすることが叶わなかった修士論文の代わりに、本書を捧げたい。

大久保研究の第一人者である稲葉佳子氏には、大久保の地域史やエスニック・ビジネスについて学ばせて頂くことばかりだった。最後の一冊となった博士論文を寄贈頂いたり、商店街調査では真夏の大久保通りを汗水流しながら共に歩く経験をさせて頂いた。本書の第一章は稲葉氏の研究成果を一次資料のレベルから追跡しつつ、少しでも独自の要素を加えようと苦心して書かれたものである。

博士論文審査の副査となって頂いた渡戸一郎先生からは、立教大学奥田ゼミ時代の調査の内実を伺ったり、貴重な調査報告書を寄贈頂いたり、本書の元となった複数の論文に子細なコメントを頂くなど、一介の若手研究者に過ぎない筆者に対し有形無形のご支援を頂いた。

同じく博士論文審査を引き受けてくださった、野宮大志郎先生、天田城介先生、大学院ゼミでお世話になった矢野善郎先生、中澤秀雄先生からは、折に触れて本研究への詳細なコメントを頂いた。また中央大学社会科学研究所の研究会で同席させて頂いた広田康生先生からは、本研究を貫く方法論的な示唆を頂いた。ともすればフィールドに埋没し距離を見失うこともあった筆者に対し、繰り返し社会科学者としての自己を再確認する機会を頂くことで、フィールドと社会科学という二つの重力場の間でモノグラフを書きあげることができた。

中央大学社会学研究室のスタッフの方々、ならびに膨大なモノグラフ作品を残したフィールドワークの先達にも感謝を申し上げたい。今はほぼデジタル化されている様子だが、かつては過去の全ての卒業論文の現物が集積され、自由に閲覧可能な状態に整理されていた。私のフィールドワークは、奥田ゼミの卒業生たちが残したこれらの作品を一つずつ読み進めることから始まった。彼女／彼らが残した資源と、それを適切に活用可能な状態に保存・管理する人たちがいなければ、私は研究を始めることすらできなかった。

新原道信先生は、二〇〇六年に学部に入学してから一〇年にわたって指導教員を務めてくださった。先生に師事するために中央大学文学部に入学し、偶然にも一年次の基礎演習の担任を務めて頂いて以来、一貫して弟子として扱い、真剣に向き合ってくださった恩を忘れない。未だ足元にも及ばないが、本書の主題「流れゆく者たちのコミュニティ」は、恩師の主著『ホモ・モーベンス』への捧げものである。

先生の研究会を通じて出会った先達たち、中村寛氏、中里佳苗氏、鈴木鉄忠氏、友澤悠季氏、西浩孝氏からは、フィールドワークをすること、人と出会い関わること、そして書くことの重さを、繰り返し、言葉と身振りで伝えて頂いた。

一時期を共にしたゼミ生たち、研究仲間たちにも感謝を伝えたい。ひとりでフィールドに足を踏み入れる心細さを照らしてくれたのは、他の場所で同じように徒手空拳で調査研究を進めた彼女／彼らの存在だった。旧友の三田航とは、別々の道を歩みながら、十代の頃から同じ「書き手」として刺激をもらってきた。これからも背筋を伸ばして作品を贈りあう関係でありたい。

博士論文を一冊のモノグラフとして編み直すにあたって、アイディアの聴き手となってくれたのは、立教大学コミュニティ福祉学部コミュニティ政策学科の学生たち、とりわけ二〇二〇年度春学期に開講された「現代コミュニティ論」の受講生たちだった。顔の見えないオンライン授業の条件下であったが、コミュニティ論の古典を丁寧に読み込み、毎回の（やや過剰な）課題を通じて熱心に議論に参加してくれたことで、物理的な距離を越えて「場所」の意味を再考する機会を頂いた。こうした恵まれた教育機会と研究時間を与えてくださった、コミュニティ政策学科の先生方にも心より感謝を申し上げたい。

本書の表紙と裏表紙の写真は、大学院の後輩であり「共住懇」の活動仲間でもある史涵氏に提供頂いたものである。本書の主題への深い理解をもって繰り返し大久保へ足を運び、〝流れるまち、人々〟の一瞬を見事に収めてくれた。

本書の出版を引き受けてくださったナカニシヤ出版の由浅啓吾氏には、早い段階から原稿への詳細なコメントを頂き、遅筆な筆者の修正を辛抱強く待って頂いたことで、およそ二年間かけて博士論文を一冊のモノグラフへと昇華させることができた。

最後に両親をはじめ家族に感謝を伝えたい。今は無き、幼少期を過ごした共同保育園の運営のため仕事帰りに集まり熱心に話し合う大人たちの姿が、私にとってのコミュニティの原風景である。学童保育所の職員として働きぬいた父が、私の卒業論文を読んで「ここに書かれているのは自分の仕事のことだ」と言ってくれたことに、とても勇気づけられた。物心つく頃から、自治体の緊縮財政のなかで児童館や学童保育所が縮小・廃止されていく歴史を見てきたが、同じく児童館職員として勤め上げた母の仕事と共に、組織や制度が失われても遺されるものがあると確信を持っている。

私たちはみな、本質的には〝流れゆく者〟だ。静止した実体として見えるものも、時間の幅の程度の問題に過ぎない。デュルケムが神とは社会の表象であると述べたように、私たちは個体としての生命を越えて持続するものに畏怖の念を覚え、名も知らぬ誰かが残した資源を活用し、自らもまた流れに位置づくことで命を繋いできた。本書もまた、ここに記した、あるいは記すことのできなかった人々の水脈の湧泉である。

二〇二二年一月

阪口　毅

初出一覧

本書は、筆者が中央大学大学院文学研究科に提出した博士学位論文「「都市コミュニティ」の移動性と領域性に関する調査研究――インナーエリア・新宿大久保地域と「集合的な出来事」のエスノグラフィ」（二〇一六年七月）を元に、全面的に加筆修正を加えたものである。また同学位論文および本書には、以下の論考が含まれる。

阪口毅、2010「「市民の活動」と「水面下のコミュニティ変動」に関する調査研究――新宿・大久保地域の「共住懇」での参与観察より」『中央社会学』19, 55-74.

阪口毅、2013a「「都市コミュニティ」研究における活動アプローチ――大都市インナーエリア・新宿大久保地域における調査実践より」『地域社会学会年報』25, 77-91.

阪口毅、2013b「〝生存の場としての地域社会〟への活動アプローチ――新宿大久保地域における「ＯＫＵＢＯアジアの祭」の事例」『中央大学社会科学研究所年報』17, 191-211.

阪口毅、2014「移動の歴史的地層――新宿大久保地区の空間の定義をめぐる差異とコンフリクト」新原道信編著『〝境界領域〟のフィールドワーク――〝惑星社会の諸問題〟に応答するために』中央大学出版部、289–333.

阪口毅、2015「「都市コミュニティ」の創発性への活動アプローチ――大都市インナーシティ・新宿大久保地区の市民活動を事例として」『日本都市社会学会年報』33, 105–122.

阪口毅、2017「「都市エスニシティ」論以降のコミュニティ研究――「場所」と「出来事」の比較研究序説」『中央大学社会科学研究所年報』21, 117–140.

阪口毅、2020「移動性と領域性のジレンマを超えて――コミュニティ研究における時間・場所・身体」新原道信・宮野勝・鳴子博子編著『地球社会の複合的諸問題への応答の試み（中央大学学術シンポジウム研究叢書12）』中央大学出版部、115–151.

なお、本研究はＪＳＰＳ特別研究員奨励費（14J03614）による研究成果を含んでおり、また出版にあたっては立教大学出版助成（二〇二一年度）を受けている。

事項索引

ま行

や行

ら行

わ行

人名索引

著者紹介

阪口　毅（さかぐち　たけし）

1986年、東京生まれ。2016年、中央大学大学院文学研究科博士後期課程修了。博士（社会学）。専門は都市社会学、地域社会学。現在、立教大学コミュニティ福祉学部コミュニティ政策学科准教授。立川・砂川にて市民の手による資料館づくりに関わる。

主要著作

「「都市コミュニティ」研究における活動アプローチ——大都市インナーエリア・新宿大久保地域における調査実践より」『地域社会学会年報』25、2013年。

『“境界領域”のフィールドワーク——“惑星社会の諸問題”に応答するために』中央大学出版部、2014年（共著）。

「「都市コミュニティ」の創発性への活動アプローチ——大都市インナーシティ・新宿大久保地区の市民活動を事例として」『日本都市社会学会年報』33、2015年。

『“臨場・臨床の智”の工房——国境島嶼と都市公営団地のコミュニティ研究』中央大学出版部、2019年（共著）。

『地球社会の複合的諸問題への応答の試み（中央大学学術シンポジウム研究叢書12）』中央大学出版部、2020年（共著）。

流れゆく者たちのコミュニティ

新宿・大久保と「集合的な出来事」の都市モノグラフ

2022年2月28日　初版第1刷発行

著　者　阪口　毅

発行者　中西　良

発行所　株式会社ナカニシヤ出版

〠606-8161　京都市左京区一乗寺木ノ本町15番地

Telephone　075-723-0111

Facsimile　075-723-0095

Website　http://www.nakanishiya.co.jp/

Email　iihon-ippai@nakanishiya.co.jp

郵便振替　01030-0-13128

印刷・製本＝創栄図書印刷／装幀＝白沢　正／写真＝史　涵

ISBN978-4-7795-1646-7